H. L. König und H.-D. Betz
Der Wünschelruten-Report

H. L. König und H.-D. Betz

ERDSTRAHLEN ?

Der Wünschelruten-Report

Wissenschaftlicher Untersuchungsbericht

Eigenverlag H. L. König und H.-D. Betz, München

Das diesem Bericht zugrunde liegende Forschungsprojekt mit dem offiziellen Arbeitstitel *"Errichtung und Betrieb von Testanordnungen mit künstlichen variablen Feldern niedriger Energie zum Studium der Reaktionen in biologischen Makrosystemen"* wurde aus Mitteln des Bundesministeriums für Forschung und Technologie (Förderkennzeichen 01 KB 8602/0), sowie durch die Stiftung zur Förderung der Erfahrungsheilkunde (Karl-und-Veronica-Carstens-Stiftung) und die Schweisfurth-Stiftung gefördert. Die Verantwortung für diese Veröffentlichung liegt bei den Autoren.

König, H. L. und Betz, H.-D.:
Erdstrahlen? Der Wünschelruten-Report

ISBN 3-923819-05-6

Druck und buchbinderische Verarbeitung:
Ludwig Auer GmbH, Donauwörth

Titelblatt, Graphik und Photos:
M. Bauer, H.-D. Betz, W. Hesoun, H. L. König, K. Lindinger, M. Willberg und H. Zwander

Printed in Germany

Inhaltsverzeichnis

Zusammenfassung 8

Danksagungen 10

Wissenschaftliche Projektmitarbeiter 14

Vorwort 16

Einleitung 20

1.   Wünschelruten-Phänomen und Rutengänger

1.1   Historisches 24
1.2   Abgrenzung von Okkultismus und Scharlatanerie 28
1.3   Hinweise auf die Existenz des Phänomens 30
1.4   Notwendigkeit des Projekts 32
1.5   Schwierigkeiten einer neuen Untersuchung 35

2.   Vorphase des Projekts

2.1   Parlamentarische Initiativen 39
2.2   Die Stiftung zur Förderung der Erfahrungsheilkunde 43
2.3   Expertengespräche auf der Reisensburg 44
2.4   Pilotstudien und vorhandene Befunde 51

3.   Vorbereitung der Experimente

3.1   Randbedingungen für Experimente 61
3.2   Erkenntnisse aus der Vorphase 69
3.3   Komplexität von Rutengänger-Tests 74
3.4   Auswahl der Versuchspersonen 79
3.5   Bedeutung und Handhabung von Wünschelruten 80

4. Durchführung der Experimente

4.1 Das Laufgang-Experiment mit natürlichen unbekannten Reizen 83
4.2 Das Laufbrett-Experiment mit natürlichen unbekannten Reizen 91
4.3 Das Scheunen-Experiment mit künstlichen unbekannten Reizen 101
4.4 Experimente mit künstlichen Magnetfeldern 113
4.5 Meßtechnische Untersuchungen 117

5. Ergebnisse

5.1 Statistische Auswerte- und Beurteilungsverfahren 119
5.2 Treffer- und Irrtumswahrscheinlichkeiten 122
5.3 Darstellung der Ergebnisse 124
5.4 Feldstudien und Auffindung von Wasser 149
5.5 Gesamtbeurteilung der Projektergebnisse 154

6. Experimente anderer Gruppen

6.1 Über die Qualität früherer Berichte 157
6.2 Übersicht über die bekanntesten Berichte 160
6.3 Das Experiment von Gerlach 164
6.4 Die holländische Untersuchung 166
6.5 Eine amerikanische Studie 168
6.6 Der Bericht von Foulkes 171
6.7 Versuche von Randi 179
6.8 Experimente an der TU Graz 185
6.9 Gesamtbewertung der Experimente anderer Gruppen 189

7. Modell-Vorstellungen

7.1 Historische Hypothesen 192
7.2 Unverstandene Sensibilitäten biologischer Organismen 195
7.3 Mögliche Erklärungen und Hypothesen 201
7.4 Künftige Untersuchungen 211

8. Problematik kontroverser Themen

8.1 Schwierigkeiten der Forschung auf Grenzgebieten 219
8.2 Kritiker, Skeptiker und Fanatiker 222
8.3 Die Medien 227

Schlußwort

Schlußwort 231

Anhang:

I. Statistische Modelle und Berechnungsgrundlagen

I.1 Allgemeines 232
I.2 Analyse des Brett-Experiments mit Breitenstreuung und
Kolmogoroff-Smirnov Test 234
I.3 Analyse des Scheunen-Experiments mit Multinomial-Verteilung 247
I.4 Analyse des Spulen-Experiments mit einer Binomial-Verteilung 251
I.5 Verknüpfung von Irrtumswahrscheinlichkeiten 252

II. Streuung elektromagnetischer Wellen an dielektrischen Objekten

II. Streuung elektromagnetischer Wellen an
dielektrischen Objekten 254

Literatur-Verzeichnis

Literatur-Verzeichnis 259

Zusammenfassung

An diesem Forschungsprojekt nahmen 14 Wissenschaftler aus 9 verschiedenen Instituten teil. Es war zu untersuchen, ob bestimmte Menschen, meist sogenannte Rutengänger, reproduzierbare körperliche Reaktionen empfinden können, welche nur vom Ort abhängen und nicht durch normale Sinnesreize zu erklären sind. Hierzu wurden hunderte von Versuchspersonen den verschiedensten Doppelblind-Tests unterzogen und dabei die Reproduzierbarkeit des sogenannten Rutenausschlags geprüft.

Speziell entwickelte Testverfahren dienten dazu, die Rutenreaktion auf künstliche, jedoch ihrer Art nach unbekannte Reize (Wasserleitungen und andere Objekte), gänzlich unbekannte natürliche Reize (bestimmte Orte im Gelände), und bekannte technisch erzeugte Felder (pulsförmige Magnetfelder) zu untersuchen. Eine sehr große Zahl von Experimenten war nötig, um statistisch abgesicherte Aussagen zu erhalten. Unter Einschluß der Vorphase fand eine Überprüfung von etwa 500 Personen in nahezu 10.000 Einzelexperimenten auf über 50 Versuchsstrecken an insgesamt 160 Experimentiertagen statt.

Die Ergebnisse sind als denkbar logischer und naheliegender Kompromiß zwischen den Erwartungen von "Skeptikern" und "Befürwortern" des Phänomens "Erdstrahlen" aufzufassen. Es war aufgrund älterer Informationen und eigener Vorstudien nicht überraschend, daß sich die Mehrzahl der von Rutengängern behaupteten Fähigkeiten in unseren Tests als nicht nachweisbar herausstellte. Insofern gehen wir mit vielfach bekannter Kritik einig. Es fanden sich jedoch bei allen Testarten einige wenige Personen, welche ortsabhängige Reaktionen zum Teil mit guter, zum Teil sogar mit sehr guter Reproduzierbarkeit zeigten, die sich in ihrem Ausmaß von der Zufallserwartung hochsignifikant unterschieden. Im Sinne der dem Projekt vorgegebenen Fragestellung muß daher generell festgestellt werden, daß ein realer Kern des Phänomens "ortsabhängige Rutenreaktion" mit an Sicherheit grenzender Wahrscheinlichkeit als gegeben anzusehen ist. Wir gehen hierbei von einem (geo-) biophysikalisch wirksamen Reiz-Reaktions-Modell aus.

Vereinfacht lassen sich die entscheidenden Befunde aus unseren Versuchen mit wenigen Worten auch wie folgt zusammenfassen:

- *Die Treffsicherheit durchschnittlicher Rutengänger war in den durchgeführten Testreihen schlecht und in den meisten Fällen kaum oder nicht vom Zufall zu unterscheiden,*
- *Einige Rutengänger wiesen bei speziellen Aufgaben eine außerordentlich hohe Treffsicherheit auf, welche kaum oder nicht durch den Zufall erklärt werden kann.*

Unsere Ergebnisse sind ihrer Art nach nicht einmalig oder neuartig, denn sie stimmen im Prinzip mit charakteristischen Befunden einer Vielzahl von Arbeiten anderer Autoren überein. Die Bedeutung der vorliegenden Studie ist dagegen in ihrem Umfang und dem wissenschaftlichen Aufwand zu sehen, wodurch erstmals eine Reihe zuverlässiger statistischer Aussagen ermöglicht wurde.

In diesem Projekt konnten jedoch weder medizinische noch hydrogeologische Fragestellungen verfolgt, und auch keinerlei parawissenschaftliche Aspekte einbezogen werden. Gegenstand unserer Bemühungen war hauptsächlich eine Entscheidungsfindung über die umstrittene Existenz der Phänomene, ohne aber im Falle positiver Ergebnisse entsprechende theoretische Erklärungen der beobachteten Effekte liefern zu müssen.

Die Beschreibung der Experimente und die Analyse der Ergebnisse des Forschungsvorhabens sind in den Kapiteln 4 und 5 enthalten und können weitgehend unabhängig von den anderen Teilen dieses Berichts gelesen werden. Im Anhang werden für mathematisch versierte Leser zusätzliche Details zur Datenauswertung gegeben. Um der Bedeutung der mit dem Thema verbundenen Fragen besser gerecht zu werden, haben wir unseren Sachbericht bewußt in eine ausführliche Darstellung des gesamten Umfeldes eingebettet. Damit sollen in Verbindung mit einem aktuellen Gesamtüberblick die Motivierung für das Projekt und seine allgemeine Bedeutung näher begründet werden.

Danksagungen

Den Autoren ist es ein herzliches Bedürfnis, der Stiftung zur Förderung der Erfahrungsheilkunde und der Fördergemeinschaft "Natur und Medizin", insbesondere den Stiftungsgründern Alt-Bundespräsident Prof. Dr. Karl Carstens und Frau Dr. Veronica Carstens, sowie dem Stifterverband für die Deutsche Wissenschaft, insbesondere dessen Präsidenten Dr. H. Niemeyer und Geschäftsführer Dr. H. Albrecht, für die großzügige und weitsichtige Unterstützung des Projekts zu danken. Ohne diese mutige und oft unbürokratische Hilfe wäre keine tragfähige Basis für die schwierige Studie entstanden, das Forschungsvorhaben somit nicht einmal in Gang gekommen und in mancher späteren Phase kaum so zügig und zielstrebig fortgeschritten. Insbesondere in der Schlußphase des Projekts konnten wir zusätzlich mancherlei Unterstützung und Beratung zur Bewältigung ungewohnter Probleme auf dem Publicity-Sektor erhalten.

Wir danken der Arbeitsgruppe "Unkonventionelle Methoden der Krebsbekämpfung" in der Fachbereichskommission "Forschung und Ausbildung" der Geschäftsstelle "Gesamtprogramm zur Krebsbekämpfung", einer 1981 gebildeten Einrichtung der Bundesregierung unter Federführung des Bundesministers für Jugend, Familie und Gesundheit, der Vorsitzenden dieser Arbeitsgruppe, Frau Dr. G. Hundsdörfer, und dem Vorsitzenden der Projekt-Kommission, Herrn Prof. Dr. R. Kaufmann, für zahlreiche und oft schwierige Initiativen, welche für die Bereitstellung der Bundesförderung und reibungslose Durchführung des Projekts unerläßlich waren. Wir danken dem Bundesministerium für Forschung und Technologie (BMFT), welches das Projekt übernommen hat, der Deutschen Forschungs- und Versuchsanstalt für Luft- und Raumfahrt (DFVLR), welche das Projekt im Rahmen des Programms der Bundesregierung "Forschung und Entwicklung im Dienste der Gesundheit" als Projektträger "Forschung im Dienste der Gesundheit" (FDG) für das BMFT administrativ abwickelte, sowie dem Universitätsverein Witten/Herdecke e.V., der die fachliche Betreuung für das Vorhaben im Rahmen der Projektbegleitung "Unkonventionelle Methoden der Krebsbekämpfung" übernommen hat.

Die Schweisfurth-Stiftung half dem Projekt tatkräftig bei einigen unvorhersehbar aufgetretenen Problemen und trug damit zum Gelingen des Gesamtvorhabens in entscheidender Weise bei. Hierfür sagen wir besonderen Dank.

Nicht zuletzt ist es uns ein aufrichtiges Anliegen, mit Freude auf die überaus große Zahl wissenschaftlicher Mitarbeiter hinweisen zu dürfen, welche zur erfolgreichen Durchführung des als durchaus unkonventionell zu bezeichnenden Projekts unvoreingenommen und von wissenschaftlicher Neugier motiviert beigetragen haben. Es ist nicht möglich, die zahlreichen Leistungen ausführlich und gerecht zu würdigen und wir müssen uns deshalb mit einer Auswahl begnügen.

Herrn Professor Dr. H. Wagner rechnen wir es hoch an, daß er die Projektleitung und die damit verbundene administrative Repräsentation durch das Institut für Pharmazeutische Biologie der Ludwig-Maximilians-Universität München übernommen hat und damit eine wichtige Voraussetzung für die praktische Durchführung des Projekts geschaffen hat. Der Einsatz und die unermüdlichen Anstrengungen unserer permanenten Mitarbeiter Dipl.-Ing. R. Kulzer, Dipl.-Phys. K. Späth und Dipl.-Ing. H. Zwander waren tragende Säulen des Vorhabens und sorgten für Kontinuität auch bei häufig überraschend auftretenden Problemphasen. Für oft langwierige und intensive Diskussionen im Rahmen der statistischen Auswertung von Daten danken wir Herrn Prof. Dr. W. van Eimeren und Dipl.-Math. J. Tritschler vom MEDIS - Institut für Medizinische Informatik und Systemforschung in der Gesellschaft für Strahlen- und Umweltforschung mbH München, Neuherberg.

In allen Phasen des Projekts schätzten und nutzten wir die vielfältigen Erfahrungen und Ratschläge unserer Kollegen Prof. Dr. Eichmeier, Dr. Forst, Dr. Grundler, Prof. Dr. Kafka, Prof. Dr. Lengfelder, Dr. Lintzen und Prof. Dr. Ruhenstroth-Bauer, welche auch einen Teil des Projektrisikos auf ihre Schultern zu laden bereit waren. Für die öfters vor Ort stattfindende Begutachtung des Projekts und konstruktiv-kritische Beiträge sind wir den Kollegen Prof. Dr. Dransfeld, Prof. Dr. Ertel, Prof. Dr. Hillenkamp, Prof. Dr. Kaufmann, Prof. Dr. Löb und Prof. Dr. Mauck zu Dank verpflichtet.

Bei der praktischen Durchführung der zahlreichen und vielfältigen Experimente mit Versuchspersonen konnten wir auf engagierte Mitarbeiter zählen. Wir danken hierfür Dipl.-Ing. H. Bauer, Dipl.-Ing. M. Böhringer, Dipl.-Ing. R. Eisenhammer, Dipl.-Ing. Th. Groschup, Dipl.-Biol. K. Lindinger, Dipl.-Ing. D. Strobel, I. Haack, B. Navé, H. Neumeier und M. Weidinger.

Für Mithilfe bei Datenauswertungen sind wir den Herren Dipl.-Ing. Th. Peltason, Dipl.-Ing. P. Mariutti und M. Obermeier zu Dank verpflichtet.

Für die numerische Berechnung theoretischer Modelle zur Streuung elektromagnetischer Strahlungen konnten wir dankenswerterweise Herrn Dr. Th. Peter gewinnen.

Herr Dr. M. Steiner stellte wertvolle computer-technische Erfahrungen und Programmierhilfen zur Verfügung und die Werkstätte des Lehrstuhls für Technische Elektrophysik der Technischen Universität München hat wesentliche Experimentiereinrichtungen geplant, gebaut und mehrfach zu Einsatzorten transportiert, wofür vor allem den Herren Riedl und Sigl freundlich gedankt sei.

Für die Bereitstellung von Experimentiergebäuden und weitläufigem Versuchsgelände danken wir Herrn J. Selmayer, Herrn E. Wörner und der Firma Rommenhöller, den Stadtwerken München, der Bayerischen Berg-, Hütten- und Salzwerke AG, Herrn H. Zuber vom Landschulheim Schloß Brannenburg, der Gemeindeverwaltung Brannenburg am Inn, und vielen ungenannten Privatleuten.

Wesentliche Unterstützung unserer experimentellen Tätigkeit verdanken wir der Gesellschaft für Technische Zusammenarbeit (GTZ, Eschborn) und verschiedenen Abteilungen des Geologischen Landesamtes Baden-Württemberg, voran Herrn Dr. J. Werner.

Bei zahlreichen meßtechnischen Problemen konnten wir auf die Hilfe von Experten zurückgreifen. So wurden an einigen unserer Experimentierorte durch Prof. Dr. H. Gebrande von der Fakultät für Geowissenschaften der Ludwig-Maximilians-Universität München Bodenschall-Messungen durchgeführt. Für die Erfassung physiologischer Parameter an Versuchspersonen danken wir Prof. Dr. H.-M. Weinmann und Dr. v. Czettritz von der Kinderklinik München-Schwabing. Herrn Dr. H. Becker vom Bayerischen Landesamt für Denkmalpflege danken wir für wichtige Hinweise bei Vermessungen von Magnetfeldern oberer Bodenschichten.

Dem Forschungskreis für Geobiologie, der Deutschen Gesellschaft für Geobiologie und dem Institut für Radiästhesie danken wir für vielfältige und andauernde Unterstützung, insbesondere bei der Suche nach Experimentierorten und der Vermittlung einer beeindruckend großen Anzahl von Versuchspersonen.

Herrn Dipl.-Psych. E. Bauer, Dr. Dr. W. von Lucadou, Dipl.-Psych. G. Hövelmann, Dipl.-Phys. U. Hopf und Herrn Dipl.-Ing. H. Riesch sind wir für zahlreiche problembezogene Informationen verbunden. Für interessante Diskussionen und Beiträge über die möglichen Wirkungen schwacher Felder auf biologische Organismen danken wir H. Baumer, Univ. Dozent Dr. O. Bergsmann, Prof. Dr. H. Bley, Prof. Dr. G. Cremer-Bartels, Dipl.-Phys. H. Kraus, Dr. K. Krause, Dr. H. Larbig, Dr. N. Leitgeb, Prof. Dr. M. Lindauer, Dr. C. Smith, Dipl.-Met. W. Sönning, Prof. Dr. R. Wever, Prof. Dr. W. Wiltschko und Dr. R. Wiltschko.

Nicht zuletzt ist es uns ein aufrichtiges Bedürfnis, all jenen überaus vielen, hier nicht genannten Personen zu danken, welche das Projekt auf unterschiedlichste Art unterstützten, vor allem jenen, welche — teilweise von weit her angereist — sich unseren oft schwierigen, unangenehmen und vollkommen ungewohnten Versuchsbedingungen als Testperson geduldig gestellt und damit zum Gelingen des Projekts unverzichtbare Beiträge geleistet haben.

Wissenschaftliche Projektmitarbeiter

Projektleitung:

Prof. Dr. H. Wagner
Institut für Pharmazeutische Biologie, Ludwig-Maximilians-Universität München

Projektdurchführung:

Prof. Dr. H.-D. Betz
Sektion Physik, Ludwig-Maximilians-Universität München (LMU)

Prof. Dr. H. L. König
Lehrstuhl für Technische Elektrophysik, Technische Universität München (TUM)

in Zusammenarbeit mit:

Dipl.-Ing. R. Kulzer
Institut für Pharmazeutische Biologie, LMU München

Dipl.-Phys. K. Späth
Lehrstuhl für Technische Elektrophysik, TUM München

Dipl.-Ing. H. Zwander
Institut für Pharmazeutische Biologie, LMU München

Beratung durch:

Prof. Dr. J. Eichmeier
Lehrstuhl für Technische Elektronik der TUM München

Prof. Dr. W. v. Eimeren
Institut für Medizinische Informatik und Systemforschung (MEDIS) der Gesellschaft für Strahlen- und Umweltforschung mbH München, Neuherberg (GSF)

Akad. Dir. Dr. D. Forst	*Institut für Strahlenbiologie der LMU München*
Dr. W. Grundler	*Gesellschaft für Strahlen- und Umweltforschung mbH München, Neuherberg (GSF)*
Prof. Dr. W. A. Kafka	*Max-Planck-Institut für Verhaltenspsychologie, Seewiesen*
Prof. Dr. E. Lengfelder	*Institut für Strahlenbiologie der LMU München*
Dr. Th. Lintzen	*Max-Planck-Institut für Biochemie, Martinsried, München*
Prof. Dr. G. Ruhenstroth-Bauer	*Max-Planck-Institut für Biochemie, Martinsried, München*

Projektbegutachtung und -betreuung:

Prof. Dr. K. Dransfeld	*Fakultät für Physik (Bereich Biophysik), Universität Konstanz*
Prof. Dr. S. Ertel	*Institut für Psychologie, Georg-August-Universität Göttingen*
Prof. Dr. F. Hillenkamp	*Institut für Medizinische Physik, Westfälische Wilhelms-Universität Münster*
Prof. Dr. R. Kaufmann	*Institut für Klinische Physiologie, Universität Düsseldorf*
Prof. Dr. H. Löb	*I. Physikalisches Institut, Justus-Liebig-Universität Giessen*
Prof. Dr. H. G. Mauck	*Institut für Theoretische Physik, Johann-Wolfgang-Goethe-Universität Frankfurt.*

Vorwort

Es ist ungewöhnlich, den Bericht über ein staatlich gefördertes Forschungsprojekt, das unter dem trockenen Arbeitstitel *"Errichtung und Betrieb von Testanordnungen mit künstlichen variablen Feldern niedriger Energie zum Studium der Reaktionen in biologischen Makrosystemen"* stand, in allgemein verständlicher Form und mit so großem Umfang öffentlich vorzulegen. Nach dem Finanzierungsvolumen zu urteilen, das im Vergleich zu anderen vom Bundesministerium für Forschung und Technologie geförderten Projekten als relativ gering anzusehen ist, würde man auf kein besonderes öffentliches Interesse schließen können. Auch sind die erarbeiteten Forschungsergebnisse für Kenner der Materie nicht überraschend, da sie mit den Befunden aus etwa einem Dutzend früherer Untersuchungen im Trend übereinstimmen und somit keine unmittelbare wissenschaftliche Brisanz aufweisen, die eine besondere Verbreitung in solchen Kreisen wünschenswert erscheinen ließe.

Wir haben lange darüber beraten, ob wir der Gepflogenheit entsprechend unseren Bericht in unpersönlicher Form verfassen und in nur wenigen Exemplaren an die Förderorganisationen übermitteln sollten. Es schien uns am Ende in diesem besonderen Fall nützlicher, mit unserem Bericht an die Förderorganisationen gleichzeitig alle diejenigen anzusprechen, die bisher nur durch verzerrte Informationen über den Gegenstand unserer Forschung beeinflußt wurden — und das sind nach unserem Eindruck sehr viele —, um durch die sachlichen Informationen, die unser Bericht liefern kann, so etwas wie Aufklärungsarbeit zu leisten. Wir vermeiden daher die sprachliche Trockenheit der reinen wissenschaftlichen Darstellung, ohne jedoch Abstriche in der Sache zu machen. Dies erleichtert es gleichzeitig, uns mit den vielfältigen Problemen auseinanderzusetzen, welche mit dem Thema verknüpft sind und die weit über die engere Fragestellung hinausgehen. Der Komplex "Erdstrahlen und Rutengänger" ist schon immer kontrovers diskutiert worden und hat gerade in letzter Zeit ein besonderes Maß an öffentlichem Interesse wachgerufen. Die unerwartet großen Probleme der Publicity, in die hinein wir schon verwickelt wurden, hätten eigentlich durch zusätzliche Unterstützung, und zwar mehr noch durch einen Referenten für Medien und Öffentlichkeitsarbeit oder durch einen Juristen, als durch zusätzliche Forschungskapazität aufgefangen werden müssen.

War es zu Beginn dieses Jahrhunderts und zuvor die Suche nach Wasser und Rohstoffen, welche rutengängerisches Interesse weckte, so ist es in neuerer Zeit mehr die Frage nach einem möglichen geobiologischen Einfluß auf die menschliche Gesundheit. Auf Titel wie "Krebs durch Erdstrahlen?" stößt man alle Tage in der Presse, die Masse wird alarmiert. Doch zu dieser Frage gibt es selten mehr als bloß Meinungen, kaum jemand verfügt über gesicherte wissenschaftliche Erkenntnisse, welche eine hinreichend klare Antwort auf diese Frage erlaubten, obgleich es für den Menschen nicht nur aus wissenschaftsinternen Gründen wichtig wäre, darüber mehr zu wissen, zumal wenn die Behauptungen einen wahren Kern enthalten sollten.

Leider wird dieser Bericht keine erschöpfende Antwort auf die praktischen Implikationen der "Erdstrahlen"-Frage geben, welche die breite Öffentlichkeit interessiert. Wir wissen nach den Ergebnissen des Projekts noch nicht, ob es tatsächlich durch "Erdstrahlen" bedingte "schlechte" oder "gute" Plätze für den Aufenthalt des Menschen gibt. Was wir mit diesem Projekt behandeln, ist die allerdings sehr wichtige Frage im Vorfeld aller Praxis: Kann der sogenannten Rutenreaktion, die angeblich ortsabhängig durch "Erdstrahlen" verursacht wird, überhaupt Realität zugesprochen werden oder handelt es sich dabei um nichts als Phantasterei, Selbsttäuschung oder gar Betrug, wie dies vielfach vermutet oder sogar fest behauptet wird.

Die für diese Untersuchung nötigen Voraussetzungen waren kein Geschenk des Himmels. Dennoch ist es günstigen Umständen zuzuschreiben, daß das Projekt in einem erstmals sowohl streng wissenschaftlichen, als auch sehr umfassenden Rahmen realisiert werden konnte. Der bloße Forscherdrang, das Streben nach Klärung der offenen Fragen allein hätten hierzu nicht ausgereicht. Das zu erforschende Thema ist — wie übrigens auch andere Themen aus dem Bereich wissenschaftlicher Grenzgebiete –, mit schweren Vorurteilen und Tabus belegt, so daß es großer Anstrengungen bedarf, sich gegenüber solchen Hemmnissen durchzusetzen.

Wir hoffen, daß mit dem vorliegenden Bericht das Eis gebrochen wird, das eine wissenschaftlich angemessene Weiterbearbeitung dieses überaus komplizierten Themas bisher verhindert hat. Unsere Aufgabe war es, zu erforschen, ob es einen soliden Kern des Phänomens "ortsabhängiger Reaktionen" gibt, diesen wenn möglich aus dem Meinungssumpf herauszupräparieren und auf eine Ebene zu heben, auf welcher Verständigung leichter zu erreichen ist. Institutionen und Wissenschaftler würden dann zukünftig weniger Scheu haben und weniger Mut aufbringen müssen, um dieses Problem in seinen verschiedenen Perspektiven sachlich weiter zu verfolgen.

Es ist sicherlich zu erwarten, daß wir mit den Aussagen in diesem Bericht einerseits vielen "Befürwortern" des Phänomens nicht weit genug gehen und zu zurückhaltend argumentieren, andererseits von verhärteten Skeptikern angegriffen werden, und daß ablehnende und auch gehässige Berichte zur vorliegenden Thematik weiterhin erscheinen werden, die auch durch Qualitätsmerkmale der wissenschaftlichen Arbeit leider nicht abzuwehren sind.

Wir setzen jedoch auf die langfristig wirkende Aussagekraft der Fakten und Befunde, die inzwischen zu einem eindrucksvollen Gebäude angewachsen sind, und auf die menschliche Vernunft, die sich den gesicherten Argumenten am Ende nicht mehr widersetzen kann.

Trotz der Fülle der für die Existenz des Rutengänger-Phänomens sprechenden Ergebnisse, welche hier vorgestellt werden, sollte aber die Seltenheit ihres Vorkommens nicht außer Acht gelassen werden. Reproduzierbare rutengängerische Aufgabenlösungen, wie sie bei einer praktischen Anwendung vorausgesetzt werden müßten, scheinen nur bei wenigen hierfür vermutlich besonders begabten Menschen möglich zu sein. Wir müssen daher gleichzeitig betonen, daß die Mehrzahl der heute kursierenden Behauptungen von Rutengängern und Autoren der "Erdstrahlen"-Literatur nicht stimmen. Unsere Arbeit soll ein Appell an das Kritikbewußtsein vor allem auch der Leichtgläubigen sein. Wer ungeprüfte und rein intuitive "Erdstrahlen"-Praxis propagiert oder akzeptiert, wird sich dabei auf unsere Studie jedenfalls nicht berufen können.

Wir haben hier nur einen begrenzten Beitrag zur Klärung der Phänomene bieten können. Ein weiterer Ausbau unseres Wissens über das Grundphänomen wird nur durch zukünftige Zusammenarbeit vieler Experten zu erreichen sein. Wenn es uns gelungen sein sollte, mit unserem Projekt andere dazu anzuregen, die noch im Verborgenen liegenden sensorischen Bezüge des Menschen — oder einzelner Menschen — zu unserer Umwelt weiter zu erforschen, wäre eines der wichtigsten Ziele unserer Arbeit erreicht.

*   *
*

Einleitung

Das Phänomen ortsgebundener Reaktionen von sogenannten Rutengängern ist wahrscheinlich so alt wie die menschliche Zivilisation und für
viele eine Tatsache, die überhaupt nicht mehr hinterfragt werden muß.
Traditionell waren sowohl geeignete Bauplätze und Schlafstellen als auch
Standorte von Brunnen Ziel rutengängerischer Aktivitäten, und zwar als
fester Bestandteil verschiedenster Kulturen. Allerdings wechselten schon
in antiken Zeiten Phasen der Befürwortung und Verteufelung ab. Über die
Erfolge von Rutengängern bei der Wassersuche gibt es unzählige Berichte
und es ist recht aufschlußreich, daß auch moderne Hydrologen gelegentlich — natürlich nicht-öffentlich — ihrer Verwunderung Ausdruck verlei-
hen, wie man wohl früher in geologisch schwierigem Gelände erfolgreich
Wasser gefunden habe, ohne erst zahlreiche Mißerfolge in Kauf nehmen
zu müssen, und ohne über das heute umfangreiche Wissen über hydrogeologische Zusammenhänge zu verfügen, nicht zu reden von den zahlreichen
modernen und überaus effektiven technischen Erkundungs- und Bohrver-
fahren.

Eine ausgewogene Darstellung muß auch alle möglichen Gegenpositio-
nen offenlegen und in die Diskussion einbeziehen. Es ist unumstritten, daß
Rutengänger Fehlleistungen produzieren können oder — falls sie erfolgreich sind — einfach Glück hatten oder geschickt agierten. Die zunächst
am eindrucksvollsten erscheinende Zusammenstellung negativer Rutengänger-Aktivitäten findet sich bei Prokop und Wimmer (1985), welche sich
sogar zu der Schlußfolgerung *Rutengänger = Bauernfänger* veranlaßt sahen. Bei aller berechtigten und notwendigen Kritik, sollte eine solche
Schlußfolgerung nun etwa die ganze Wahrheit sein oder wird hier nicht
doch einiges an entscheidenden Fakten unberücksichtigt gelassen?

Tatsache ist jedenfalls, daß sich selbst nach intensiverer Betrachtung
der bisher reichlich vorliegenden Befunde zunächst jede Menge Gründe
für und gegen die Relevanz rutengängerischer Fähigkeiten finden lassen,
wohlgemerkt, *für* und *gegen*. So ist auch die große Zahl von Untersuchungen zur Klärung der Wünschelruten-Frage nicht verwunderlich, deren Er-

gebnisse hinsichtlich der jeweiligen Fragestellung mal negativ, unbestimmt, oder auch positiv waren. Es blieb folglich dabei, daß jeder nach dem Stand seines Vorwissens und seiner persönlichen Erfahrung oder Neigung entweder "glaubte" oder "nicht glaubte". Für die Gegner war die Nichtexistenz der behaupteten Fähigkeiten Faktum, für die Befürworter galt das Gegenteil. Streng wissenschaftlich gesehen, mußte die Frage jedenfalls als eindeutig *offen* bezeichnet werden. Daraus ergibt sich die natürliche Basis für das vorliegende Projekt.

Der Glaubensstreit von Pro und Contra dauert bis heute an und ist vom allgemeinen Bildungs- und Informationsstand der Diskutanden weitgehend unabhängig. Er grenzt in der Regel ans Ideologische und entfernt sich dadurch von der Sachlichkeit. Bezeichnend ist für die Situation, daß die verschiedenen Pro- und Contra-Argumente, welche in neuerer Zeit vorgebracht werden, sich seltsamerweise kaum von denjenigen unterscheiden, die wir aus der Zeit um die Jahrhundertwende und früher kennen. Eine Lösung kann also nur durch besonders effektive neue Forschungsansätze kommen. Muß man heute nicht fordern, die Dinge mit den Augen und Methoden der modernen Naturwissenschaften zu hinterfragen, zu erklären und verstehen zu können? Dies ist bisher nicht in ausreichendem Maße geschehen. Es sollte hierbei auch bedacht werden, daß gerade die Erkenntnisse in Biologie und Biophysik der letzten Jahrzehnte gezeigt haben, daß die Natur eben doch nicht so leicht zu enträtseln ist, vor allem, wenn es um das Funktionieren und die Leistungsfähigkeit biologischer Organismen geht. Wir werden im Kapitel 7 noch Beispiele hierzu geben.

Mitunter hört man von Physikern die simple Frage: *"Was für Strahlen sollen das denn sein, die ominösen Erdstrahlen?"* Die Physik wisse, was es für Strahlungsarten gebe, und da sei nichts dabei, was die behaupteten rutengängerischen Fähigkeiten erklären könne. Im übrigen müßte man die "Strahlung" messen können, falls es an bestimmten Orten eine solche gebe, es sei aber bisher nichts derartiges gefunden worden. Mithin würden alle Pro-Argumente und weitere Klärungsversuche der Grundlage entbehren.

Der Leser wird im Laufe unserer Ausführungen deutlich erkennen, warum diese Beurteilung naiv, nicht sachgerecht und eines guten und allgemein erfahrenen Physikers sicherlich unwürdig ist. Es sei auch vorweggenommen, daß in der genannten Frage gleich ein doppelter Trugschluß verborgen liegt, denn einmal wird versucht, die denkbaren Phänomene in einen zu engen und zu einfachen Rahmen einzuschnüren, zum anderen sind die unterstellten technischen Messungen bisher überhaupt noch nicht mit dem nötigen Aufwand und Sachverstand durchgeführt worden.

Es ist natürlich unmöglich, alle aufgeworfenen und anstehenden Fragen — nach jahrhunderte langer Unklarheit — innerhalb eines nur 2-jährigen Projekts und mit geringstem Personalaufwand auf einen Schlag zu lösen. Wir haben uns daher ganz bewußt auf die wesentliche Kernfrage konzentriert, um die es zuerst gehen muß. Diese Frage lautet:

- *Können bei Personen Reaktionen stattfinden, welche nur vom Ort abhängen?*

Selbstverständlich sollen hierbei ausschließlich nicht-triviale Reaktionen gemeint sein, die noch nach Ausschaltung aller bekannten normalen Sinne ablaufen. Da weiterhin klar ist, daß jede menschliche Reaktion naturbedingt auch fehlerhaft oder ungenau sein kann, schränken wir fairerweise die Untersuchung auf in statistischem Sinne reproduzierbar beobachtbare Reaktionen ein. Diese Einschränkung ist gerechtfertigt und sinnvoll, wenn nicht gar nötig, damit auch für einen relativ schwachen Effekt eine Chance zur Beobachtung besteht. Würde es die zur Diskussion stehende ortsabhängige Reaktion des biologischen Systems Mensch aber nicht geben, dann könnte eine derart angelegte Untersuchung auch keine reproduzierbar signifikanten Resultate erbringen.

Wir halten es entgegen häufig geübter Praxis für absolut unergiebig, ausschließlich die von den Rutengängern sich allgemein selbst zugeschriebenen Leistungen im wörtlichen Sinne zu prüfen, da jeder halbwegs Informierte weiß, daß es diese Leistungen in der Regel nicht gibt. Wer unter Beachtung des derzeitigen allgemeinen Wissensstandes an echter Aufklärung der infrage stehenden grundsätzlichen Phänomene interessiert ist, muß sehr viel differenzierter und problem-bezogener vorgehen und darf nicht nur danach fragen, ob Rutengänger ähnlich zuverlässig wie Roboter arbeiten.

Schließlich sei nochmals ganz deutlich klargestellt, daß unsere jetzt abgeschlossene Untersuchung weder medizinische noch geowissenschaftliche Ziele verfolgte, und auch keinerlei dem Bereich der Parawissenschaften zugehörige Fragen tangierte. Da wir uns von vorneherein auf die *Existenzfrage* konzentrierten und nicht ausreichend zuverlässig wußten, ob überhaupt ein Effekt hinreichend sicher nachweisbar sein würde, konnten und durften wir unsere Aufgabe auch nicht als Versuch zur naturwissenschaftlichen *Erklärung* der überaus komplexen Phänomene sehen und mußten uns auf vortastende Messungen und Diskussionen von Hypothesen beschränken. Das Erreichen eines darüber hinausgehenden Ziels muß entsprechenden Fachwissenschaftlern mittels geeignet angelegter Folgeprojekte vorbehalten bleiben.

* *
*

1. Wünschelruten-Phänomen und Rutengänger

1.1 Historisches

Zum Thema Wünschelrute und Rutengänger liegt eine nahezu unübersehbare Fülle an Literatur jeglichen Niveaus vor. Der historische Ursprung der Rutengängerei ist nicht bekannt, es gibt aber stichhaltige Informationen darüber, daß man sich beispielsweise in China schon vor Jahrtausenden mit dem Problem "guter" und "schlechter" Plätze befaßte. Bekannt ist auch die Darstellung von Wünschelruten durch Georgius Agricola in "*de re metallica*" aus dem Jahre 1557. Dieses Werk wurde in Amerika durch eine Übersetzung ins Englische durch den späteren amerikanischen Präsidenten Herbert Hoover bekannt (1912). Umfangreichere Übersichtsarbeiten mit ausgedehnten Literaturangaben stammen von Barrett (1897), Barrett und Besterman (1926), Klinckowstroem und Maltzahn (1931), Tromp (1949), Brüche (1962) und Hansen (1982). Der Begriff "Erdstrahlen" wurde erst Ende der 20-er Jahre dieses Jahrhunderts gebräuchlich.

Weitere vorwiegend ältere Bemühungen um möglichst objektive und kritische Stellungnahmen aus dem deutschsprachigen Raum gehen auf die "Schriften des Verbandes zur Klärung der Wünschelrutenfrage" (1912-1929), Klinckowstroem (1918), und Fritsch und Jelinek (1936) zurück. Sammlungen von Fallberichten und aufschlußreichen Kommentaren finden sich außerdem bei Wetzel (1933) und Oberneder (1960).

Das zu allen Zeiten wogende und durch scheinbar kontroverse Fakten verursachte Für und Wider zum Thema Wünschelrute hat es verhindert, selbst einen minimalen Grundkonsens über die Beurteilung des Phänomens zu erreichen, obwohl es nie auch an recht objektiven Aussagen mangelte. So schrieb beispielsweise Aretin (1807) vor nahezu 200 Jahren in einem *Rückblick* auf das 17. Jahrhundert:

● *Die Versuche, welche man mit der Wünschelrute gemacht hat, gehören unter die außerordentlichen Erscheinungen in der Natur, und ihre Folgen können von der höchsten Wichtigkeit sein. Ebendaher ist es unumgänglich notwendig, hier mit Strenge, Mißtrauen und verdoppelter Vorsicht zu Wer-*

ke zu gehen. Von der anderen Seite muß man die Zweifelsucht nicht zu weit treiben, sondern ihr dann Grenzen setzen, wenn eine lange Reihe übereinstimmender Tatsachen es gebietet.

Diese Sätze sind so einfach, daß man glauben sollte, jeder vernünftige Mensch müsse von ihrer Wahrheit durchdrungen sein. Dessenungeachtet zeigt die literarische Geschichte der Wünschelrute, daß einesteils zu große Leichtgläubigkeit, andernteils übertriebene Zweifelsucht die Fortschritte der Entdeckungen über diesen Gegenstand gänzlich gehemmt haben, so daß wir bis zum Jahre 1807 hierin nicht weiter gekommen sind, als man vor hundert Jahren gewesen ist.

Etwa 100 Jahre später schrieb Graf von Klinckowstroem in der Naturwissenschaftlichen Wochenschrift im Jahre 1918 unter anderem:

● *Das Problem ist zum Gegenstand lebhafter Erörterungen geworden, die in ihren Ergebnissen miteinander oft in krassem Widerspruch stehen. Der Grund für diese Divergenz der Ansichten liegt wohl darin, daß das Wünschelrutenphänomen eine weit kompliziertere Erscheinung ist, als es zunächst den Anschein hat, da es auf der Grenzscheide verschiedener Disziplinen gelegen ist und von der schmalen Basis einer einzelnen Fachwissenschaft aus nicht hinreichend geklärt werden kann.* Und weiter: *Die Wünschelrute ist der "Fühlhebel einer nervösen Erregung des Körpers".*

Er stellt weiterhin fest, daß die Ursachen für den Rutenausschlag sowohl durch eine physikalische Einwirkung, als auch durch psychische Effekte (einschließlich ideomotorischer Bewegungen) oder unbewußte Wahrnehmung erklärt werden könnten. Wir müssen konstatieren, daß in langen Zeiträumen in der Tat kein nennenswerter Fortschritt zu verzeichnen war. Im Gegenteil, die neuere Literatur, insbesondere die heute auf dem Bücher- und Zeitschriftenmarkt zahlreich vertretenen Titel zum Thema "Erdstrahlen" ignorieren fast alle historische Erfahrung und weisen zumeist ein höchst klägliches Niveau auf. Damit wird eine kaum zu übertreffende Verwirrung und Fülle von Fehlinformationen verursacht, was zu scharfer Kritik geradezu herausfordert. Dies gilt ganz besonders für geobiologische Fragen, welche "Erdstrahlen" mit Auswirkungen auf die menschliche Gesundheit verbinden. In dieser Situation ist es sowohl außerordentlich schwierig und zeitraubend, sich über das Thema ein einigermaßen klares Bild zu verschaffen, als auch zugleich notwendig wie eh und jeh, zu Kritik und vorsichtigster Zurückhaltung bei der eventuellen Anwendung rutengängerischer Methoden aufzurufen.

Für manchen Interessierten mag es noch heute recht aufschlußreich sein, was der berühmte Physiker Max Planck 1932 als Präsident der Kaiser-Wilhelm-Gesellschaft zu unserem Thema sagte (zitiert nach Prokop 1955 und Brüche 1962):

- *Sie wissen, daß gewisse Fragen, wie die der Erdstrahlen und der Wünschelrute, die Gemüter recht erregen. Leider schleicht sich in die öffentliche Behandlung dieser Fragen oft ein übles Geschäftsinteresse ein. Man sollte also in der Kaiser-Wilhelm-Gesellschaft ein Forschungsinstitut dafür errichten, um das öffentliche Leben zu reinigen — es hat es wahrlich nötig genug! — und Fragen zu klären, die eben nur mit den Mitteln der reinen Wissenschaft geklärt werden können. Scharlatanerie haben wir gerade genug. Freilich bestehen auch in wissenschaftlichen Kreisen einige Bedenken dagegen, sich überhaupt mit solchen Fragen zu befassen, man sieht sie als nicht wissenschaftsfähig an, ich denke aber anders und möchte auch da in universaler Art forschend helfen. Kein Gebiet soll ausgeschlossen sein. Und es entsteht nur auf diese Weise eine Beruhigung im Volke, das oft in unverantwortlicher Weise auf diesen Gebieten beunruhigt wird.*

Wir können diese Äußerungen — ganz gleich wie authentisch sie auch sein mögen — denjenigen Wissenschaftlern von heute zur Kenntnisnahme empfehlen, die meist ohne besonderes Faktenstudium die Meinung vertreten, das Thema gehöre zum Bereich des Aberglaubens, eine wissenschaftliche Bearbeitung sei überflüssig oder gar nicht möglich.

Nun noch einige Bemerkungen zu der kritischen Literatur. Es ist nicht nur selbstverständlich, sondern aus wissenschaftstheoretischen Gründen auch unerläßlich, ein Thema aus allen denkbaren Richtungen zu beleuchten und eine Meinungsvielfalt solange zu fördern, bis ein fundierter und auf sicherer Grundlage ruhender Konsens erreicht ist. In der Tat ist konstruktive und intelligente Kritik zu dem hier abgehandelten Thema schon seit langem reichlich vorzufinden und kann seit mehreren Jahrzehnten kaum noch sinnvoll ergänzt werden. In den oben genannten historischen Beiträgen finden sich eigentlich bereits sämtliche kritischen Gedanken, welche sachlich relevant sind.

Unter den neueren Darstellungen des Themas, in welchen eine ganz besonders skeptische Grundhaltung im Vordergrund steht, weisen wir auch im folgenden wiederholt auf Prokop (1955) und Prokop und Wimmer (1985) hin. Wir zitieren diese Darlegungen, weil sie einen hohen Bekanntheitsgrad erreicht haben und eine Reihe wichtiger und wesentlichen Kritikpunkte aufzeigen, die für eine Gesamtbetrachtung des Umfeldes nicht unbeachtet bleiben sollten. Obwohl wir eine ganze Reihe solcher Gegenargumente für vollkommen berechtigt halten, müssen wir doch deutlich die Einseitigkeit der Berichterstattung von Prokop und Wimmer bemängeln. Die Autoren urteilen lediglich über ausgewählte vorliegende Befunde, führten zumindest in neuerer Zeit selbst keine wissenschaftlichen Experimente durch, und gehen mit ihrer Kritik eindeutig und offensichtlich über ein vernünftiges und akzeptables Maß hinaus. Da die für unsere eigene Untersuchung wesentliche Frage durch die Auslassungen von Prokop und Wimmer nicht im entferntesten wissenschaftlich abgedeckt oder geklärt wird, können deren Berichte keinesfalls dazu benutzt werden, die Notwendigkeit für die hier durchgeführte Untersuchung infrage zu stellen. Im Kapitel 8.3 werden wir zu dieser Form der Kritik weiter Stellung beziehen.

Im englischen Sprachraum ist eine kritische Darstellung von Vogt und Hyman (1959) bekannt. Vogt, ein Anthropologe, und Hyman, der vom Zauberer zum Sozialpsychologen wurde, messen aus der Literatur ausgewählte Beobachtungen tatsächlicher Rutengängerleistungen an den (bekanntermaßen meist überzogenen) Behauptungen der Probanden und sehen demzufolge auch keine Evidenz für ein reproduzierbares Phänomen. Überlegungen anderer Gruppen werden weitgehend ignoriert. Wir finden in dieser Arbeit zwar einige bedenkenswerte Argumente, halten sie aber insgesamt für wenig hilfreich und nicht ausreichend ausgewogen, sowie im Hinblick auf neuere experimentelle Ergebnisse für veraltet.

1.2 Abgrenzung von Okkultismus und Scharlatanerie

In breiten Kreisen, vor allem aber unter den sogenannten Skeptikern zum Thema "Erdstrahlen", herrscht die Meinung vor, es handele sich hier *ausschließlich* um ein okkultes Phänomen (was immer man darunter verstehen mag). Wir verkennen natürlich nicht, daß das Gebiet stark mit Unwissenschaftlichkeit, Pseudowissenschaft und auch paranormalen Assoziationen stark vorbelastet ist und möchten daher in diesem Abschnitt darlegen, daß eine derart generalisierte Einschätzung nicht richtig ist und ein streng wissenschaftlich ausgerichtetes Projekt durchaus begründet werden kann.

Wir bemühten uns bei diesem Forschungsprojekt strikt darum, auf der Grundlage einer biophysikalischen Arbeitshypothese strenge Doppelblind-Experimente durchzuführen und nach wissenschaftlich einwandfreien Kriterien auszuwerten. Die Experimente sind derart konzipiert, daß sie negativ ausgehen mußten, wenn es keinen realen, dem Wünschelruten-Phänomen zugrunde liegenden Effekt geben sollte.

Die gewählten Experimente basieren auf einem Minimum von Annahmen und Arbeitshypothesen. Insbesondere legen wir größten Wert darauf, daß die korrekte Durchführung und Auswertung unseres Programms auf keinerlei Hypothesen zur *Erklärung* möglicher Effekte beruht. Im Gegenteil, wir distanzieren uns bewußt von jeglichen historischen oder aktuellen Interpretationsversuchen von seiten der "Befürworter" und suchen lediglich nach der Möglichkeit, die Existenz eines Effektes in statistischem Sinne zu überprüfen. Bei unseren Versuchen bedarf es auch nicht einer besonderen *Interpretation* des Phänomens durch die Probanden. Wir nehmen lediglich bestimmte Ortsreaktionen in Form des sogenannten Rutenausschlags zur Kenntnis und betrachten eine Versuchsperson ansonsten als "schwarzen Kasten".

Alle subjektiven Reaktionen von Versuchspersonen, welche zum Beispiel durch Suggestion, Autosuggestion, ideomotorische Bewegung, Wunsch, Wille oder Erwartung verursacht werden, tragen lediglich zum "Rauschen" in der Verteilung der Daten bei und können nicht zu signifikanten Ergebnissen oder Pseudo-Effekten führen.

Unser Projekt klammert sämtliche sogenannte paranormalen Phänomene und Vorstellungen aus, welche in der okkulten und esoterischen Szene-
rie vertreten sein mögen. So sind beispielsweise Hellsehen oder sogenannte Fernmutungen nicht Bestandteil unserer Forschungen. Wir ziehen zu
derartigen Bereichen einen scharfen Trennungsstrich und beschränken
uns ausschließlich auf die Untersuchung ortsabhängiger Reaktionen, welche durch vorstellbare biophysikalische Mechanismen verursacht werden
könnten.

Durch diese notwendige und in dieser Phase der Untersuchungen einzig mögliche Einengung des Themas sollen zugleich die Voraussetzungen
für eine Einbindung des Projekts in etablierte Wissenschaftsbereiche geschaffen werden.

1.3 Hinweise auf die Existenz des Phänomens

Wenn man sich der Mühe unterzieht, ganz gezielt bezüglich einiger zunächst nur anekdotisch bekannter Meldungen über angebliche Erfolge bestimmter Rutengänger in Einzelheiten zu recherchieren, wird man durchaus auch auf interessante Fälle stoßen. Dabei läßt sich zweierlei feststellen. Erstens erweisen sich die angeblichen Erfolge oft als real und unbestreitbar, und zweitens lassen sich hierfür keine allzu überzeugenden Erklärungen normaler Art finden. Wenn sich dann solche Befunde bei ein und demselben Rutengänger auch noch häufen, kann selbst bei einer reserviert kritischen Betrachtung ein gewisses wissenschaftliches Interesse an den Zusammenhängen entstehen. Wir haben solche Recherchen schon vor längerer Zeit bei zahlreichen Erfolgen der Rutengänger G. und E. Kittemann durchgeführt und waren überrascht, wie viele teilweise spektakuläre Fälle einer Aufklärung harren. Am bekanntesten ist die in mehreren Details gegebene sehr unwahrscheinliche Vorhersage betreffs einer in circa 200 Meter Tiefe zu erschließenden Mineralquelle in Tegernsee geworden, welche sich entgegen den anzunehmenden Evidenzen erstaunlich genau bestätigt hat.

In dieser und ähnlicher Art liegen überreichlich Berichte vieler Autoren vor, welche man natürlich im Nachhinein nicht oder kaum bewerten kann. Wir haben daher eine nachträgliche Bearbeitung anekdotischen Materials nie ernsthaft in Erwägung gezogen und wollen uns auch aus prinzipiellen Gründen nicht im Detail mit historischen positiv verlaufenen Untersuchungen befassen, selbst wenn sie glaubhaft oder begründet erscheinen. Es gibt aber eine Reihe von ernst zu nehmenden aktuelleren Untersuchungen, welche gut überschaubar, größtenteils vor akademischem Hintergrund entstanden sind und über Ergebnisse berichten, die als Bestätigung des Phänomens gewertet werden können. In den Kapiteln 3.2 und 6 werden wir mehrere solche Beispiele aus neuerer Zeit anführen und teilweise ausführlich diskutieren.

Fassen wir unseren *Eindruck* nach langwierigen und aktiven Bemühungen vor Projektbeginn zusammen, so können wir wie folgt argumentieren. Es gibt eine Fülle von Hinweisen auf die Existenz einer ortsgebundenen

Reaktion. Die jeweils vorgebrachten Einwände von skeptischer Seite mögen vielleicht in manchen dieser Fälle greifen. Sie können jedoch meist nicht alle Zusammenhänge erklärungsmäßig voll abdecken, was letztlich unbefriedigend ist. Folgerichtig muß daher das Verlangen nach einer gezielt forschenden Studie entstehen, um damit die verbleibenden Unsicherheiten entweder in konventionellem Sinne aufzuklären, oder aber einen noch nicht wissenschaftlich begründeten Effekt so gut wie möglich zu etablieren.

Unsere Forderung in dieser Richtung wird durch moderne Erkenntnisse in Zoologie und Biologie insofern gestützt, als es in jüngster Zeit mehr und mehr Hinweise auf die Existenz komplexer und nicht-trivialer Sinneskanäle bei Tier und Mensch gibt. Im Kapitel 7.2 werden Beispiele wie etwa die noch unverstandene Magnetfeldempfindlichkeit genannt.

In Anbetracht dieses Gesamtbildes sehen wir es daher als verantwortbar und wissenschaftlich begründet vertretbar an, die sichtbaren Evidenzen zum vermuteten Phänomen Wünschelrute mittels einer neuen Studie anzugehen, um den bisher nur vermuteten Wahrheitsgehalt durch gezielte Experimente zu überprüfen.

1.4 Notwendigkeit des Projekts

Es ist aus dem bisher Gesagten bereits klar geworden, daß die Situation zur Frage des vermuteten Phänomens und der möglicherweise ortsabhängigen Reaktionen von Rutengängern bislang mehr als verworren und komplex war. Es darf für nicht einseitig argumentierende Betrachter wohl als unstreitig gelten, daß trotz aller bisherigen Bemühungen die Kernfrage aus wissenschaftlicher Sicht als eindeutig *offen* bezeichnet werden muß und das Phänomen der zusätzlichen Klärung bedarf. Bisherige Anstrengungen haben in den meisten Fällen eine viel zu komplizierte Fragestellung verfolgt und waren offensichtlich nach Ansatz, Umfang und Ergebnis nicht ausreichend, um eine einigermaßen akzeptable Aussage zu erhalten. Wir glauben einen Grund hierfür darin zu sehen, daß in der Vergangenheit nicht alle zur Verfügung stehenden Möglichkeiten ausgeschöpft worden sind.

Einerseits wird niemand mit Sicherheit behaupten oder nachweisen können, daß die *Existenz* des in Rede stehenden Phänomens bereits naturwissenschaftlich abgesichert worden sei. Andererseits weisen wir die oft von Skeptikern oder "Gegnern" vorgebrachte These scharf zurück, daß einzelne oder viele negativ verlaufene Experimente die Nicht-Existenz des Phänomens *bewiesen*. Unsere Argumentation zu diesem Punkt müssen wir aus gegebenen Anlässen näher begründen.

Es sei einerseits die These der Skeptiker unterstellt, daß einem in Wirklichkeit nicht existierenden Phänomen von "Befürwortern" fälschlicherweise Existenz zugeschrieben wird. Dann wäre jede neue Untersuchung konsequenter Weise überflüssig, weil sie wie frühere Tests auch ergebnislos verlaufen müßte. Die Grundsatzfrage bliebe dann aber weiterhin offen, weil erfolglos verlaufene Experimente nichts mit einem Nachweis der Nicht-Existenz eines Phänomens zu tun haben. Es könnte ja theoretisch auch so sein, daß man prinzipiell falsch experimentiert und nur deswegen nicht zu einem anderen Ergebnis gelangt. Das wäre in der Wissenschaft nichts Ungewöhnliches. Der negative Ausgang eines Experiments ist nämlich nur dann für eine *Entscheidungsfindung* geeignet, wenn es eine hinreichend begründete Theorie gibt, welche durch das betreffende Experiment prinzipiell verifiziert oder falsifiziert werden kann. Im vorliegenden Fall sind wir aber von einer testbaren Theorie weit entfernt.

Betrachtet man nun andererseits die einzig mögliche andere Alternative, nämlich die Existenz des Phänomens, gilt es zweierlei festzuhalten. Erstens wird man keinen Effekt finden können, solange man mit unzureichenden Methoden oder Mitteln experimentiert. Zweitens werden alle früheren aus welchen Gründen auch immmer ergebnislos verlaufenen Untersuchungen im Hinblick auf die Existenzfrage dann irrelevant, wenn der Effekt tatsächlich gefunden wird. Natürlich stellen die erfolglosen Experimente unabhängig hiervon für die praktische Auffindung oder Nichtauffindung des Phänomens auch weiterhin eine wichtige technische Information dar, welche nicht unterbewertet werden sollte.

Vor dem Hintergrund dieser prinzipiellen theoretischen Gesichtspunkte, sowie der erkenntlich gewordenen praktischen Fragen, seien die uns am wichtigsten erscheinenden Argumente für die Notwendigkeit zur Durchführung eines neuen Projekts zum Thema Wünschelrute und Rutengänger in folgender Form zusammengefaßt:

● Frühere Versuche zur Klärung zeigten zwar die Unhaltbarkeit der von Rutengängern behaupteten eigenen Fähigkeiten im Rahmen bestimmter Tests, waren jedoch offensichtlich nicht geeignet, auf die Frage nach der prinzipiellen Existenz der zur Debatte stehenden Phänome eine umfassende Antwort zu geben.

● Die komplexen Phänomene müssen auf einen wissenschaftlich bearbeitbaren Rahmen reduziert werden.

● Aufklärungsarbeit zur Natur des Phänomens und zur Vorbeugung gegen Fehlinterpretationen, Irrungen und Verwirrungen in breiten Bevölkerungskreisen, sowie Abtrennung von Mißbrauch, Scharlatanerie, Pseudowissenschaftlichkeit und Okkultismus ist notwendig.

● Es sind Vorarbeiten zu Grundlagen-Untersuchung zu leisten, um herauszufinden, welche der am Phänomen beteiligten physikalischen und physiologischen Faktoren möglicherweise eine Rolle spielen.

- Vorbereitende Untersuchungen für weiterführende, auch anwendungs-
  bezogene Forschung, vor allem im Bereich Geowissenschaften und im
  Hinblick auf gesundheitsrelevante, sogenannte geobiologische Aspekte,
  sind unerläßlich.

Weitere aus wissenschaftlichem und politischem Rahmen erwachsene
Begründungen für die Durchführung eines neuen und umfassenden Projekts werden aus Kapitel 2 ersichtlich.

1.5 Schwierigkeiten einer neuen Untersuchung

Forschung auf wissenschaftlichen Grenzgebieten ist keine einfache An-
gelegenheit. Der naive Betrachter, welcher der Meinung ist, daß heutzuta-
ge, im Zeitalter der Technik, jede wissenschaftlich interessante und vielleicht bedeutsame Frage objektiv und unvoreingenommen untersucht werden könne, kennt die Realitäten nicht. Die wesentliche Schwierigkeit besteht darin, daß ein Grenzgebiet per Definition nicht in Bereiche integriert
sein kann, wie sie einer laufenden, als gut fundiert einzustufenden wissenschaftlichen Forschung zuzuordnen sind. Es muß seiner Natur nach eine
Art Außenseiter-Dasein führen und genießt keinen Schutz durch etablierte und im Ziel gleichgerichtete Kreise. Im Gegenteil, es erfährt meist Mißtrauen und Kritik besonderer Prägung, obendrein zu der Komplexität des
Forschungsgegenstandes, der ja nicht mit ausschließlich vorhandenen Re-
zepten und Verfahren bearbeitet werden kann und erheblicher interdiszi-
plinärer Behandlung bedarf.

Es ist eine historische Erfahrung, daß Kritik und sogar Diskreditierung
von der Qualität des betreffenden Projekts weitgehend unabhängig sind
und auf gewachsenen Vorurteilen und Opportunitätsdenken beruhen, welche durchaus von der "herrschenden Meinung" gedeckt sein können. Kritiker sind oft nicht einmal bereit, sich mit der Faktenlage objektiv vertraut
zu machen, bevor sie ihre Meinungen äußern. Die Problematik bei Grenzgebieten wurde in der Wissenschaftstheorie schon oft behandelt, und wir
verweisen auf Darstellungen von Pietschmann (1980), Feyerabend (1981)
und Stegmüller (1985).

Wir haben uns intensiv mit einer ganzen Reihe von Einwänden gegen
das Projekt auseinandergesetzt, deren wesentliche Kernpunkte nachfolgend kurz umrissen seien:

(1)   Die Zeit ist noch nicht reif (Stent 1972).

(2)   Das Problem ist zu komplex und daher nicht bearbeitbar.

(3)   Die Gefahr von Mißerfolg ist unverhältnismäßig groß.

(4)   Die vermuteten und zu untersuchenden Effekte sind nicht existent; frühere Untersuchungen reichten aus; das Projekt ist überflüssig.

(5)   Die Qualifikation der Projektdurchführenden ist unzureichend.

(6)   Die geplanten Verfahrensweisen sind nicht akzeptabel.

(7)   Experimente mit Versuchspersonen sind abzulehnen, da diese als Signaldetektor unzuverlässig und möglicherweise betrügerisch sind und/ oder Placebo-Effekten unterliegen.

(8)   Das Projekt paßt nicht in den Aufgabenbereich der betreuenden Institutionen.

(9)   Die Durchführung des Projekts beeinträchtigt den Ablauf der routinemäßigen Arbeit und Forschung an den betreuenden Institutionen.

(10) Das Forschungsgebiet tangiert negativ vorbelastete Bereiche.

(11) Die Finanzierung stellt eine Verschwendung von Steuergeldern dar.

(12) Die wissenschaftliche Bearbeitung eines kontroversen Themas kann von einschlägig tätigen Scharlatanen als Legitimationsnachweis mißverstanden oder mißbraucht werden.

(13) Öffentlich vorgebrachte, auch unbegründete Kritik von Projektgegnern kann zu unerwünschtem Aufsehen führen.

(14) Es besteht die Gefahr unsachlicher oder böswilliger journalistischer Berichterstattung über das Projekt.

Befassen wir uns mit diesen einzelnen Punkten etwas genauer. Zu (1) ist unsere Meinung, daß das Problem nun wirklich hinreichend alt ist, um endlich angepackt zu werden. Die Zeit ist in rein wissenschaftlicher Hinsicht eher überreif, wenngleich man im Hinblick auf psychologische Verhaltensmuster des Menschen und der heutigen Gesellschaft durchaus zu der in (1) ausgedrückten Ansicht tendieren kann. Punkt (2) ist nicht stichhaltig, da wir ein konkretes und realistisches Arbeitsprogramm vorgeschlagen haben. Punkt (3) ist zwar berechtigt, stellt jedoch keinen zwingenden Grund zur Resignation dar. Zu (4) wird mit diesem Bericht das Gegenteil bewiesen. Das Argument (5) kann man bei jedem beliebigen Vorhaben anbringen. Man sollte speziell bei dem hier anstehenden Thema aber nicht übersehen, daß die Auswahl an fachlich qualifizierten und in der Sache ausreichend vorgebildeten Wissenschaftlern nicht sehr groß sein dürfte. Eine spezielle Variante zu diesem Einwand besteht in der Unterstellung, die Projektdurchführenden seien voreingenommen und würden daher die Ergebnisse in ihrem Sinne verfälschen. Hierzu läßt sich entgegnen, daß dies allein durch die Zahl der Projektmitarbeiter und die Kontrollen durch Gutachter und externe Projektinvolvierte praktisch auszuschließen ist. Zu den Punkten (6) und (7) ist zu bemerken, daß eine unter Experten abgestimmte Versuchsplanung die hier ausgedrückten Vorbehalte gegenstandslos macht.

Eine wesentliche und keineswegs unberechtigte Sorge besteht nach den Punkten (8) und (9) in der Gefahr, daß die Bearbeitung ungewöhnlicher und kontroverser Themen sowohl für die direkt damit befaßten Wissenschaftler als auch für die — wenn auch nur indirekt — beteiligten Institutionen und deren verantwortliche Repräsentanten eine Schädigung des wissenschaftlichen Rufs mit sich bringen kann. Hierbei darf allerdings nicht übersehen werden, daß die Hauptbetroffenen gerade die Projektbeteiligten sind, welche ohne Zweifel ein in der wissenschaftlichen Grundlagenforschung ungewöhnliches und hohes Risiko auf sich nehmen müssen, das aber durch genügend Unabhängigkeit und ein entsprechendes Maß an anderweitiger Unterstützung aufgefangen werden kann.

Argument (10) charakterisiert nicht selten das Umfeld von Grenzgebieten und muß in Kauf genommen werden. Zu (11) sind wir der Meinung, daß die Unterstellung einer Geldvergeudung grundsätzlich nicht *vor* Projektbeginn begründet sein kann. Die tatsächlich erzielten Ergebnisse dieses Projekts stehen sogar in einem vergleichsweise sehr günstigen Verhältnis zum finanziellen Aufwand. Punkt (12) sollte eher gegenteilig gesehen werden, wie das auch Max Planck ausdrückte (siehe das Zitat im Abschnitt 1.1). Ohne fundierte Kenntnisse sind eben keine gesicherten Aussagen oder Verhaltensempfehlungen möglich und erst durch eine (Teil-)

Aufklärung der Phänomene kann dem Mißbrauch allmählich der Boden entzogen werden.

Die letzten beiden Bedenken (13) und (14) stellen in der Tat ein nicht zu unterschätzendes Problem dar. Ein Teil öffentlicher Angriffe, der auf einen unterstellten Mangel an Seriosität des Projekts abzielte, läßt sich (wie bei Punkt 5) dadurch zurückweisen, daß wir sowohl eine recht große Arbeitsgruppe gebildet haben, als auch auf die Unterstützung zahlreicher renommierter Gutachter und Projektbetreuer zählen konnten. Wir werden auf diesen Problemkreis noch einmal im Kapitel 8 zurückkommen.

Im Hinblick auf die Probleme der eigentlichen Untersuchung ist zu bemerken, daß natürlich ein gewisses Risiko im Sinne einer erfolgreichen Abwicklung des Vorhabens bestand, weil die Eigenarten des zu untersuchenden Phänomens nur andeutungsweise bekannt waren und erst geeignete Experimentier-Methoden entwickelt werden mußten. Es herrschte aber kein Zweifel darüber, daß einige deutlich vorformulierte Fragen als untersuchbar und beantwortbar anzusehen waren. Für jede, so auch für diese Forschungsaufgabe gilt ganz generell, daß zu Beginn nicht voraussehbar ist, welche Ergebnisse erzielbar sein würden und ob diese den Aufwand lohnten.

Insgesamt gesehen ist einzuräumen, daß eine Unternehmung der hier vorliegenden Art in vielerlei Hinsicht als unüblich zu bezeichnen ist. Trotz vieler vorhersehbarer — und eingetroffener — Schwierigkeiten sind wir aber der Meinung, daß ein solches Vorhaben unter den gegebenen Umständen zu vertreten und im Rahmen garantierter Forschungsfreiheiten für Gesellschaft und Wissenschaft zu verkraften war. Der Weg des geringsten Widerstandes führt bekanntermaßen gerade in der Forschung nur selten zum Erfolg. Bei bestimmten, auch an praktischen Gesichtspunkten orientierten Voraussetzungen sollte es daher akzeptiert werden, wissenschaftliche Neugier höher zu bewerten als überkommene gesellschaftliche und wissenschaftliche Tabus, sowie Furcht vor sachlich unbegründeten Widerständen.

2. Vorphase des Projekts

2.1 Parlamentarische Initiativen

Es ist in der Vergangenheit schon öfter der Fall gewesen, daß das Problem "Erdstrahlen" und Wünschelrute auf Regierungsebene Beachtung fand. So wird häufig auf die bekannten Erklärungen von Professor Reiter, dem Präsidenten des Reichsgesundheitsamts, aus den Jahren 1936 und 1937 hingewiesen. Er berichtete von negativ ausgefallenen Prüfungen und verurteilte scharf die verwerfliche Beunruhigung der Bevölkerung mit der "Erdstrahlen"-Angst durch gewisse Kreise. Immerhin sah man das Problem aber als wissenschaftlich offen an und forderte zu weiteren Prüfungen auf.

50 Jahre später stellte sich die Lage nicht viel anders dar. Auch der Deutsche Bundestag befaßte sich wiederholt mit der Problematik. Die Ende der 70-er Jahre in Bonn initiierte Geschäftsstelle "Gesamtprogramm zur Krebsbekämpfung" setzte eine Fachbereichskommission "Forschung und Ausbildung" ein, in welcher wiederum eine Arbeitsgruppe "Unkonventionelle Methoden der Krebsbekämpfung" gemeinsam durch Vertreter des Bundesministeriums für Jugend, Familie und Gesundheit und des Bundesministers für Forschung und Technologie berufen wurde. Diese tagte erstmals im Juni 1981.

Bei einem großen Teil des der Arbeitsgruppe zugeleiteten Materials stellte sich heraus, daß das Thema "Erdstrahlen", "Erdstrahlen"-Abschirmung und "Geopathische Reizzonen" einen breiten Raum einnahm. Die Arbeitsgruppe sah sich daher veranlaßt, hierfür ein gesondertes Expertengremium aus Befürwortern und Kritikern dieser hier vorgebrachten Vorstellungen einzuberufen. Diese sollten Möglichkeiten erörtern, auf welchen wissenschaftlich nachvollziehbaren Wegen man einerseits über die Existenz und andererseits über die krankmachende Wirkung von geopathogenen Reizzonen zu einer letztlich gültigen und allgemein akzeptablen Aussage kommen könnte. Diese Absicht stieß jedoch zunächst auf nicht unerhebliche Schwierigkeiten, welche durch unzureichende Qualität der vorgelegten Forschungspläne und divergierenden Ansichten der Mitglieder der

Arbeitsgruppe bedingt waren. Aber man hoffte, die Thematik dennoch einer rationalen Betrachtung und Bewertung einen Schritt näher bringen zu können, zumal sie in breiten Bevölkerungskreisen auf großes Interesse stieß.

Mitglieder dieser Arbeitsgruppe diskutierten daher zusammen mit externen Gutachtern bereits Anfang 1982 über das Thema "Krebsentstehung durch geopathische Reizzonen (Erdstrahlen)". Die Leitung der Geschäftsstelle betonte uns gegenüber im Rahmen der Vorgespräche unter Hinblick auf die Einreichung eines Forschungsantrags, es gehe der Arbeitsgruppe und den beteiligten Bundesressorts einerseits darum, daß herausgefunden werde, ob es diese "Erdstrahlen" oder die ihnen zugeschriebenen Wirkungen überhaupt gibt, denn dann wären je nach gegebenem Wissensstand präventive wie therapeutische Maßnahmen zu ergreifen. Zum anderen bestünde großes gesundheitspolitisches Interesse daran, hier Klarheit zu schaffen, weil die "Erdstrahlen"-Problematik nachweislich bei der Bevölkerung nicht nur erhebliche Aufmerksamkeit finde, sondern auch zu Konsequenzen führe, die mit dem derzeitigen Forschungsstand nicht vereinbaren seien, wie dem Verkauf von "Abschirmgeräten".

Die Bundesregierung hat sich daher bereit gezeigt, Forschungsvorhaben zum Thema "Erdstrahlen" zu fördern, sofern diese bestimmten wissenschaftlichen Kriterien genügen. Wir zitieren als Beispiel die Anfrage des Abgeordneten Krey:

● *Liegen der Bundesregierung neue Erkenntnisse über Wirkungen sogenannter "Erdstrahlen" und einem möglichen Zusammenhang mit Krebserkrankungen vor, und wie wird seitens der Bundesregierung die Forschung auf diesem Gebiet gefördert?*

Die Antwort der Parlamentarischen Staatssekretärin Frau Karwatzki vom 15. November 1983 lautete:

● *Der Bundesregierung liegen keine neuen Erkenntnisse über sogenannte "Erdstrahlen" vor. Es ist weiterhin nicht bekannt, ob "geopathogene Reizzonen" bestehen, die insbesondere auch für die Entstehung von Krebs ur-*

*sächlich sein sollen, weil es kein Meßverfahren gibt, eine objektivere Klä-
rung herbeizuführen.*

*Im Rahmen des "Gesamtprogramms zur Krebsbekämpfung" unter Feder-
führung des Bundesministers für Jugend, Familie und Gesundheit bemüht
sich eine spezielle Arbeitsgruppe "Unkonventionelle Methoden der Krebsbekämpfung" daraufhin, zu überprüfen, ob dem Problem durch Forschung
weiter nachgegangen werden kann; von erheblicher Bedeutung ist hier auch
der Komplex "Erdstrahlen", weil diesen in weiten Kreisen der Bevölkerung
Bedeutung zugemessen wird. Die Arbeitsgruppe bemüht sich, diesen un-
konventionellen Ansätzen bis in die "Grauzone" naturwissenschaftlich ge-
sicherter Erkenntnisse zu folgen, um aus dem Widerspruch herauszukom-
men, unkonventionelle Ansätze mit konventionellen Maßstäben messen
zu müssen. Dennoch hat auch sie sich Grenzen setzen müssen. Bislang ist
kein Forschungsantrag vorgelegt oder auch nur skizziert worden, der sich
auf neue Ziele und Methoden zur Aufdeckung von "Erdstrahlen" und deren mögliche Auswirkungen bezieht; und dies, obwohl eine große Zahl von
Einzelvorschlägen vorgelegt und geprüft worden ist. Ihnen allen fehlt der
konkrete Ansatz, um mit verfügbaren wissenschaftlichen Verfahren und
Methoden die Vermutungen abklären zu können.*

*Unter dem Gesichtspunkt, daß in der Krebsbekämpfung auch das geprüft
werden sollte, was nicht der gängigen wissenschaftlichen Meinung entspricht, ist die Bundesregierung nach wie vor offen, Forschungsvorhaben
zur Problematik der "Erdstrahlen" der Arbeitsgruppe zuzuleiten und
methodisch akzeptable Projekte einer Förderung zuzuführen.*

Anläßlich einer späteren Großen Anfrage (Bundestags-Drucksache
10/2266) antwortete die Bundesregierung am 24.7.1985 ganz entsprechend
(Drucksache 10/3675), bestätigt vom Bundesminister für Jugend, Familie
und Gesundheit in der Verlautbarung Nummer 102 seines Hauses, ebenfalls vom 24.7.1985. Das war also der Stand vor unserer eigenen Antragstellung. Es gab einfach keine qualifizierten Vorschläge zu sachgerechter
Forschung. Das ist insofern verständlich, als ja die Thematik zu keinem
konventionell betriebenen Lehrgebiet gehört und es somit gar keine offi-

ziellen Fachleute geben konnte. Man hoffte auf selbsternannte Experten, doch damit hat es seine Schwierigkeiten — wie ein Blick auf den neueren Büchermarkt zum Thema "Erdstrahlen" schnell und deutlich zeigt.

Es wäre jedoch eine irrige Vorstellung, zu glauben, daß die an sich historisch einmalig günstigen Voraussetzungen einer Bereitschaft zur Finanzierung mit öffentlichen Mitteln bereits genügen, um ein sachgerecht formuliertes Vorhaben geradewegs in Gang zu bringen. Viele Aspekte aus der Randszene waren zusätzlich zu berücksichtigen und einzuarbeiten. Die beteiligten Ministerien und wissenschaftlichen Kommissionsmitglieder müssen natürlich größtes Interesse daran haben, daß ein Forschungsantrag in allen Richtungen hieb- und stichfest ist. Sehr schnell wäre sonst sachliche Kritik gekommen. Mit Vorwürfen unsachlicher Kritiker, daß beispielsweise Steuergelder leichtfertig in obskure Vorhaben gesteckt würden, hatte man ohnehin zu rechnen. Ein potentielles Projekt zu einem kontroversen Thema muß daher bereits in der Vorphase sehr viel intensiver als sonst üblich diskutiert und ausgeleuchtet werden, ganz gleich, wie hoch die tatsächlichen Mittelzuwendungen letztlich sein würden. Dementsprechend nötige Vorplanungen und Fachdiskussionen wurden durch den Stifterverband für die Deutsche Wissenschaft und die Stiftung zur Förderung der Erfahrungsheilkunde (Karl-und-Veronica-Carstens-Stiftung) ermöglicht und gefördert.

2.2 Die Stiftung zur Förderung der Erfahrungsheilkunde

Während seiner Amtszeit gründete Bundespräsident Professor Dr. Karl Carstens zusammen mit seiner Frau Dr. Veronica Carstens und anderen Initiatoren im Jahre 1981 die Stiftung zur Förderung der Erfahrungsheilkunde (Karl-und-Veronica-Carstens-Stiftung), welche es sich schwerpunktmäßig zur Aufgabe machte, Forschung und Lehre auf dem Gebiet der biologischen Medizin, beziehungsweise Erfahrungsheilkunde zu fördern. In erster Linie sollen wissenschaftliche Vorhaben gefördert werden, die zu einer stärkeren Einbeziehung von Naturheilverfahren in die medizinische Forschung, in die ärztliche Ausbildung und in die therapeutische Praxis beitragen können. Ausdrücklicher Bestandteil und Schwerpunkt des Programms ist die Förderung der wissenschaftlichen Durchdringung der Probleme im Zusammenhang mit geopathogenen Zonen, also der Bereich Geobiologie mit den ominösen "Erdstrahlen". Was lag also näher, als hier die Möglichkeit einer Verbreiterung der Basis und eine kompetente Unterstützung für das geplante Projekt anzustreben?

Die Stiftungsgründer konnten bei einer großen Zahl der gewonnenen Mitglieder, aber auch aus anderen Kreisen der Bevölkerung erhebliches Interesse an Aufklärung zum Thema Geobiologie feststellen. Dies steigerte die Bereitschaft, derartige Forschungsprojekte zu fördern. Nach der Erfüllung bestimmter umfangreicher Voraussetzungen (siehe Abschnitt 2.3) wurde dann auch eine Pilotstudie ermöglicht (siehe Abschnitt 2.4).

Das erste Sondierungsgespräch zwecks einer wissenschaftlichen Bestandsaufnahme fand im Juni 1983 statt, und zwar unter Einbeziehung des Stifterverbandes für die Deutsche Wissenschaft, welcher die treuhänderische Verwaltung der Stiftung übernommen hatte und der bei dem angesprochenen Themenkreis ebenfalls ein Forschungsdefizit vermutete. Die Situation wurde dahingehend analysiert, daß in breiterem Rahmen angelegte fachliche Vorgespräche erforderlich seien, um das schwierige Thema einigermaßen sicher und mit möglichst wenig Angriffsfläche in die Bahnen regulärer Forschung einbringen zu können. Dies führte zu den entscheidenden Expertengesprächen auf der Reisensburg.

2.3 Expertengespräche auf der Reisensburg

Nach einer längeren Planungsphase, intensiven Sondierungsbemühungen und Meinungsumfragen unter Fachkollegen verschiedener Disziplinen gelang es, die unbedingt nötige fachlich breit gestreute Beteiligung und solide Rückendeckung für das weitere Vorgehen zu erreichen. Im Januar 1984 wurden unter 24 Experten aus verschiedenen Fachdisziplinen 3 Tage lang im Internationalen Institut für wissenschaftliche Zusammenarbeit auf Schloß Reisensburg umfassende Gespräche geführt. Das Arbeitsziel bestand darin, die vorhandenen Informationen dahingehend sorgfältig zu prüfen, ob und unter welchen Bedingungen eine zukünftige Forschung sinnvoll sein könnte.

Die Teilnehmer dieses unter dem Titel "Existenz und mögliche Wirkungen ortsabhängiger Strahlungsfelder" abgehaltenen Symposiums waren, in alphabetischer Reihenfolge, folgende Damen und Herren:

Prof. Dr. H.-D. Betz	*Universität München, Sektion Physik*
Prof. Dr. M. Blohmke	*Universität Heidelberg, Institut für Arbeits- und Sozialmedizin*
Prof. Dr. S. Borelli	*Technische Universität München, Dermatologisches Institut*
Prof. Dr. W. Brendel	*Universität München, Vorstand des Instituts für Chirurgische Forschung, Klinikum Großhadern*
Prof. Dr. E. Buchborn	*Universität München, Direktor der Medizinischen Klinik Innenstadt*
Dr. V. Carstens	*Stiftung zur Förderung der Erfahrungsheilkunde, Förderkreis Natur und Medizin e.V.*
Prof. Dr. K. Dransfeld	*Universität Konstanz, Fakultät für Physik*
Prof. Dr. M. Eder	*Universität München, Vorstand des Pathologischen Instituts*
Prof. Dr. K. Flemming	*Universität Freiburg, Institut für Biophysik und Strahlenbiologie*
Prof. Dr. H. Fröhlich	*University of Liverpool, Department of Physics*

Prof. Dr. E. Gerlach	*Universität München, Physiologisches Institut*
Prof. Dr. F. Hillenkamp	*Universität Frankfurt, Institut für Biophysik*
Prof. Dr. H. Hofmann	*Technische Universität Wien, Institut für Grundlagen und Theorie der Elektrotechnik*
Dr. G. Hübner	*IBM Deutschland, Leiter Unternehmensverbindungen Wissenschaft*
Prof. Dr. R. Kaufmann	*Universität Düsseldorf, Institut für Klinische Physiologie*
Prof. Dr. H.L. König	*Technische Universität München, Lehrstuhl für Technische Elektrophysik*
Prof. Dr. W. Lohmann	*Universität Gießen, Institut für Biophysik*
Dr. H. Niemeyer	*Stifterverband für die Deutsche Wissenschaft, Essen, Generalsekretär*
Prof. Dr. K. Peter	*Universität München, Vorstand des Instituts für Anaesthesiologie, Klinikum Großhadern*
Prof. Dr. H. Pietschmann	*Universität Wien, Institut für Theoretische Physik*
Prof. Dr. G. Riecker	*Universität München, Direktor der I. Medizinischen Klinik, Klinikum Großhadern*
Prof. Dr. M. Schmidt	*Technische Universität Berlin, Institut für Bergbauwissenschaften*
Prof. Dr. W. Spann	*Universität München, Vorstand des Instituts für Rechtsmedizin*
Prof. Dr. H.-Ch. Spatz	*Universität Freiburg, Institut für Biologie.*

Die Gesprächsleitung dieses Symposiums hatte der Mediziner und Physiker Professor Dr. R. Kaufmann, Ordinarius für Klinische Physiologie, übernommen. Er faßte die Ergebnisse des offenen und konstruktiven Gedankenaustauschs als Grundlage für ein weiteres Vorgehen wie folgt zusammen:

Die Behauptung, "Erdstrahlen" (d.h., ein ortsabhängiges und möglicherweise geopathogenes Agens) seien für die Entstehung von Krebs und anderen schweren chronischen Erkrankungen verantwortlich, ruft in breiten Bevölkerungsschichten immer wieder kontroverse Diskussionen und Verwirrung her-

*vor. Die starke Überfrachtung des Problemkreises durch Pseudowissenschaft-
lichkeit und Okkultismus, sowie seine Vermarktung durch Scharlatane hat
eine Situation geschaffen, in der es schwer oder nahezu unmöglich erscheint,
das Problem aus unvoreingenommener kritischer Distanz zu betrachten.
Zwar gab und gibt es immer wieder Versuche einzelner Wissenschaftler, über
okkulte Phänomenologie und Pragmatismus hinweg zu einem möglicherweise vorhandenen harten Kern des Problems vorzustoßen, doch sind die dabei
erzielten Ergebnisse meist kontrovers, methodisch obsolet (oder zumindest
anfechtbar) und wurden in aller Regel auch dann nicht weiter verfolgt, wenn
sie von anerkannten Wissenschaftlern erhoben wurden. Grund hierfür sind
wohl in erster Linie Berührungsängste der etablierten Wissenschaft gegenüber
parawissenschaftlichen Grenzfragen. So ist die Existenz geopathogener Zonen
bis heute weder eindeutig belegt, noch mit Sicherheit ausgeschlossen.*

*Die Stiftung zur Förderung der Erfahrungsheilkunde hat deshalb den Ver-
such unternommen, in einem ersten Arbeitsgespräch mit führenden Vertretern
aus verschiedenen Disziplinen der Natur- und Biowissenschaften ein entta-
buisiertes Problembewußtsein zu schaffen und eine Diskussion darüber zu
führen, ob und gegebenenfalls welche Möglichkeiten bestehen, den Problemkreis (oder zumindest Teilaspekte davon) einer wissenschaftlichen Klärung
näherzubringen.*

*Als Ausgangsbasis für das Gespräch fanden folgende Positionen allgemei-
nen Konsens:*

- *Die Vermutung, daß biologische Systeme (Pflanze, Tier, Mensch) auf ein
standortabhängiges Agens mit meßbaren Reaktionen einzelner und/oder
integrativer Vitalfunktionen reagieren, wird durch ernstzunehmende Beobachtungen und vereinzelte experimentelle Befunde gestützt. Die Behauptung einer spezifischen humanpathogenen Wirkung, etwa im Sinne der Induktion oder Promotion einer Krebskrankheit, ist jedoch nicht gesichert.*
- *Das Orten "geobiologisch wirksamer Zonen oder Punkte" erfolgte bisher
überwiegend mittels "Bioindikatoren". Unter diesen nimmt das System Ru-
tengänger/Rute den wichtigsten Platz ein (Radiästhesie). Trotz ernsthafter
Versuche, das Rutenphänomen, das bekanntlich in erster Linie zum Auffinden von Quellen und Bodenlagerstätten eingesetzt wird, zu objektivie-*

ren, sind die diesbezüglichen Ergebnisse widersprüchlich. Auffällig ist allerdings ein — meist betont diskreter — Gebrauch der sogenannten Radiästhesie durch Industrie und Behörden.

● *Ein eindeutig physikalisches Korrelat zur radiästhetisch bestimmten "Reizzone" ist bis heute nicht gefunden worden. Diesbezügliche Hypothesen sind teils widersprüchlich, teils physikalisch unhaltbar. Allerdings sind die heute verfügbaren meßtechnischen Möglichkeiten bisher nicht ausgeschöpft worden.*

Nach einführenden Vorträgen zur Physik, Biophysik und biologischen Phänomenologie des Problemkreises (Betz, König, Fröhlich) und ausführlicher Diskussion stimmten die Teilnehmer grundsätzlich überein, daß Ansätze für einschlägige wissenschaftliche (Nach-) Prüfungen vorhanden und verfolgenswert sind. Solche Ansätze wurden gesehen im Hinblick auf:

1. *Eingrenzung des oder der möglichen physikalischen Korrelate sogenannter Erdstrahlen.*
2. *Validierung des Rutenphänomens.*
3. *Überprüfung von nichthumanen "Biodetektoren" (Tier, Pflanze, Einzeller) beziehungsweise von in vitro Systemen und ihre mögliche Korrelation mit dem Rutenphänomen.*
4. *Nachprüfung behaupteter komplexer biologischer Reaktionen (Langzeit/Kurzzeit), induziert durch sogenannte Reizstreifen.*

Empirisch epidemiologische Untersuchungen (beispielsweise prospektive Feldstudien zur geopathischen Induktion oder Promotion von Tumorkrankheiten beim Menschen) wurden dagegen zunächst ebenso kritisch gesehen wie Versuche, möglicherweise vorhandenes Datenmaterial retrospektiv auszuwerten.

Empfehlungen im einzelnen:

zu 1) Eingrenzung des oder der möglichen physikalischen Korrelate sogenannter "Erdstrahlen".

Die Teilnehmer sahen keine Ansätze, im Bereich der bekannten Grundqualitäten physikalischer Felder (oder Partikelstrahlungen) eine a priori-Ein-

grenzung (etwa auf bestimmte Wellenlängenbereiche elektromagnetischer Strahlung) vorzunehmen. Begründet wurde dies vor allem mit der nicht auszuschließenden Vermutung, daß dem Phänomen möglicherweise mehrere interagierende Grunderscheinungen (magnetisches/elektrisches Feld, Bodenleitfähigkeit, Partikelstrahlung und andere bekannte Felder) zugrunde liegen könnten. Es bestand jedoch Einigkeit darüber, daß die gegenüber früheren Untersuchungen inzwischen deutlich verbesserten meßtechnischen Möglichkeiten ausgeschöpft werden sollten.

zu 2)   Validierung des Rutenphänomens.

Ausgehend von der Vorstellung, das System Rutengänger/Rute reagiere als "Biodetektor" mit bisher unbekanntem(n), möglicherweise zentralnervösem(n) Empfangsorgan(en) und der Rute als Anzeigeinstrument, wurde vorgeschlagen zu prüfen, inwieweit elektromyographische (EMG) oder eventuell neurophysiologische (EEG) Meßmethoden zur Objektivierung des Rutenphänomens und zu einer Lokalisationseingrenzung des Empfangsorgans herangezogen werden können.

Unabhängig davon wurde es für unabdingbar erachtet, die interindividuelle Übereinstimmung (Reproduzierbarkeit) der von (erfahrenen) Rutengängern gemachten Angaben zu überprüfen. Hierzu wurde die Einrichtung einer "Prüfstrecke" mit variablen und sorgfältig kontrollierten Randbedingungen empfohlen.

zu 3)   Überprüfung von nichthumanen "Biodetektoren" (Tier, Pflanze, Einzeller), oder von in vitro Systemen, und ihre mögliche Korrelation mit dem Rutenphänomen.

In der einschlägigen Literatur zur Radiästhesie finden sich vielfältige Hinweise zur "Suszeptibilität" von Pflanzen und Tieren auf "Erdstrahlen" oder "geopathogene Zonen". Das Spektrum der Phänomene bewegt sich von Wuchsanomalien bei Bäumen über gestörtes Keimverhalten keimender Pflanzen bis hin zur beschleunigten Blutsenkungsgeschwindigkeit. Die Teilnehmer waren der Ansicht, daß aus den diesbezüglichen Hinweisen solche Systeme extrahiert werden sollten, die eine möglichst hohe Reproduzierbarkeit und Kontrollierbarkeit der Randbedingungen und Meßgrößen sicherstellen. Als geeignet wurden unter anderem diskutiert:

- Verhaltensanomalien bei Laboratoriumstieren,
- mitogene Lymphozytenstimulation, etwa durch PHA,
- bioelektrische Entladephänomene, etwa beim Nilhecht,
- Messung von Stoffwechselparametern an Zellkulturen,
- Wachstumsverhalten von Pflanzenkeimlingen,
- Blutsenkungsgeschwindigkeit.

Als Voraussetzung für die Durchführung derartiger Überprüfungen wurde gefordert, daß erfahrene Rutengänger voneinander unabhängige eindeutige Angaben über das Vorhandensein sogenannter "Reizstreifen" oder "Krebspunkte" machen können (siehe hierzu obige Forderungen unter Absatz 2).

zu 4) Nachprüfung behaupteter komplexer biologischer Kurz- und Langzeit-Reaktionen, induziert durch sogenannte Reizstreifen.

In den Rahmen solcher Versuche, die biologische Wirksamkeit von sogenannten Reizstreifen wissenschaftlich zu überprüfen, fallen beispielsweise Studien über Veränderungen von Reaktionszeiten, Auslösung von Schlafstörungen, Wirkungen auf die Fertilität, sowie schließlich Effekte an einem gut reproduzierbaren Tumormodell. Auch die Überprüfung derartiger Bioeffekte wurde für sinnvoll erachtet, wiederum allerdings nur unter der Voraussetzung, daß radiästhetisch eindeutige Angaben über das Vorhandensein von Reizzonen gemacht werden können.

Die Teilnehmer kamen abschließend überein, in kleineren problembezogenen Gruppen konkretisierte Arbeitsvorschläge im Rahmen der oben genannten Vorgaben zu formulieren.

Angesichts der Vielfalt der angesprochenen Problemkreise sprachen sich die Teilnehmer für eine institutionsübergreifende, aber sorgfältig koordinierte Förderungsstrategie aus. In diesem Zusammenhang wurde mit Interesse verfolgt, daß sich die Senatskommission für Geowissenschaften der Deutschen Forschungsgemeinschaft (DFG) im November 1983 grundsätzlich für eine Förderung von einschlägigen Vorhaben ausgesprochen hat.

Soweit Professor Kaufmann. Fassen wir aus der Sicht unseres Projektes das wesentliche Ergebnis nochmals in 2 Punkten zusammen, welche für dessen weitere Entwicklung richtungsweisend waren:

● *Die eigentlich interessante Frage nach gesundheitsrelevanten Auswirkungen von "Erdstrahlen" ist zwar untersuchungswürdig, kann aber aus methodischen Überlegungen heraus* **nicht als erstes** *in Angriff genommen werden.*

● *Erste Aufmerksamkeit muß vielmehr der Frage gewidmet werden, ob Rutengänger* **irgendwelche reproduzierbare ortsabhängige Reaktionen** *zeigen, und ob man diese in strengen Experimenten zweifelsfrei deutlich machen kann.*

Damit war der Rahmen für das weitere Vorgehen abgesteckt und wir konzipierten auf der so erarbeiteten Basis eine Reihe von Pilotstudien, um Erfahrung über die praktische Durchführbarkeit eines zukünftigen Untersuchungsprojekts zu gewinnen. Bereits bei dieser ersten Stufe wurden sachverständige Gutachter aus dem oben genannten Kreise involviert, um diesen Gelegenheit zu geben, die vorgeschlagenen Experimente und Verfahrensweisen zu beurteilen und konstruktiv zu kritisieren.

2.4 Pilotstudien und vorhandene Befunde

Aufgrund unserer langjährigen Beobachtung der Rutengängerei und der dabei gemachten spezifischen Erfahrungen waren uns natürlich über spektakuläre Rutengänger-Erfolge zahlreiche Berichte bekannt, welche alle Einzelheiten derart präzise beinhalteten, daß man nicht mehr ohne weiteres von anekdotischem Material sprechen konnte. Wir haben eine ganze Reihe solcher Fälle recherchiert. Es würde hier zu weit führen, diese Befunde ausführlich auszubreiten, da sie ja nicht Gegenstand unseres späteren Forschungsprojekts waren, es sei aber betont, daß es sich ausnahmslos um die Auffindung von räumlich begrenzten Wasserführungen, meist um Kluft- oder Spaltenwasser in bergigem Gelände mit hauptsächlich kristallinem Gestein handelte. Wir werden auf dieses Problem im Kapitel 5.4 zurückkommen. An dieser Stelle möchten wir nur darauf hinweisen, daß sich nach unserer Einschätzung eine Art Erklärungsnotstand für diese Rutengänger-Erfolge ergab, da wir auch in Würdigung aller Argumente von Skeptikern keine befriedigende normale Erklärung finden konnten. Weder ausgedehnte, flächenhafte Wasserzonen noch hydrogeologische Kenntnisse oder schieres Glück der Rutengänger waren als logische Lösung akzeptabel. Dies bestärkte uns in der Einschätzung, es hier womöglich mit einem echten Phänomen zu tun zu haben, und daß eine intensivere wissenschaftliche Beschäftigung mit dem Thema sinnvoll und notwendig ist.

In der Vorphase des Projekts begannen wir daher mit statistischen Untersuchungen ortsabhängiger Reaktionen. Mit Hilfe ausgewählter Versuchspersonen sollte an natürlichen Teststrecken überprüft werden, inwieweit eine Korrelation zwischen Rutenausschlag und Ort des Ausschlags statistisch nachweisbar ist. Gegebenenfalls sollten Verfahren ermittelt werden, welche das Auffinden der sogenannten Reizzonen auf weitgehend reproduzierbare Weise erlauben. Doch dieses Ziel war schwieriger zu erreichen als es dem ersten Anschein nach zu erwarten war.

2.4.1 Versuche an natürlichen Teststrecken

Wir haben an verschiedenen Orten insgesamt 17 verschiedene, im Freien befindliche Teststrecken mit Längen zwischen 4 und 25 Metern benutzt, um diese durch insgesamt über dreihundert Versuchspersonen begehen zu lassen. Die Strecken wurden von erfahrenen Rutengängern nach der Maßgabe ausgewählt, daß an bestimmten Stellen "starke" Reize vorhanden sein sollten, welche trotz aller Interpretationen von seiten der Rutengänger für uns als ohne bekannte Ursache und als nicht-manipulierbar gelten mußten. Es handelt sich hierbei um die Wiederholung und Erweiterung der Experimente von Gerlach (1932) und Chadwick und Jensen (1971). Die Versuchspersonen durften die jeweilige Strecke unter Benutzung der Augen frei begehen, es wurden jedoch folgende Versuchsbedingungen angestrebt, welche bei der Mehrzahl der Tests, jedoch nicht in allen Einzelfällen eingehalten werden konnten:

- die Strecken und ihre unmittelbare Umgebung durften keine auffälligen Merkmale aufweisen,
- keine der Versuchspersonen kannte die Strecke schon vorher,
- jede Versuchsperson absolvierte den Test einzeln,
- die Versuchspersonen hatten nach der Begehung keinen Kontakt zu denjenigen Probanden, welche die Strecke noch nicht begangen hatten,
- die Protokollführer hatten die Versuchspersonen unter ständiger Beobachtung und verfügten selbst über keine Kenntnisse darüber, wo etwa reizstarke Streckenabschnitte vorhanden sein könnten.

Die Testpersonen waren etwa zu gleichen Teilen Anfänger und − zumindest im Hinblick auf den Zeitraum der Betätigung als Rutengänger − Fortgeschrittene, wobei die einschlägig sehr erfahrenen Rutengänger sich deutlich in der Minderzahl befanden. Den historischen Ansprüchen der Rutengänger entsprechend wurden wir von den Probanden häufig gefragt, *was* denn auf der jeweiligen Strecke zu suchen sei. Hier zeigte sich bereits die Problematik einer sachgerechten Aufgabenstellung. Eine vorläufige Lösung bestand darin, daß wir entsprechend den Kriterien für die Auswahl der Strecke entweder nach "sehr starken Reizzonen" beliebiger Ursache oder nach Bohrpunkten für Brunnen-Standorte suchen ließen.

Nach Meinung der "erfahrenen" Rutengänger hätten sich an wenigen Stellen jeder Strecke ganz klare Häufungen der Rutenreaktionen ergeben sollen. Die tatsächlich erhaltenen Ergebnisse sahen jedoch in aller Regel nicht annähernd danach aus. Teilt man die Strecken beispielsweise in Intervalle von 20 cm Länge auf, dann läßt sich feststellen, daß es kaum ein Intervall gab, welches nicht irgendwann als Reaktionsort angegeben wurde. Die Ausschläge verteilten sich auf die gesamte zur Begehung verfügbare Länge. Damit war sehr schnell klar geworden, daß der Anspruch, durchschnittlich ausgebildete Rutengänger könnten nach eindeutigen Kriterien bestimmte Orte identifizieren, in das Reich des Wunschdenkens verwiesen werden muß. Hierin stimmen unsere Beobachtungen mit denjenigen zahlreicher Kritiker überein. Es konnte also bei diesen "Massentests" nur noch darum gehen, nach quantitativ kleineren, nicht mehr als zufällig einzustufenden Abweichungen zu suchen.

Die Verifizierung einer statistisch signifikanten Häufung erfordert bei der offensichtlich hohen Fehlerrate der Reaktionen eine sehr große Anzahl von Einzelausschlägen. Da jedoch jede Person eine Strecke nur einmal begehen durfte, ergab sich bei vielen Strecken keine ausreichend hohe Zahl von Reaktionen, wie sie für eine aussagekräftige Analyse nötig gewesen wäre, selbst wenn Andeutungen für eine örtliche Häufung von Ausschlägen zu erkennen waren. Auf einigen Strecken konnten aber bemerkenswerterweise solche Andeutungen von Häufungen überhaupt nicht beobachtet werden.

Die Abbildungen 1 und 2 zeigen die Ergebnisse für die beiden Strecken, welche von der größten Anzahl Versuchspersonen begangen wurden. In manchen Fällen haben Probanden hierbei ausdrücklich den rechten und linken Rand einer "Zone" angegeben, so daß daraus ein Mittelwert (als vermeintlicher "Bohrpunkt") bestimmt werden konnte, welcher dann als Reaktionsort gelten sollte. In beiden Abbildungen sind an wenigen Stellen zweifellos leichte statistisch interessante Häufungen zu erkennen, ohne

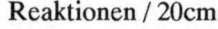

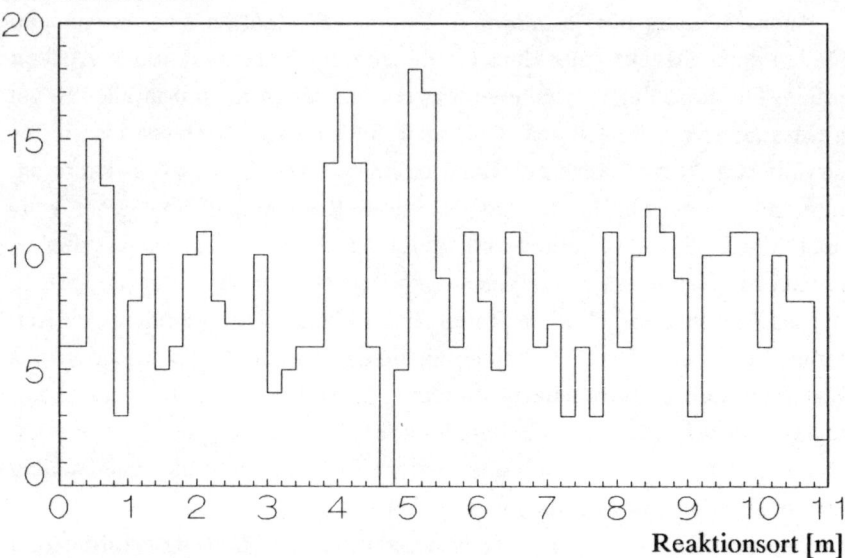

Abbildung 1: *Verteilung von Rutenausschlägen längs einer natürlichen Test-strecke von 11 Metern Länge im Freien. In diesen Vorversuchen begingen 61 Probanden die Strecke in beiden Richtungen und gaben dabei insgesamt 458 Reaktionsorte zu Protokoll. Das Diagramm zeigt die Original-Ortsangaben innerhalb 20 cm-Intervallen. Bei der Versuchsdurchführung wurden strenge protokollarische Vorsichtsmaßnahmen eingehalten. An einigen Stellen sind zwar auffällige Häufungen zu erkennen, das Gesamtergebnis bestätigt jedoch die von Rutengängern behauptete Treffsicherheit ihrer Ortserkennung nicht.*

daß allerdings auch nur annähernd von einer praktisch diskutablen Über-einstimmung der Angaben gesprochen werden könnte.

Einfache Erklärungen, wie der Hinweis auf deutliche Anomalien der Strecke oder ihrer unmittelbaren Umgebung, sowie die eventuelle Nei-gung, einen Bereich in der Mitte einer Strecke bevorzugt zu finden, kön-nen zur Erklärung der leichten Signifikanzen kaum herangezogen werden.

Reaktionen / 20cm

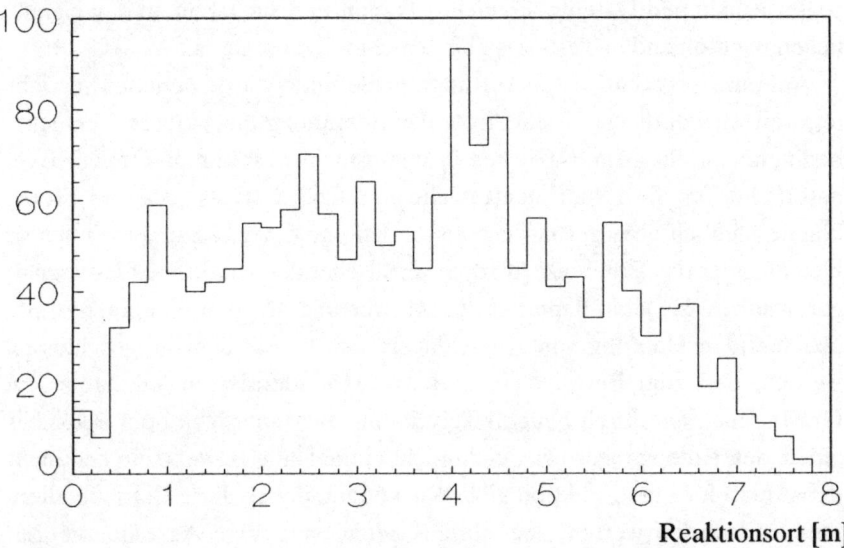

Reaktionsort [m]

Abbildung 2: *Verteilung von Rutenausschlägen längs einer natürlichen Test-strecke von 8 Metern Länge im Freien. In diesen Vorversuchen begingen 244 Probanden die Strecke in beiden Richtungen und gaben dabei insgesamt 1683 Reaktionsorte zu Protokoll. Das Diagramm zeigt die Original-Ortsangaben innerhalb 20 cm-Intervallen. Bei der Versuchsdurchführung wurden strenge protokollarische Vorsichtsmaßnahmen eingehalten. An einigen Stellen sind zwar auffällige Häufungen zu erkennen, das Gesamtergebnis bestätigt jedoch die von Rutengängern behauptete Treffsicherheit ihrer Ortserkennung nicht.*

Das zweite Argument hat aus zwei Gründen kein Gewicht. Erstens zeigen sich bei Abbildung 1 zwei Häufungsbereiche, und zweitens gab es andere, im Prinzip ähnlich aussehende Strecken, wo in den Rutengänger-Angaben überhaupt keine bevorzugten Bereiche erkennbar waren.

   Erwähnenswert erscheint immerhin die Tatsache, daß die in Abbildung 1 und 2 erkennbaren Häufungsbereiche sehr gut mit den von als erfahren einzustufenden Rutengängern gemachten Angaben übereinstimmen. Diese Rutengänger hatten die Strecken vorher ausgesucht und demgemäß die später erhaltenen Daten noch nicht gekannt, und sie haben an den eigentlichen nachfolgenden Testserien auch nicht teilgenommen.

Auf eine quantitative Auswertung der Befunde wurde dennoch verzichtet, weil wir bei dieser Testart trotz der Bemühung um saubere Versuchsbedingungen ein grundsätzliches Problem nicht ausräumen können. Eine natürliche, für die Experimente nicht modifizierte Teststrecke im Freien könnte nämlich über geringste optische Effekte einen, wenn auch noch so kleinen, aber das Ergebnis trotzdem verfälschenden Einfluß auf Rutengänger ausüben. Es kann dann bei der Auswertung, für den Fall einer zu beobachtenden Häufung von Ausschlägen, prinzipiell nicht ausgeschlossen werden, daß zum Beispiel ein entfernt stehender Baum, ein Stein, ein Grasbüschel, ein durch Feuchtigkeit bedingter Mauerfleck oder ähnliches einen, den Rutengängern vielleicht nicht einmal zum Bewußtsein kommenden Anlaß für eine Reaktion gibt. Wir können daher diese Befunde allenfalls als Indizien werten, aber daraus keine endgültige Aussage zur Existenz einer rein ortsabhängigen Reaktion ableiten, ohne andersartige Versuchsanordnungen und aussagekräftigere Experimente heranzuziehen.

2.4.2 Experimente mit künstlichen Leitungen

Ende der 70-er Jahre berichtete der Chemie-Konzern Hoffmann-La Roche über spektakuläre Einsätze von Rutengängern zur Auffindung von Spaltenwasser, sowie über eine Experimentreihe zur gezielten Überprüfung von Fähigkeiten der beteiligten Rutengänger. Comunetti (1978, 1979) publizierte in zwei Arbeiten diese Versuche, eine verdeckte künstliche Wasserleitung zu orten, sowie bei bekanntem Ort den Fließzustand (Wasser fließt oder fließt nicht) zu bestimmen. Nachdem hierbei bemerkenswert reproduzierbare Erfolge aufgezeigt wurden, planten wir eine modifizierte Wiederholung dieser Tests.

In einem über 20 Meter langen Gebäudegang wurden im Kellergeschoß quer zur Laufrichtung örtlich variable Rohrleitungen verlegt. Die Versuchspersonen erhielten die Aufgabe, die vor jedem Einzelversuch immer wieder veränderte ihnen unbekannte Position der Leitung durch Begehen des darüber im Erdgeschoß liegenden 20 Meter langen Stockwerksganges neu zu orten. Diese Experimentieranordnung hatte den besonders wichtigen Vorteil, eine streng doppel-blinde und gegen jeglichen Einwand erhabene einwandfreie Durchführung der Versuche zu gewährleisten. Es wurde mit etwa 3 Dutzend Versuchspersonen experimentiert, wobei die überwiegende Mehrzahl nur eine einzige Begehung absolvierte und keine Gelegenheit zu Vorversuchen hatte. Es handelte sich also zur Sammlung von Erfahrungen um rein exploratorische Tests, ohne daß Untersuchungen darüber angestellt wurden, welche Einflußfaktoren sich auf das Ergebnis möglicherweise positiv oder negativ hätten auswirken können. So wurde beispielsweise nicht ausprobiert, ob Probanden auf verschiedenartige Leitungssysteme unterschiedlich reagieren würden.

Die Resultate waren dennoch recht aufschlußreich. Zunächst ist festzustellen, daß die Mehrzahl der Probanden keine auffälligen Trefferquoten erzielte. Bei 23 aus insgesamt 76 Begehungen waren jedoch Angaben über die richtige, per Zufallsgenerator bestimmte Leitungsposition innerhalb von ± 0.5 Meter genau gemacht worden. Eine überschlägige konservative Abschätzung, diese Trefferrate entgegen der Zufallserwartung zu erreichen, führt zu einem signifikanten Ergebnis. Zur besseren Illustration seien die Ergebnisse einer Versuchsperson herausgegriffen und in Abbildung 3 dargestellt. Insgesamt wurden von diesem Probanden 7 Einzeltests absolviert und davon in 6 Fällen recht gute Angaben erzielt. In einem Fall war die Ortsangabe definitiv falsch, und in 4 Begehungen gab der Proband neben einer Haupt- auch eine zusätzliche Nebenreaktionsstelle an. Der Proband mußte relativ viel Zeit darauf verwenden, unter meist mehreren Reaktionsstellen diejenige auszuwählen, welche er letztlich für die richtige hielt. Aus zeitlichen Gründen wurde daher die Länge der Strecke ab dem zweiten Versuch auf den Bereich zwischen der 5- und 15 Meter-Marke eingeschränkt.

Aus Abbildung 3 wird auch ohne detaillierte statistische Berechnung schnell klar, daß das Gesamtresultat dieser Versuchsperson extrem unwahrscheinlich durch den Zufall entstanden sein konnte. Teilt man die

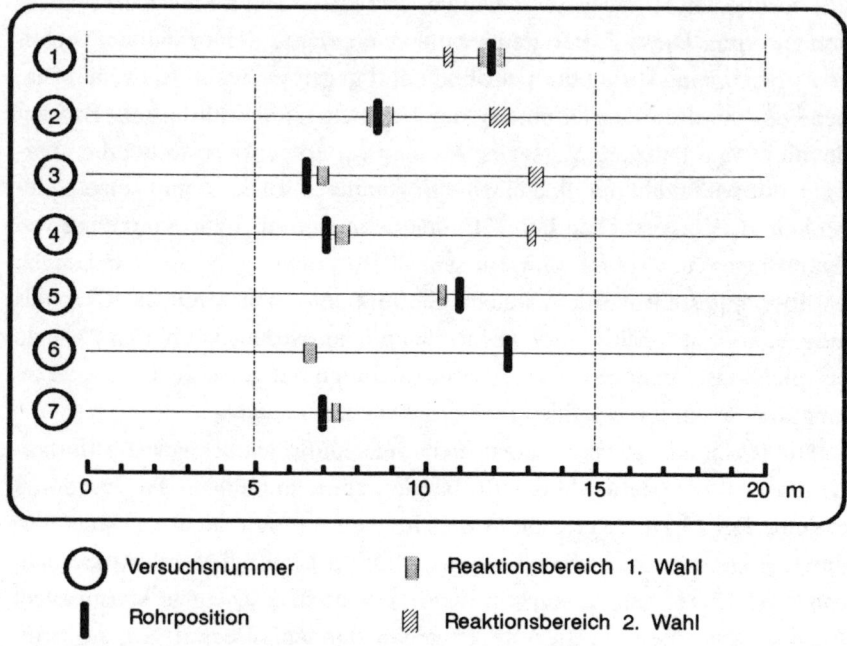

Abbildung 3: *Schematische Darstellung und Ergebnis eines Doppelblind-Experiments im Rahmen der Vorstudie. In einem Gebäudegang wurde quer zur Laufrichtung eine örtlich variable Rohrleitung verlegt. Die Versuchsperson hatte die Aufgabe, im darüberliegenden Stockwerk die jeweilige ihr unbekannte Leitungsposition zu finden. Die gestrichelten Linien geben die Begrenzungen der Teststrecke an. Der Proband gab Haupt- und Nebenreaktionsbereiche an. Das erzielte Ergebnis kann durch zufällige Reaktionen nur mit geringer Wahrscheinlichkeit erreicht werden und ist damit signifikant.*

Strecke zum Beispiel in 20 (10) Intervalle zu je 1 Meter Länge ein, so ist in einem Einzelexperiment die Chance 1:20 (1:10), das richtige Streckenintervall zufällig zu treffen. Trifft man auch beim zweiten Mal usw., so sinkt die Zufallswahrscheinlichkeit bereits unter 1% und das Ergebnis wird hochsignifikant. Eine konservative Auswertung dieses Experiments ergibt unter Berücksichtigung der jeweiligen Streckenlänge und der Mehrfachangaben eine Zufallswahrscheinlichkeit von unter 0.5%, also eine hohe Signifikanz für dieses extrem gut kontrollierte Experiment. Ergänzend ist zu bemerken, daß die spezielle Festlegung der Länge des Trefferintervalls zwar das numerische Ergebnis beeinflußt, aber für die entscheidende Gesamtbeurteilung ("hohe Signifikanz") keine Rolle spielt. Genauere Details der verwendeten statistischen Analyse werden in Kapitel 4 und im Anhang erläutert.

Andere Experimente mit künstlichen Wasserführungen betrafen das Auffinden einer unter einer Wiese liegenden städtischen Wasserleitung. Hier konnten zwar ebenfalls deutliche Häufungen beobachtet werden, aber das generelle Problem von Orientierungsmöglichkeiten durch relativ schwache Umgebungsmerkmale verbietet zuverlässige Schußfolgerungen. Des weiteren wurde als Aufgabe gestellt, einen in einer Wiese 20 cm tief liegenden Wasserschlauch zu orten, welcher dort im Vorjahr eingegrabenen worden war. Es kamen 23 Versuchspersonen zum Einsatz, die Angaben waren aber auf der 20 Meter langen Teststrecke derart verteilt, daß von Treffsicherheit nicht gesprochen werden kann. Die Anzahl der Versuche hätte erheblich höher sein müssen, um eine eventuell schwache Korrelation zwischen Reaktionsort und tatsächlicher Position nachweisen zu können. Bei all den erprobten Experiment-Typen zeigten sich jedenfalls recht deutlich die verschiedenen Schwierigkeiten sachgerechter Rutengänger-Tests.

2.4.3 Versuche mit elektromagnetischen Feldern

Um die Hypothese zu prüfen, Rutengänger würden auf Magnetfelder oder allgemeiner auf elektromagnetische Felder ansprechen, unternahmen wir entsprechende Vorversuche. Die umfangreichsten Beobachtungen erfolgten mit magnetischen Wechselfeldern unterschiedlicher Frequenz und einer Doppelblind-Anordnung, welche später in Kapitel 4.4 genauer beschrieben wird. Mit 90 Versuchspersonen wurde in insgesamt über 1.800

Einzelexperimenten eine mögliche Korrelation zwischen dem Feldzustand (ein- oder ausgeschaltet) und der Rutenreaktion untersucht.

Das Ergebnis war ähnlich wie bei den oben geschilderten Leitungsexperimenten. Der Großteil der Probanden hatte im wesentlichen nur zufällige Reaktionen, während etwa ein Dutzend Personen deutlich überzufällig reagierte. Wurden jedoch mit diesen Personen Wiederholungsexperimente durchgeführt, so konnten die zuvor signifikanten Ergebnisse nicht reproduziert werden. Da somit statistisch gesehen kein deutlicher Effekt nachweisbar war, haben wir diese Experimentreihe zunächst nicht weitergeführt (siehe auch Abschnitt 4.4 und 5.3).

*

Eine vorsichtige Gesamteinschätzung der hier nicht näher diskutierten Befunde anderer Autoren, welche aber teilweise im Kapitel 6 dargestellt werden, sowie unserer eigenen Vorversuche zu den verschiedenen Aufgabenstellungen führte uns zu der Vermutung, daß es zwar nicht leicht, bei geeignetem Aufwand aber doch wahrscheinlich sein würde, trotz der vielfältigen Irrtumsmöglichkeiten und der unbestreitbar hohen Fehlerrate von Rutengängerangaben, einen *harten Kern* des in Rede stehenden Phänomens nachweisen zu können. Allerdings war aus dem angesammelten Erfahrungsmaterial auch deutlich klar geworden, daß sich nicht jedes beliebige Rutengänger-Experiment zur Gewinnung neuer und zuverlässiger Aussagen eignen würde und spezielle Testverfahren ausgewählt und entwickelt werden müssen.

3. Vorbereitung der Experimente

3.1 Randbedingungen für Experimente

Aus der Kenntnis der in der Literatur beschriebenen Versuche, sowie aus den Erfahrungen durch unsere eigenen Pilotstudien ergaben sich eine ganze Reihe von Anforderungen, welche wir in unseren zukünftigen Experimenten zu erfüllen hatten, wenn wir ein höheres Maß an Zuverlässigkeit und Glaubwürdigkeit als frühere Untersuchungen erreichen wollten. An dieser Stelle sei aber auch betont, daß es von seiten des Forschungsministeriums und der beauftragten Projektgutachter nicht an Vorsorge fehlte und als Voraussetzung für die endgültige Genehmigung des Vorhabens ein ganzes Bündel von Bedingungen und Vorsichtsmaßnahmen gefordert wurde. Das war im Zusammenhang mit einem so problembeladenen Projekt absolut verständlich und lag auch zur Stärkung der Basis des Vorhabens ganz in unserem eigenen Interesse. Nach intensiven Beratungen ergaben sich folgende 5 wesentliche, zu erfüllende Punkte:

1. Planung, Durchführung und Analyse der Versuche müssen durch verschiedene Wissenschaftler erfolgen und dürfen keinesfalls nur in einer Hand liegen.

Damit sollte verhindert werden, daß irgendwelche Voreingenommenheiten oder persönliche Verhaltensweisen eines am Projekt Beteiligten die Ergebnisse beeinflussen könnten. Dieser Punkt ließ sich bestimmt sehr gut erfüllen, da einschließlich der Gutachter bis zu 20 Wissenschaftler konkret in das Vorhaben involviert waren. Es soll auch besonders betont werden, daß alle positiv verlaufenen Experimente, welche mehrfach wiederholt wurden, immer wieder von verschiedenen Versuchsleitern und in unterschiedlicher Kombination betreut und beaufsichtigt wurden. Hierzu standen neben den 5 permanent im Projekt involvierten Wissenschaftlern auch 7 studentische Hilfskräfte zur Verfügung, welche in die Problematik eingearbeitet worden waren. In keinem Falle war der Erfolg eines Experimentes, einer Experimentreihe oder einer Experimentart davon abhängig, wer die Versuchsbetreuung oder Protokollführung übernommen hatte.

2. Alle Versuche sollten möglichst doppelblind ablaufen.

Diese wichtige Bedingung war schon beim Gangexperiment in der Vorphase erfolgreich erprobt worden und konnte bei allen folgenden Experimenten mit künstlichen Reizen perfekt realisiert werden (Scheunen- und Magnetfeldexperimente, gemäß den Abschnitten 4.3 und 4.4). Im Falle der Laufbrett-Experimente (Abschnitt 4.2) war die Situation insofern etwas komplizierter, als im Laufe einer Versuchsreihe mit einem Probanden dessen bevorzugte Reaktionsbereiche den Versuchsbetreuern näherungsweise bekannt werden konnten. Da jedoch die Versuchspersonen von der Einwirkung äußerer Reize weitgehend abgeschirmt waren und bestimmte protokollarische Vorsichtsmaßnahmen wie beispielsweise Wechsel der Betreuer eingehalten wurden, kann auch hier als ausgeschlossen gelten, daß Erfolge von Probanden durch bewußte oder unbewußte Beeinflussung von seiten der Versuchsbetreuer zustande gekommen sind.

3. Strenge Protokollführung.

Hier wurden je nach Art des Experiments ein ganzer Katalog an Vorsichts- und Verfahrensmaßnahmen erarbeitet, welcher im Kapitel 4 zu den einzelnen Fällen erläutert wird. Die Durchführung der Experimente orientierte sich streng an einem vorgegebenen Protokoll und alle relevanten Versuchsdaten wurden in speziell vorbereitete Formblätter eingetragen, sowie im Falle der Versuche in festen Gebäuden an Ort und Stelle in einen Rechner eingegeben. Es war gänzlich ausgeschlossen, daß die Versuchspersonen irgendeinen nicht protokollmäßig vorgesehenen Einfluß auf die Versuchsdurchführung oder Protokollierung haben konnten. In unregelmäßigen Abständen waren externe Beobachter mit der Aufgabe zugegen, den gesamten Ablauf der Experimente zu überwachen und zu kontrollieren. Hiervon haben neben den Münchner Mitarbeitern auch Herren aus der Projektbegutachtung und -betreuung, aus dem Forschungsministerium

(BMFT und DFVLR), sowie unter gewissen abgesprochenen Voraussetzungen zahlreiche Dritte, vor allem interessierte Wissenschaftler, Studenten und Journalisten, regen Gebrauch gemacht.

4. Statistik und Datenanalyse.

Das bekannte und wissenschaftlich renommierte Institut für Medizinische Informatik und Systemforschung (MEDIS) der Gesellschaft für Strahlen- und Umweltforschung (GSF, München-Neuherberg) hat die Betreuung sämtlicher anfallender Fragen im Bereich Statistik und Datenauswertung übernommen. Dies bedeutet im Einzelnen, daß − begutachtet durch diese Institution − für jede der verschiedenen Experiment-Typen eine genaue Verfahrensweise für die datenbezogene Durchführung festgelegt wurde, und daß die Auswertung der erhaltenen Daten nach allgemein anerkannten Modellen erfolgte. In Kapitel 5 und im Anhang werden die jeweils verwendeten Berechnungsmethoden detailliert dargestellt. Die numerische Datenanalyse erfolgte sowohl im Großrechenzentrum der GSF, als auch an schnellen Laborrechnern der PC-Klasse.

5. Informationsfluß und allgemeine Transparenz.

In regelmäßigen Abständen trafen sich alle Münchener Mitarbeiter zu ausführlichen Besprechungen und alle auswärtigen Projektinvolvierten wurden mindestens halbjährlich über den aktuellen Stand des Vorhabens teils schriftlich, teils mündlich informiert. Damit sollte erreicht werden, daß Probleme, Verfahrensweisen und laufende Ergebnisse stets bekannt und diskutierbar waren. Es ging zum einen darum, konstruktive Kritik möglichst unverzüglich während der Experimentierphase kennenzulernen, um mögliche Verbesserungen gegebenenfalls sofort vornehmen zu können. Zum anderen sollte Kritik im Nachhinein nach der Art *"wenn wir das vorher gewußt hätten"* weitgehend vermieden werden.

Wir gehen davon aus, daß die gewählten und praktizierten, oben beschriebenen Verfahrensweisen sinnvoll waren und auch allen wesentlichen Wünschen und Forderungen von Seiten der Gutachter und Förderorganisationen Rechnung getragen haben. Dennoch soll nicht der Eindruck erweckt werden, es habe sich um absolut perfekte und nicht mehr verbesserungsfähige Experimente gehandelt. Ein derartiger Anspruch wäre hier wie auch in anderen konventionellen Forschungsprojekten gänzlich irreal. Es ist lediglich festzustellen, daß der für die einzelnen Experimente und das Gesamtprojekt erfolgte Aufwand jedenfalls an der Obergrenze des im Rahmen der Finanzierung überhaupt Möglichen lag und mit Sicherheit die Schwelle des für einzelne Beteiligte normalerweise persönlich Zumutbaren in vielfacher Hinsicht überschritten hat.

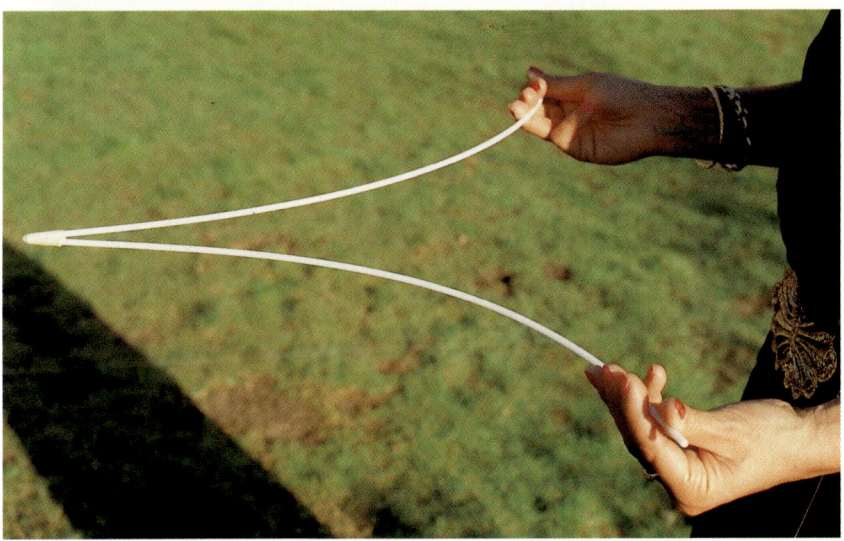

Farbbild 1. *Klassische Wünschelrute. Die V-Form ist einer zugeschnittenen Astgabel nachempfunden. Die Drehachse liegt waagrecht und quer zur Laufrichtung. Die Rute kann aus Plastikmaterial gefertigt sein (unten), oder aus Stahldraht (oben), der in den Handgriffen kugelgelagert ist.*

Farbbild 2. *Wünschelrute mit vertikaler Drehachse, eine sogenannte Vertikalrute, gefertigt aus Messing.*

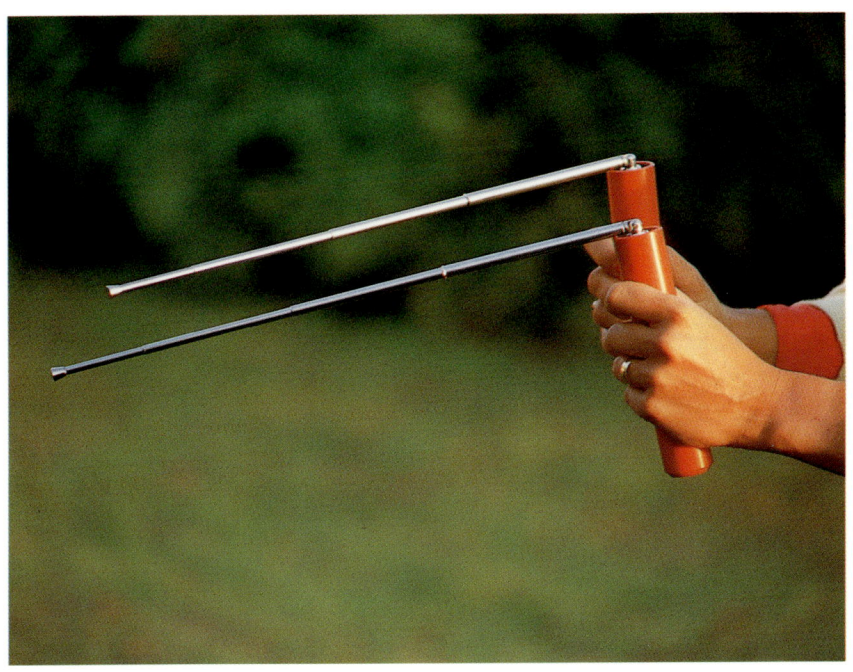

Farbbild 3. *Wünschelrute mit vertikaler Drehachse. Die parallel geführten horizontalen Stäbe dieser sogenannten Winkelrute können sich zur Seite verdrehen, sich öffnen, oder sich überkreuzen.*

Farbbild 4. *Wünschelrute mit horizontaler Drehachse. Sie wird ähnlich wie eine V-Rute in Farbbild 1 gehandhabt und von Rutengängern als sogenannte Lecherrute bezeichnet, weil sie dem vor allem in der Mikrowellentechnik bekannten Prinzip der Lecherleitung nachempfunden ist.*

3.2 Erkenntnisse aus der Vorphase

Wer mit den erkenntnistheoretischen Grundlagen der Naturwissenschaft und ihrer praktizierten Ausübung vertraut ist, weiß um die Schwierigkeit, Beobachtungen in eine intensive wissenschaftliche Diskussion einzubringen, welche von neuartigem Charakter sind, jedoch theoretisch nicht befriedigend erklärt werden können. Auf einem weitentwickelten Wissenschaftsgebiet setzt ein sinnvolles und zielgerecht angelegtes Experiment in der Regel das Vorhandensein eines Modells voraus. Dadurch erst wird ermöglicht, daß der Ausgang des Experiments über einen speziell geprüften Teilaspekt einer Modellvorstellung entscheiden kann.

Gerechterweise muß man aber einräumen, daß die jeweils zugrunde liegende *Theorie* nicht immer allzu tiefgründig sein muß und in der Anfangsphase auch einfache Arbeitshypothesen ausreichen. So wurden beispielsweise die meisten Gesetzmäßigkeiten der Physik zuerst durch bloße Beobachtung und Messung festgestellt und erst später in eine umfassende theoretische Beschreibung integriert.

Auch bei dem hier vorliegenden Problem muß zunächst von einer reinen Beobachtung ausgegangen werden. Wie schon öfters erwähnt, lautet die dem Experiment zugrunde liegende Frage: *Gibt es menschliche Reaktionen, welche nur vom Ort abhängen und nicht durch normal-sensorische Sinneskanäle erklärbar sind?* Diese Frage führt zu einer wissenschaftlich vernünftigen Aufgabenstellung, und geeignet ausgewählte Experimente können hierauf prinzipiell Antwort geben. Es besteht weder Notwendigkeit noch Zwang, solche Experimente auf weitergehenden und umfassenden theoretischen Erklärungen der vermuteten Phänomene aufzubauen.

Je mehr Befunde unter variierten Experimentierbedingungen erhalten werden, desto interessanter wird letztlich die Entwicklung einer Arbeitshypothese. Die offenen Fragen lassen sich dann präziser formulieren und experimentelle Untersuchungen können gezielter angesetzt werden. Damit erhöht sich die Chance, sinnvollere Arbeitshypothesen zu erstellen und es entsteht ein Kreislauf, in dessen Verlauf die Erkenntnis zunimmt und eventuell zur Entwicklung einer Theorie führen kann.

3.2.1 Arbeitshypothesen

Die zahlreichen verfügbaren Beobachtungen zum vorliegenden Thema ließen es zu, für das Konzept des vorliegenden Projekts drei Arbeitshypothesen aufzustellen, welche ein Minimum an evidenten oder denkbaren Widersprüchen zur Realität darstellen und keine Vorwegnahme einer möglichen wahren Theorie bedeuten:

These 1: *Es gibt keine "Erdstrahlen" im Sinne einer wohldefinierten, eindeutigen Strahlungsart.*

These 2: *Es handelt sich bei der Rutenreaktion um ein komplexes biophysikalisches Phänomen, dessen Auslösung verschiedene diesbezügliche Ursachen haben kann.*

These 3: *Die Verwendung einer sogenannten "Rute" ist als primitives, aber höchst effizientes sekundäres Hilfsmittel zur Verstärkung und Sichtbarmachung eines primären physiologisch bedingten Signals aufzufassen, sie ist aber prinzipiell verzichtbar.*

Diese Arbeitshypothesen sind denjenigen Personen, welche auf dem hier angesprochenen Gebiet über einschlägige Erfahrung verfügen, ohne weiteres einleuchtend. Da aber unsere Argumentationen betreffs der drei Thesen, wie sie bereits in der Antragstellung zu diesem Projekt enthalten waren, von vielen Interessierten nicht richtig verstanden wurden, möchten wir hier etwas näher darauf eingehen.

Die These 1 bedeutet im wesentlichen die deutliche Zurückweisung der indiskutablen Vorstellung, es gebe neuartige, in der Physik bisher nicht bekannte (X-, Y- Z-, oder "Erd-") Strahlen, welche nur von Rutengängern, prinzipiell aber nicht mittels geeigneter Meßtechnik erfaßt werden könnten. Wir gehen auf jeden Fall davon aus, daß das Phänomen ausschließlich im Rahmen der etablierten Naturwissenschaft erklärbar sein sollte.

In These 2 wird im Sinne einer vorläufigen Arbeitshypothese weiter davon ausgegangen, daß zumindest manche biologische Organismen (darunter die Rutengänger) auf im Prinzip bekannte physikalische Strahlungsfelder (hyper-) sensitiv sein können und unter Umständen auf örtliche oder zeitliche Änderungen der betreffenden Feldgrößen mit einem physiologisch bedingten Signal reagieren, welches von Rutengängern in vereinfachender Betrachtungsweise als eine sogenannte "Erdstrahlen"- oder Rutenreaktion bezeichnet wird. Wir nehmen also an, daß eine (geo-) physikalische *Ursache* zu einer biologischen *Reaktion* führt. Beeindruckende Beispiele ähnlichen Charakters für weitgehend unverstandene sensorische Leistungen von Organismen werden in Abschnitt 7.2 gegeben.

These 3 läßt sich durch den Hinweis veranschaulichen, daß einige wenige und sehr erfahrene Rutengänger überhaupt kein derartiges Instrument benutzen müssen und die ortsabhängigen Signale direkt mit dem Körper erspüren. Drei solcher Probanden haben an unseren Experimenten teilgenommen. Ihre Reaktionen waren rein äußerlich durch teilweise starkes Zittern von Händen und Armen zu erkennen.

3.2.2 Stärke und Qualität der Effekte

Ohne den näheren Modellvorstellungen in Abschnitt 7.3 vorgreifen zu wollen, sei schon an dieser Stelle bemerkt, daß die Vorergebnisse auf in der Regel relativ schwache Signalfelder hindeuten. Zur Veranschaulichung wurde das für den Fall elektromagnetischer Strahlungen schematisch in Abbildung 4 dargestellt. Es ist kaum zu erwarten, daß bestimmte physikalische Felder an solchen Stellen, wo Rutengänger eine Reaktion erfahren, auffallend deutliche oder starke Anomalien im Sinne kräftig überhöhter oder reduzierter Intensitäten aufweisen müßten. Wäre das nämlich der Fall, so gäbe es keinen plausiblen Grund dafür, warum solche Feldanomalien etwa bei geophysikalischen Untersuchungen noch nicht gefunden worden sind. Es ist viel wahrscheinlicher, daß gewisse Informationsinhalte im Spektrum des Rauschpegels natürlich vorhandener Strahlungen mittels einer noch unbekannten Kodierung verborgen sind, seien dies nun Änderungen im Rauschpegel, in der Frequenzverteilung, Modulationen, Sprünge, Maxima oder Minima der Intensität bei bestimmten Frequenzen, oder Kombinationen aus geringen Änderungen verschiedener Feldgrößen. Es muß jedenfalls davon ausgegangen werden, daß es nicht leicht sein

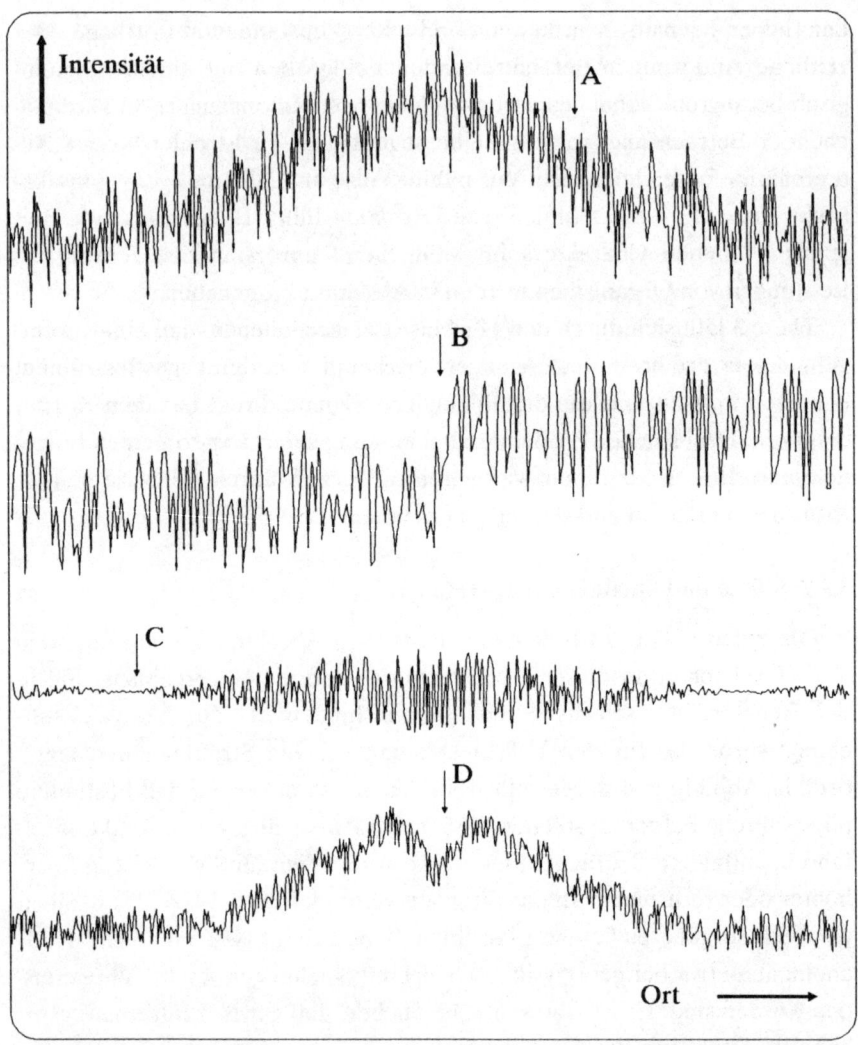

Abbildung 4: *Mögliche Variationen angenommener physikalische Feldgrö-
ßen als Funktion des Ortes. A-D bezeichnen Beispiele für charakteristische
Stellen dieser Feldprofile, welche hypothetisch als Ursache für Rutengänger-
Reaktionen betrachtet werden könnten. A: Überschreitung einer gewissen
Schwellenintensität; B: Intensitätssprung; C: Minimum des Rauschpegels;
D: in einen erhöhten Rauschpegel eingebettetes lokales Intensitätsminimum.*

kann, die relevante Information meßtechnisch zu erkennen, solange man nicht genauer weiß, auf welche Parameter es ankommt. Wohlgemerkt, wir sehen das Problem weniger in der integralen Messung der betreffenden Intensitäten (Feldgrößen), als vielmehr in der *Analyse* der als meßbar betrachteten Felder, beziehungsweise im Ausfiltern der darin enthaltenen *Informationen*.

Manche Rutengänger scheinen über ziemlich unglaubhafte Fähigkeiten dieser Art zu verfügen. Nehmen wir das Beispiel des Probanden aus Abschnitt 2.4 (Abbildung 3), welcher ein im Kellergeschoß verlegtes Kupferrohr durch eine Begehung des darüberliegenden Erdgeschosses mit einer statistisch gesehen erstaunlich hohen Trefferquote fand. Hier muß ergänzend darauf hingewiesen werden, daß in dem Kellergang zu beiden Längsseiten zahlreiche Versorungsleitungen für Frischwasser, Heizwasser, Gas, Schwach- und Starkstrom angebracht waren, und die bauliche Konstruktion aus Stahlbeton mit zahlreichen querliegenden Eisenträgern bestand, nicht zu reden von Heizkörpern und Beleuchtung mit Leuchtstoffröhren im gesamten Experimentierbereich. Es ist schon erstaunlich, wenn in einem derart durch technische Felder geprägten Umfeld noch diese rutengängerischen Leistungen möglich sind. Wir räumen ein, daß wir ein solches Experiment wegen verschwindend erscheinender Erfolgsaussichten sicherlich nicht angesetzt hätten, wenn es nicht um die Nachprüfung der Berichte von Comunetti (1978, 1979) gegangen wäre. Dies illustriert und unterstreicht zugleich das Problem, äußere Bedingungen für Rutengänger-Tests schon vorweg als entweder günstig oder ungünstig einzustufen.

Die Ergebnisse der Vorphase haben gezeigt, daß die Treffsicherheit von Rutengängern im allgemeinen gering ist und klare Erfolge, unter strengen Randbedingungen beobachtet, die Ausnahme darstellen. Der Selektion guter Rutengänger war demnach hohe Priorität einzuräumen. Wir mußten ferner darauf achten, daß die Experimente derart angelegt sein sollten, daß auch relativ schwache Effekte nachzuweisen sind. Es ging also, bildlich gesprochen, um die Suche nach der Stecknadel im Heuhaufen.

3.3 Komplexität von Rutengänger-Tests

Die Unklarheit über den Einfluß von Versuchs- und äußeren Randbedingungen und vor allem die aus den Vorstudien bekannte geringe Treffsicherheit von Rutengängern machten es schwer, problemgerechte Testverfahren zu entwickeln. Die Konzeption der Experimente konnte daher auf keinen Fall an den in Rutengänger-Kreisen üblicherweise aufgestellten unrealistischen Behauptungen über den angeblichen Umfang rutengängerischer Fähigkeiten orientiert werden. Es war demnach ein schrittweises Herantasten an eine optimale Vorgehensweise unabdingbar. Auch wollten wir die Fehler und Unzulänglichkeiten früherer Studien zu diesem Thema vermeiden (siehe Kapitel 6). Dies legte es nahe, die Erfolgschance durch die Konzeption *verschiedenartiger* Prüfverfahren zu verbessern. In Erweiterung und Ergänzung unserer Pilotstudien haben wir daher folgende drei Experiment-Typen bearbeitet:

1. Experimente an natürlichen Teststrecken mit nicht-veränderbaren, unbekannten Reizfeldern;
2. Experimente an künstlichen Anordnungen mit veränderbaren, unbekannten Reizfeldern;
3. Experimente an künstlichen Anordnungen mit veränderbaren, bekannten Feldern.

3.3.1 Probleme bei natürlichen Teststrecken

Im Fall 1 besteht die Schwierigkeit zunächst im Auffinden geeigneter Teststrecken. Eigentlich müßte man schon vor dem Experiment wissen, welche Stellen im Gelände von Rutengängern gut gefunden werden können, obwohl ja erst das dann folgende Experiment und seine statistische Auswertung zeigen, ob es derartige Stellen und die Fähigkeit zu ihrer Ortung tatsächlich gibt. Ein gewisses Sich-im-Kreise-drehen konnte uns hier erklärlicherweise nicht erspart bleiben.

Ein weiteres Problem bei Experimenttyp 1 war in der räumlichen Eindeutigkeit und Ausdehnung der mutmaßlichen Reaktionsstellen zu sehen. Wie dicht liegen solche Stellen nebeneinander und welche Streuung ist in der Verteilung der einzelnen Ortungen zu erwarten? Manche Rutengänger geben vermeintliche Reaktionsstellen bis auf Zentimeter genau an, andere wiederum machen Angaben in Größenordnungen von 10 oder 100 Metern. Es mußte daher schon im Vorfeld der Versuche eine Entscheidung darüber getroffen werden, welche grundsätzlichen Testverfahren zu selektieren waren und realisierbar erschienen.

Verdeutlichen wir die Situation nochmals anhand von Abbildung 4 und nehmen an, ein Rutengänger reagiere auf eine in großer Tiefe in der Erde tatsächlich vorhandene geologische Störung. Dann ist nach derzeitigen Kenntnissen meist nicht vorstellbar, daß sich eine entsprechende Feldanomalie an der Erdoberfläche nur im Zentimeter-, Dezimeter- oder Meterbereich zeigt, zumal wenn man von unmittelbaren Zusammenhängen zwischen Störung in der Tiefe und wirksames Feld an der Erdoberfläche ausgeht. Etwas anders stellt sich jedoch die Situation dar, sollten Sekundäreffekte eine Rolle spielen.

Ein Rutengänger, welcher im Suchen von Kluftwasser erfolgreich ist, gibt jedenfalls einen guten Bohransatz oft genauer als auf einen Meter an. Ist dies nun ein physikalischer Widerspruch? Nach unserer Erfahrung nicht unbedingt, denn: Der Rutengänger "spürt" das betreffende Signal keineswegs nur an jener Stelle, die er letztlich als Bohrpunkt angibt, sondern er hat in großräumigeren Bereichen "Empfindungen", welche sich beispielsweise über etwa 100 Meter erstrecken können (Apostol et al. 1975, 1977). Es geht also offensichtlich darum, in der Mikrostruktur eines räumlich ausgedehnten Signalfeldes sogenannte optimale Punkte herausfinden zu können. Mit anderen Worten: Ein guter Rutengänger muß gewisse Feinheiten in der relevanten Feldverteilung erspüren können, seien dies nun lokale Maxima, Minima, maximale Feldgradienten, Überschreitung gewisser Intensitätsschwellen, oder auch Variationen der in den Feldern enthaltenen Informationen (Abbildung 4).

Unter diesen Gesichtspunkten hat es durchaus einen Sinn, eine Teststrecke an geeigneter Stelle nur etwa 10 Meter lang zu wählen und auf dieser Strecke nach der Reproduzierbarkeit von Ortsangaben innerhalb eines Meterbereichs zu fragen. Die Wahl einer relativ kurzen Teststrecke ist insofern wünschenswert, als die Erfahrungen aus unseren Pilotstudien klar zeigten, daß mit einzelnen Versuchspersonen an einer Strecke sehr oft experimentiert werden sollte. Dann aber müssen alle normalen Sinneskanäle zur Ortsorientierung ausgeschaltet werden, unter anderem also auch sämtliche Bodenunebenheiten beseitigt sein. Im Hinblick auf die technische Realisierung der Laufstrecke, den Zeitaufwand für lange Experimentserien und die Seltenheit von Wegstrecken, auf welchen eine gut erfühlbare Zone räumlich eng konzentriert vorkommt, erweisen sich lange Experimentierstrecken als ungünstig.

Aus dem Gesagten geht ferner hervor, daß es nicht zwingend nötig ist, bei verschiedenen Versuchspersonen ein genau gleiches Reaktionssmuster zu erwarten. Verschiedene Probanden könnten, wie in der hypothetischen Darstellung in Abbildung 4 aufgezeigt ist, auf verschiedene Reizmuster reagieren und sich damit in ihren genauen Ortsangaben unterscheiden, aber dennoch jeweils statistisch signifikante und reproduzierbare Angaben liefern. Versucht man die Annahme der streuenden Reaktionen mit der behaupteten Fähigkeit in Einklang zu bringen, einen optimalen "Bohrpunkt" unter bestimmten Gegebenheiten rutengängerisch sehr genau festlegen zu können, so ist wohl in Rechnung zu stellen, daß Erfahrung und Rückkopplung an Erfolge und Mißerfolge eine bessere interindividuelle Übereinstimmung erbringen könnte. Wir werden auf diese Problematik bei der Vorstellung unserer Ergebnisse in Abschnitt 5.3 und 5.4 zurückkommen.

3.3.2 Probleme bei künstlichen Testanordnungen

In den Fällen 2 und 3 ist es zunächst Glücksache, eine für den jeweiligen Rutengänger wirksame künstliche Anordnung zu finden, da nicht bekannt ist, auf welche physikalischen Felder oder Feldkombinationen er möglicherweise reagiert. Die Variation und Optimierung der Parameter solcher Anordnungen stellt vom Aufwand her eine derzeit ziemlich unlösbare Aufgabe dar, zumal die Angaben früherer Autoren in solchen Punkten offensichtlich stark differieren. Keinesfalls ist zu erwarten, eine ähnlich optimale Feld-Kombination oder -Situation leicht erreichen zu können, wie sie offenbar an manchen natürlichen Punkten oder Bereichen vorliegt.

Wenn überhaupt, dann dürfte ein erfolgreicher Feldwirksamkeitsnachweis nur bei den sensibelsten und differenzierfähigsten Rutengängern möglich sein.

Der Vorteil künstlicher Anordnungen liegt aber auf der Hand. Der Ort oder der Zustand des Reizfeldes läßt sich leicht verändern, und die Versuche sind ohne weiteres streng doppelblind durchführbar.

3.3.3 Rutengänger-Individualität

Es konnte selbstverständlich nicht davon ausgegangen werden, daß alle Rutengänger gleichartig reagieren oder über gleiche Fähigkeiten verfügen. Neben der grundsätzlichen Veranlagung spielen wohl auch Erfahrung, Übung, die Umstände der Aufgabenstellung, persönliche Konstitution und praktisches Betätigungsfeld der Probanden eine erhebliche Rolle. Es erwies sich daher erwartungsgemäß als unmöglich, ein einzelnes von uns konzipiertes Experiment von allen sich zur Verfügung stellenden Probanden sinnvoll absolvieren zu lassen. Die Gewohnheiten und Neigungen der Versuchspersonen waren einfach zu unterschiedlich.

Beispielsweise führte die Ausschaltung des visuellen Sinneskanals bei manchen Personen zu erheblichen Irritationen. Entweder erlitten sie beim Gehen Gleichgewichtsstörungen, oder der Wegfall der Möglichkeit, die feinen Bewegungen ihrer Rute zu beobachten, bereitete Schwierigkeiten bei der Feststellung einer erfolgten Ortsreaktion. Insbesondere weniger erfahrene Rutengänger hatten öfters Schwierigkeiten, unseren Wünschen nach präziser Angabe des Reaktionsortes nachzukommen. Manche liefen viel zu schnell über die relativ kurze Teststrecke und konnten dadurch nur sehr unscharfe Angaben über den Ort des Rutenausschlags machen. Wiederum andere reagierten an zuvielen Stellen und waren generell nicht in der Lage, die für das Ziel des Experiments notwendige Selektion *eines* Reaktionsortes vorzunehmen. Da sich eine Experimentserie für jede Versuchsperson meist über mehr als eine Stunde erstreckte und während dieser Zeit erhebliche Konzentration aufgebracht werden mußte, konnten individuell unterschiedliche Tendenzen zur Ermüdung nicht ausbleiben. Diese bestanden meist darin, daß der Proband entweder immer zahlreichere Ortsangaben machte, oder immer längere Zeit benötigte, sich für eine Angabe zu entscheiden. Die Mehrzahl der Probanden war sich dieser zeitlichen Leistungsgrenze aber nicht bewußt und meinte, unbegrenzt tätig und erfolgreich sein zu können.

Wir haben solchen individuellen Eigenschaften teilweise Rechnung getragen, mußten aber eine Vielzahl von Probanden wegen unzureichender Anpassungsfähigkeit an die notwendigen formalen Leistungsanforderungen von den Experimenten ausschließen.

3.4 Auswahl der Versuchspersonen

Eine große Zahl von Versuchspersonen ließ sich anläßlich von Rutengänger-Treffen oder -Kursen auswählen und für die Teilnahme an unseren Experimenten gewinnen. Damit waren Probanden jedes Erfahrungsgrades verfügbar. Zahlreiche bekannte Rutengänger im In- und Ausland wurden kontaktiert und um Mitwirkung bei den Tests gebeten. Nur wenige kamen diesem Wunsch nicht nach. Eine Reihe ortsansässiger Rutengänger stellte sich vor allem in der Anfangsphase häufiger zu Experimenten zur Verfügung. Mehrere Testreihen wurden sogar mit Studenten durchgeführt, welche meist keinerlei einschlägige Erfahrung mitbrachten. Schließlich haben sich auch Personen von sich aus gemeldet und um Teilnahme gebeten. Wir haben diese vor allem dann akzeptiert, wenn interessante rutengängerische Leistungen vermutet werden konnten, waren aber letztlich aus Zeitgründen und wegen des unsere Möglichkeiten übersteigenden Aufwands nicht in der Lage, alle Angebote zur Mitarbeit auszunutzen.

Da unsere Testanordnungen in keinem Falle exakt den von Rutengängern üblicherweise praktizierten Tätigkeiten entsprachen, war bei der Auswahl der Probanden deren rutengängerisches Spezialgebiet kein entscheidendes Kriterium. In späteren Projektphasen wurden aus den hunderten von Probanden gezielt nur solche ausgewählt, welche bei vorangegangenen Experimenten ein Mindestmaß an Erfolg zu verzeichnen hatten.

Wir wurden oft gefragt, wie repräsentativ unsere Auswahl für die Gesamtheit der Rutengänger sei. Das läßt sich jedoch nicht zuverlässig beantworten. Es ist uns bekannt, daß zahlreiche aktive Rutengänger nicht an unseren Experimenten teilgenommen haben, sei es aus Furcht vor Fehlschlägen und Ansehensverlust, prinzipieller Ablehnung von Tests, wegen mangelnder oder unterbliebener Kontaktaufnahme, Absage unsererseits, oder sonstigen Gründen. Unser subjektiver Eindruck und die Ergebnisse unserer Studie legen aber nahe, daß wir Repräsentanten des gesamten Spektrums, vom "Anfänger" bis zum "Experten", involviert hatten und unseren Aussagen daher ein hohes Maß an Allgemeingültigkeit zukommt.

3.5 Bedeutung und Handhabung von Wünschelruten

Wie im Abschnitt 3.2 bereits angedeutet, weisen wir dem Instrument Rute lediglich eine Anzeigefunktion zu. Wir sehen keinerlei Grund, den diversen meist historisch begründeten Vorschriften oder Vorschlägen zur Herstellung von Ruten irgendeine Bedeutung beizumessen. Im Mondschein geschnittene Weidenruten gehören in das Spektrum der Mystik verwiesen. Das Material spielt keine ersichtliche Rolle, eher der Glaube, nur mit Hilfe eines bestimmten Rutentyps erfolgreich zu sein. Allerdings ist festzustellen, daß in der Regel eine starke Gewöhnung an einen bestimmten Rutentyp zu beobachten ist, und die dem Rutengänger vertraute Rute dann nicht ohne weiteres durch einen anderen Typ ersetzbar zu sein scheint. Die jeweils vorhandene manuelle Geschicklichkeit, wie sie bei der Handhabung von Ruten gefragt ist, spielt bei der Auswahl der sehr verschiedenen Rutentypen ebenfalls eine Rolle.

Der Rutenausschlag signalisiert einen physiologischen Reiz, der seinerseits Resultat verschiedener Ursachen sein kann. Da eine "klassische" V-Rute angespannt und nahe eines labilen Gleichgewichts gehalten werden muß, wie dies im Farbbild 1 und in Abbildung 5 zu sehen ist, kann eine hohe "Verstärkung" minimalster Änderung nervöser Erregung eines Muskels erzielt werden. Dies wird übrigens von kundigen Autoren bereits in der Literatur vor und um die Jahrhundertwende so gesehen (Barrett 1897, Klinckowstroem 1918).

An dieser Stelle muß aber darauf hingewiesen werden, daß eine starke Muskelanspannung keine notwendige Voraussetzung für einen physiologisch bedingten Rutenausschlag sein muß. So wird beispielsweise die Vertikalrute (Farbbild 2) im Gegensatz zur V-Rute relativ locker gehalten, und bei der Winkel-Rute (Farbbild 3), oder wenn gar keine Rute benutzt wird, sollte nahezu überhaupt keine Muskelverspannung erforderlich sein. Dies stellt im übrigen einen entscheidenden Einwand gegen die Argumentation dar, der Rutenausschlag würde wesentlich durch Reflexe erzeugt, welche aus der Muskelanspannung resultierten. Dieser Einwand ist daher nur dazu geeignet, einen bestimmten Teil der zweifellos auftretenden Fehlausschläge zu erklären.

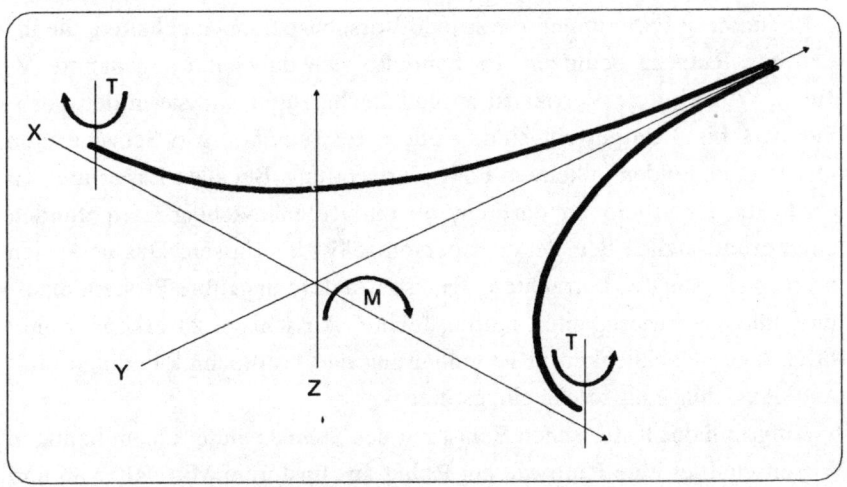

Abbildung 5: *Schematische Darstellung der Handhabungs-Mechanik einer V-Rute. Der Rutengänger übt auf beide Rutenschenkel bewußt das an der z-Achse wirkende Drehmoment T aus und spannt damit die Rute. Je größer T gewählt wird, desto labiler ist die Gleichgewichtslage bezüglich Drehungen um die x-Achse. Somit können kleinste Drehmomente M den Rutenausschlag auslösen und die Rute, je nach Richtung von M, entweder nach oben oder unten drehen.*

Es gibt mit Sicherheit eine Menge Gründe für rein zufällige, nicht ortskorrelierte Ausschläge. So ist zum Beispiel klar: Je labiler die Rutenposition, desto eher entsteht ein Fehlausschlag. Eine Sammlung von Argumenten für physiologisch bedingte zufällige Rutenausschläge findet sich beispielsweise bei Prokop und Wimmer (1985). Es ist aber unserer Ansicht nach müßig, darauf näher einzugehen. Entscheidend ist einzig, ob es unabhängig hiervon gelingt, eine Korrelation zwischen Ausschlag und Ortsposition nachzuweisen. Da dies der Fall ist — wie in diesem Bericht deutlich gezeigt wird —, bleibt in diesem Zusammenhang allenfalls die Frage übrig, ob und wie eine Reduzierung von Fehlausschlägen erreicht werden kann.

Bei unseren Experimenten war jede Versuchsperson angehalten, die ihr vertraute Rute zu benutzen. Es handelte sich dabei um sogenannte V-Ruten, Winkelruten, Vertikalruten und Lecherruten, wie sie in den Farbbildern 1 bis 3 dargestellt sind. Andere Instrumente, wie Schwingruten oder Pendel, fanden in keinem Falle Verwendung. Bei allen Experimenten wurde die Entscheidung darüber, ob ein Rutenausschlag stattgefunden hatte, grundsätzlich der Versuchsperson selbst überlassen. Das ließe sich insofern als Nachteil betrachten, als insbesondere ungeübte Probanden offensichtlich Schwierigkeiten hatten, "echte" Ausschläge zu erkennen und durch Ungeschicklichkeit in Rutenhaltung und Lauftechnik bedingte "falsche" Ausschläge als solche einzustufen.

Aufgrund der historischen Belastung des Themas mutet einem heutigen Wissenschaftler eine Rute wie ein Relikt aus finsterem Mittelalter an und es gehört schon etwas Abstraktionsvermögen dazu, das Instrument nur als einen Reaktionsindikator zu sehen, was es eigentlich ist. Es wäre in mehrfacher Hinsicht ein Fortschritt, könnte man die Rute durch eine physiologische Messung am Körper eines Probanden ersetzen. Wir sehen eine große Chance, daß das mit heutigen Methoden möglich sein sollte, wenngleich dies besonderer Forschung bedarf, welche außerhalb des Rahmens unseres Projekts liegt (siehe Abschnitt 7.4.1). Noch ist die Rute nicht ersetzbar. Bislang ist es auch entgegen anderweitigen Behauptungen eine falsche Vorstellung, irgendwelche technischen Apparaturen könnten absolut selbständig das System Mensch-Rute erfolgreich simulieren.

4. Durchführung der Experimente

4.1 Das Laufgang-Experiment

In einer ersten Experiment-Serie sollte geprüft werden, ob und inwieweit Rutengänger in der Lage sind, einen bestimmten ortsfesten Bereich mit Hilfe der Rutenreaktion in häufig wiederholten Einzelversuchen immer wieder aufzufinden. Dabei waren bei jedem neuen Test zwei Randbedingungen zu erfüllen. Erstens mußte unbedingt gewährleistet sein, daß die Versuchspersonen bei keinem Einzelversuch Informationen über ihren momentanen tatsächlichen Aufenthaltsort beim Abschreiten der Versuchsstrecke erhalten konnten. Es waren demnach alle Einflüsse und Hinweise aus der Umgebung und aus dem Gelände auszuschalten, welche die Probanden dafür hätten ausnutzen können. Zweitens sollten die Versuchspersonen möglichst in der ihnen vertrauten Art und Weise arbeiten können, insbesondere ohne Einschränkung der Sicht. Diese beiden gegensätzlichen Vorgaben ließen sich im Prinzip durch die Verwendung eines eigens konstruierten und im Farbbild 5 gezeigten Laufgangs miteinander vereinbaren, der wie folgt aufgebaut ist.

Es wurde ein aus drei gleichlangen Teilen bestehender, 10 Meter langer und 1,50 Meter breiter Laufgang aus Holz konstruiert. Das Mittelteil war mit Zapfen zwischen die beiden äußeren Teile eingepaßt. Je vier drehgelagerte Einzelräder an den beiden Außenteilen machten die Konstruktion leicht fahrbar. An beiden Seiten waren in den Laufboden Holzstangen eines Gerüsts eingesteckt, welche sowohl eine Verspannung aller Seitenflächen mit dickem Segeltuch trugen wie auch eine als Dach verwendete wasserdichte Plane. Diese reichte seitlich so weit herunter, daß keine Sicht von innen nach außen möglich, aber eine Belüftung gewährleistet war. Der Ein- und Ausstieg erfolgte an einer der Stirnseiten. Auf völlig ebenem Untergrund konnte der Laufgang von einer einzigen Person ohne Mühe verschoben werden. Der Laufgang war an einer Seite mit einer Deichsel versehen und konnte dadurch an ein Kraftfahrzeug angehängt und über etwas größere Strecken transportiert werden. Der Einsatz der Testvorrichtung

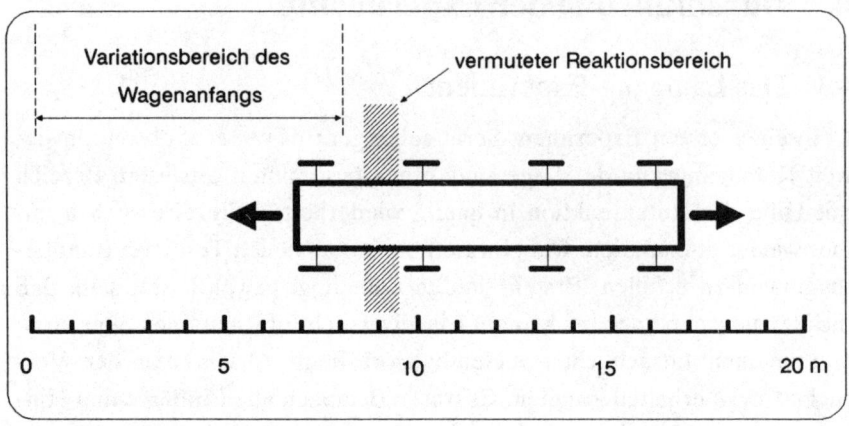

Abbildung 6: *Schematische Darstellung der Anordnung beim Laufgang-Experiment. Der geschlossene Laufgang wird über die vermutete "Reizzone" (schraffiert) gefahren und die Versuchsperson muß im Gang die ihr unbekannte Lage dieser Zone finden (siehe auch Farbbild 5). Die Position des Ganges wird vor jedem Test mittels eines Zufallsgenerators innerhalb des gestrichelt eingezeichneten Variationsbereichs ausgewählt.*

an einem anderen, weiter entfernten Einsatzort erforderte allerdings umständliche Maßnahmen: Den kompletten Abbau, Transport mit einem LKW, und Wiederaufbau am neuen Ort.

Das Prinzip der Experiment-Durchführung ist in wesentlichen Teilen aus Abbildung 6 ersichtlich. Vor den eigentlichen Versuchen wurde eine geeignete Teststelle wie folgt festgelegt: Die ersten Probanden, welche in dem von uns vorgegebenen Geländebereich geprüft werden sollten, mußten eine ihnen geeignet erscheinende Stelle selbst ausfindig machen. Diese wurde dann in der Regel auch für andere Probanden benutzt. Eine detaillierte Erörterung der Problematik, wie sie sich bei der Suche nach effektiven "Reizzonen" darstellt, erfolgt im nachfolgenden Abschnitt. Vor jedem Einzeltest erfolgte die Positionierung des Laufgangs über den vermuteten "Reizstreifen", so daß er möglichst senkrecht zu der Richtung dieser Zone

Farbbild 5.
Verschiebbarer 10 Meter langer Laufgang aus Holz zum Prüfen der Ortserkennung von Versuchspersonen an Teststrecken im Freien. Oben: Laufgang von außen. Unten: Die Innenansicht zeigt einen Probanden, den Protokollführer und auf dem Boden ein Maßband mit zwei querliegenden Markierungsstäben.

Farbbild 6. *Scheunen-Experiment: Die Testperson versucht eine künstliche Wasserführung zu erspüren, die quer zur Laufrichtung in dem darunter liegenden Geschoß verschiebbar installiert ist.*

Farbbild 7. *Leitungssysteme für das Scheunen-Experiment: Wasserdurch-flossene Rohre aus Kupfer und Plastik, ein leeres Kupferrohr, und auf dem Gestell ein offenes Gerinne mit Kieselsteinen.*

Farbbild 8. *Scheunen-Experiment: Das Kiesgerinne auf dem fahr-
baren Gestell diente bei dem in Farbbild 5 gezeigten
Test als ortsvariable künstliche Wasserführung.*

stand. Die genaue Position des Ganges bestimmte jeweils ein Zufallsgenerator, und zwar innerhalb eines Variationsbereichs von 8 Metern zu beiden Seiten der Zone, damit diese Teststelle in bezug auf den Innenraum des Ganges nicht zu nah an den jeweiligen Enden zu liegen kam und sie aus beiden Laufrichtungen gesucht werden konnte.

Auch die Umgebung des Experimentierbereichs mußte bestimmten Kriterien genügen. So ließ sich der Laufgang nur bei Strecken verwenden, welche auf etwa 20 Meter Länge hinreichend eben und ohne Änderung des Gefälles waren, um einen gleichmäßigen Bodenkontakt der Räder zu gewährleisten und ein positionsabhängiges Verformen des Gangbodens auszuschließen. Der nächste Punkt betraf Effekte durch Licht und Schatten. Zwar war die Abdeckplane undurchsichtig, grelle Helligkeitsunterschiede hätten aber Positionsinformationen geben können. Es war daher unabdingbar, daß der Gang an allen Positionen gleichmäßig beleuchtet sein mußte. Dies bedeutete, daß keine Gebäude oder hohen Pflanzen wie Bäume in der Nähe sein durften, so daß sich auch bei wechselnden Lichtverhältnissen keine Grenze zwischen Licht und Schatten auf der Abdeckplane des Ganges abzeichnen konnte. Schließlich durften keinerlei Geräuschquellen in der Nähe sein, welche eine Orts- oder Richtungsinformation ermöglicht hätten. Beispielsweise mußten unterschiedliche Tropfgeräusche an verschiedenen Stellen des Dachs bei Regen ausgeschlossen sein. Berücksichtigt man sämtliche hier nötigen Voraussetzungen und zu erfüllende Forderungen, so kam für den Laufgang praktisch nur ein Einsatz auf weitläufigem und ebenem Gelände infrage.

Bei den eigentlichen Versuchen mußte die zu testende Versuchsperson zunächst eine undurchsichtige Brille aufsetzen und wurde von der Teststrecke weggeführt. Dann wurde der Laufgang an die für dieses Experiment festgelegte Position geschoben, wonach der Proband und ein ebenfalls mit einer Sichtschutz-Brille versehener Versuchsbetreuer je nach Geländebeschaffenheit auf Umwegen entweder zu Fuß, auf einem Laborwagen sitzend, oder mit einem Kleinbus an den Eingang des Laufganges herangebracht wurden. Nach dem Einstieg in den sichtmäßig völlig abgedichteten Gang konnten Proband und Aufsichtsperson den Sichtschutz abnehmen. Der Proband führte jetzt die Begehung durch und der Versuchsbetreuer im Gang protokollierte die gefundenen Ortspositionen in bezug auf ein am Holzboden angebrachtes Maßband. Die Umrechnung auf die tatsächliche Ortsposition erfolgte erst nach Beendigung der jeweiligen Testserie. Zum Abschluß einer Einzelbegehung hatten Proband und Aufsichtsperson ihre Brillen wieder aufzusetzen und die zuvor geschilderte Zubringer-Prozedur wiederholte sich in umgekehrtem Sinne.

Im Prinzip war diese Testanordnung für die geplanten Versuche auch beim Anlegen strengster Maßstäbe geeignet. Es stellten sich aber vor allem zwei Schwierigkeiten heraus, die einen intensiven Einsatz dieser Methode verhinderten. Zum einen erwies es sich als kaum realisierbar, den Gang mit vertretbarem Aufwand an so viele Stellen heranzubringen, wie es notwendig gewesen wäre, um für die Versuche geeignete Teststrecken aufzufinden. Ferner wiesen die von Rutengängern vorgeschlagenen Strecken meist Unebenheiten des Geländes auf, welche einer Aufstellung des Laufganges hinderlich waren. Zum anderen klagte eine große Zahl der Versuchspersonen über das leichte Schwingen und Schaukeln des Wagens, das beim Gehen mit dem Gefühl auf einem Schiff vergleichbar sei, sowie in der warmen Jahreszeit über unerträgliche Schwüle im Wagen bei Sonnenschein. Es war im Rahmen der schon lange vorher konzipierten und finanziell festgelegten Versuchsplanung nicht möglich, eine zwar denkbare, aber aufwendige Abhilfe zu schaffen.

4.2 Das Laufbrett-Experiment mit natürlichen unbekannten Reizen

Die in der Praxis aufgetretenen Schwierigkeiten mit dem Laufgang waren Anlaß, eine schnell realisierbare Alternative zu entwickeln. Diese sollte es gestatten, die unverzichtbaren Randbedingungen für eine saubere Durchführung der Experimente zu erfüllen, ohne jedoch die Nachteile des im vorigen Abschnitt beschriebenen Laufganges aufzuweisen. Die neue Lösung erforderte allerdings, daß den Versuchspersonen auch während der eigentlichen Tests die Augen verbunden werden mußten, eine sicher gravierende Veränderung ihrer gewohnten Arbeitsbedingungen. So einfach die Anordnung auf den ersten Blick aussieht, so aufwendig gestalteten sich die Durchführung und auch die Auswertung der Experimente.

4.2.1 Versuchsanordnung

Es wurden mehrere Einheiten von je etwa 2.7 m langen unterseitig verstrebten, eben liegenden und zur Begehung geeigneten Brettern gebaut, versehen mit seitlich leicht nach oben geneigten, parallel verlaufenden Führungsbrettern, so daß eine Art Rinne entstand (siehe Farbbilder 9-14). Diese etwa 60 cm breiten Einheiten ließen sich durch Parallelzapfen in der Laufrichtung stoßfrei verbinden und mit seitlichen Haken oder Verkeilungen sichern. Die Übergänge zwischen den Einzelbrettern waren mit Sorgfalt bearbeitet, um bei normalem Darüberschreiten das Auffinden von Stoßstellen auszuschließen. An den ausgewählten Teststrecken genügten vier oder fünf dieser Einheiten, um eine hinreichend lange Bahn zu ergeben. Durch Bodenunebenheiten verursachtes Federn, Schwingen oder Knarren der Lauffläche ließen sich je nach Bodenbeschaffenheit mittels Unterlegen von Sand, Erde, Holzstücken und Holzkeilen beseitigen. War das Laufbrett, auch bei Belastung durch schwere Personen, über die gesamte Länge stabil positioniert, wurde die Oberfläche mit einem Besen von eventuell vorhandenen Störkörpern, wie etwa kleinen Steinen, gesäubert und zuletzt mit einem Teppichläufer überdeckt, um auch die letzte noch denkbare Orientierungshilfe durch Empfindungen über die Fußsohle auszuschließen.

Zur Kontrolle dieser Maßnahmen wurde das Brett in einigen Fällen auf einer absolut ebenen betonierten Fläche aufgebaut, so daß sich jegliche Nivellierungs-Korrekturen durch Unterlegen erübrigten. Die erzielten Ergebnisse erwiesen sich aber von solchen äußeren Randbedingungen als unabhängig. Die ersten Testserien fanden ohne Benutzung des Teppichläufers statt, seine spätere Verwendung führte jedoch zu keiner erkennbaren Minderung des Erfolges von Probanden, welche vorher signifikante Ergebnisse erbracht hatten.

Der Vorteil einer derartigen Laufbrettkonstruktion bestand darin, daß Versuchspersonen mit verbundenen Augen wiederholt genau die gleiche Teststrecke auf dem Brett im Gelände selbständig abschreiten konnten, ohne beim Blindgehen die Richtung zu verlieren und seitlich abzuweichen. Ferner ließen sich die Laufbretter leicht transportieren und meist auch relativ schnell aufbauen. So stellte es kein Problem mehr dar, die Experimente selbst an entlegenen Stellen durchzuführen, welche nicht unmittelbar mit Fahrzeugen erreichbar waren.

4.2.2 Vorsichtsmaßnahmen

Um einen einwandfreien Ablauf der Versuche zu ermöglichen, mußten eine Reihe von Bedingungen erfüllt sein, welche sich auf Versuchsort, Laufbrett, Testablauf und Protokoll bezogen und durch folgende Stichworte zu charakterisieren sind:

1. Ausschalten visueller Informationen,
2. Ausschalten akustischer Informationen,
3. Vermeidung von Wind-, Wärme- und Geruchseffekten,
4. Ausschalten von Orientierungshilfen durch die Bodenbeschaffenheit in der Umgebung des Laufbretts,
5. Räumliche Desorientierung der Probanden bei jedem Einzelexperiment,
6. Beaufsichtigung der Versuchspersonen.

Die Erfüllung dieser Bedingungen ließ sich durch eine Reihe von Maßnahmen sicherstellen, die im folgenden erläutert seien. Den Versuchspersonen wurde vor Beginn der Tests eine undurchsichtige Ski- oder Motorradbrille aufgesetzt und zusätzlich ein undurchsichtiges Tuch locker von der Brille zum Hals hin umgebunden. Das Tuch diente dazu, jegliche Sicht nach außen auch dann zu verwehren, wenn die Brille einmal an der Nase nicht ganz perfekt sitzen sollte (dieses Problem ist in der Täuschungskunst bekannt). Vor Beginn jedes Einzelexperiments fand immer eine Überprüfung des einwandfreien Sitzes des Sichtschutzes statt. Darüberhinaus ist stets darauf geachtet worden, daß keine extremen Temperatur- oder Helligkeitsunterschiede (Schlagschatten bei Sonnenschein) längs der Strecke auftraten, damit Ortsinformationen durch wechselnde Wärmestrahlung ausgeschlossen waren.

Während des Experiments durfte sich keine ortsfeste, kontinuierlich strahlende Schallquelle in näherer Umgebung der Versuchsanordnung befinden, durch welche die Versuchsperson über örtlich bedingte Pegelschwankungen Ortsinformationen hätte erhalten könnten. Dennoch wurde den Probanden ein Gehörschutz aufgesetzt, welcher die unvermeidlich vorhandenen geringen Geräuschpegel erheblich dämpfte und Richtungsinformationen ausschloß. Ferner war während des Versuchs Sprechen untersagt und die Versuchsbetreuer hatten sich nicht in unmittelbarer Nähe des Probanden aufzuhalten.

Weitere Beachtung galt dem Umstand, daß entlang der Teststrecke und im Versuchsbereich keine örtlichen Unterschiede durch wechselnde Windzüge erkennbar sein durften. Die Möglichkeit von Geruchseffekten als Informationsquelle wurde geprüft, stellte aber kein beachtenswertes Problem dar.

Das Laufbrett selbst war wie oben beschrieben so konstruiert und aufgebaut, daß beim Begehen keine Ortsinformationen abzuleiten waren. Weiterhin mußte sichergestellt sein, daß die Versuchsperson auch beim Heranführen an das Laufbrett keinerlei Hinweise auf ihre Startposition erhielten. Dies ließ sich je nach Gelände auf verschiedene Art und Weise erreichen. Bei relativ ebenem Boden bestand die Möglichkeit, den mit dem

Sichtschutz versehenen Probanden auf einen Laborwagen zu setzen und nach einigen Umwegen an das Brett heranzufahren. Ansonsten wurde die Versuchsperson im Zickzack auf stets verschiedene Weise herumgeführt und seitlich an die jeweils per Zufallsgenerator bestimmte Stelle des Bretts gebracht.

Auch das immer wieder praktizierte Auswechseln der Versuchsbetreuer führte zu keinen Anhaltspunkten, daß die Probanden durch bestimmte personenspezifische Verhaltensweisen einzelner Versuchsbetreuer auf subtile Art und Weise unzulässige Informationen erhielten.

Um zu prüfen, ob eventuell nicht erkannte, durch den Aufbau bedingte Eigenschaften des Bretts zu einer Orientierungshilfe Anlaß gewesen sein könnten, wurde des Laufbrett in mehreren Fällen zwischen verschiedenen Testserien um etwa 1 Meter verschoben und wieder neu aufgebaut. Es ergaben sich aber auch durch diese Prozedur keinerlei Hinweise auf derartige Effekte.

Die Versuchsperson befand sich unter ständiger Kontrolle des Versuchsleiters. Sie war weder am Auf- noch am Abbau des Laufbrettes beteiligt und durfte sich nicht ohne Aufsicht in der Nähe des Teststrecke aufhalten.

4.2.3 Vorbereitungsphase

In der Anfangsphase des Projekts wurden die jeweiligen Probanden zunächst gebeten, im vorgegebenen Gelände selbst eine subjektiv als "reizstark" empfundene Stelle zu suchen. Wenn dies nach Meinung der Versuchsperson gelungen war, bestand der nächste Schritt in kurzen Vorversuchen. Darin war abzuklären, ob die Versuchsperson die ausgesuchte Stelle auch mit Sichtschutz finden und die entsprechende Reaktion ohne die gewohnte visuelle Kontrolle der Rutenbewegung durch Stehenbleiben für die Beobachter kenntlich machen konnte. Hierbei zeigte sich in den meisten Fällen, daß die mit verbundenen Augen angezeigten Reaktionen gegenüber den zuvor sehenderweise angegebenen Stellen verschoben waren. Das hatte jedoch für das Versuchsziel an sich keine Bedeutung, da es lediglich um die Prüfung ging, ob *irgendeine* Stelle reproduzierbar erkannt werden konnte, wobei es folglich auch nicht interessierte, welche vermeintliche Ursache der Proband für seine Reaktion verantwortlich machte. Zu beachten galt es natürlich, daß das mit Absicht nicht zu lang bemessene Laufbrett die richtige Stelle auch miterfaßte.

Nach der dementsprechenden Festlegung der Experimentierstrecke konnte das Laufbrett installiert werden. Bei den später durchgeführten Experimenten wurde auf eine jeweils schon bekannte Teststrecke zurückgegriffen und diese den eingeladenen Probanden direkt zugewiesen, ohne daß sie irgendeinen Einfluß auf die Wahl der Versuchsparameter hatten.

Sodann begannen die eigentlichen Versuche nach einem genau festgelegten Protokoll, wobei die Länge der von dem Probanden abzuschreitenden Strecke entweder variabel oder konstant gewählt wurde. Das heißt, daß der Proband von der vom Zufallsgenerator bestimmten Stelle aus entweder bis zum Ende des Laufbretts oder eine vorher festgelegte Streckenlänge zu gehen hatte.

In den späteren Testreihen mußten die Probanden immer Laufstrecken konstanter Länge abschreiten, so daß sie auf keinen Fall das tatsächliche Brettende erreichen und erkennen konnten. Damit war gewährleistet, daß auch nach einem Einzeltest keine Ortsinformationen erhalten werden konnten, welche die vor dem nachfolgenden Einzeltest vorgenommene Desorientierung unnötig erschwert hätte.

Wird die Begehungsstrecke, unabhängig von dem in jedem Einzeltest örtlich variierenden Startpunkt, immer gleich lang gewählt, so ist damit noch ein weiterer Vorteil verbunden. Es gibt dann nämlich keine *Strategie*, mit welcher eine im rutengängerischen Sinne unfähige Versuchsperson eine statistische Häufung von Ortsangaben erreichen kann. Im Gegensatz dazu könnte ein Proband bei variabler Streckenlänge bewußt oder unbewußt stets ein relativ langes Stück ohne Rutenausschlag gehen und seine Reaktionen dann meist in der Nähe des Brettendes konzentrieren. Dies gelänge allerdings nur dadurch, daß bei Einzeltests mit relativ späten Startpunkten und dadurch bedingter relativ kurzer Begehungslänge kaum oder überhaupt keine Ausschläge erfolgen. Es bedarf demnach sorgfältiger Ausarbeitung von Versuchsmodus und den zugehörigen statistischen

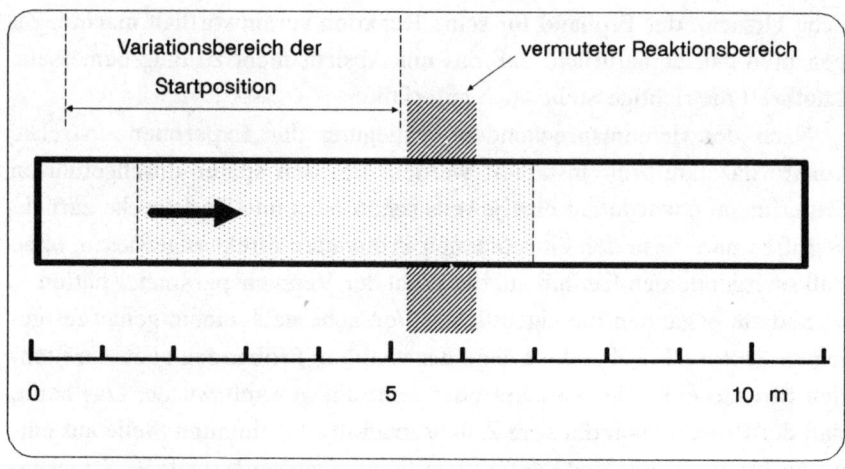

Abbildung 7: *Schematische Darstellung der Anordnung beim Laufbrett-Experiment. Das Brett hat hier eine Länge von 10,8 Metern und überdeckt die vermutete "Reizzone" (schraffiert). Die mit einem Sichtschutz versehene Versuchsperson bekam die Aufgabe, diese Zone in wiederholten Tests beim Begehen der Strecke (in Pfeilrichtung) aufzufinden. Vor jedem Einzeltest wird der Anfangspunkt der Begehungsstrecke mit einem Zufallsgenerator innerhalb des durch gestrichelte Linien gekennzeichneten Variationsbereichs ausgewählt. Der Proband geht jeweils eine Strecke konstanter Länge (gepunktet).*

Auswerteverfahren, um eventuelles Auftreten echter rutengängerischer Fähigkeiten von Zufallseffekten und Artefakten unterscheiden zu können. Die hierfür notwendigen Betrachtungen werden im Kapitel 5 und ausführlicher im Anhang angestellt.

4.2.4 Versuchsablauf

Das Versuchsprinzip ist aus Abbildung 7 zu erkennen. Das Brettsystem wurde nach Möglichkeit so über der von der Versuchsperson für geeignet befundenen Stelle positioniert, daß das Brett senkrecht zur Richtung der vermuteten "Reizzone" orientiert lag und sich der zu suchende Bereich in Laufrichtung gesehen in der Regel hinter der Mitte des Laufbretts befand. Damit stand etwa die erste Hälfte des Brettes als Variationsbereich der Startpositionen zur Verfügung, von welchen aus die Versuchsperson stets eine bestimmte Weglänge zurückzulegen hatte.

Am Ort des Experiments befanden sich nur die Versuchsperson und zwei Versuchsbetreuer, von welchen einer das Protokoll führte und die per Zufallsgenerator für die Ermittlung der Startpositionen anfallenden Daten vorgab, und der andere die örtliche Desorientierung der Versuchsperson übernahm. Der Versuchsperson wurde vor jeder aus mindestens zehn Einzelläufen bestehenden Serie der Sichtschutz angelegt. Vor jedem Einzellauf erfolgte die Desorientierung der Versuchsperson wie oben beschrieben durch Herumführen, beziehungsweise Herumfahren, und das Heranführen von der Seite an die Startposition, welche vom protokollführenden Betreuer inzwischen mittels eines Holzstabes gekennzeichnet worden war. Für den Probanden begann daraufhin das eigentliche Experiment, bei dem er selbständig von der ihm nicht bekannten Startposition aus eine vorbestimmte Weglänge abzugehen hatte und an deren Ende er vom Betreuer durch Zuruf gestoppt und sodann seitlich vom Laufbrett heruntergeführt wurde. Zwischen den Einzelversuchen waren die beiden Betreuer angehalten, ihren Aufenthalt in angemessener Distanz vom Brett des öfteren zu wechseln. Damit sollte gewährleistet sein, daß die Versuchsperson durch den Vorgang des Herangehens eines der Betreuer zum Notieren eines ersten Reaktionsortes keinerlei Rückschlüsse auf ihren jeweiligen Aufenthaltsort zu ziehen in der Lage war, welche nach dem Weitergehen für einen eventuellen zweiten Rutenausschlag hätten dienlich sein können. Es stellte sich jedoch heraus, daß die überwiegende Zahl von Versuchspersonen auf der relativ kurzen Teststrecke nur einen einzigen Reaktionsort bezeichnete, weswegen die Maßnahme primär eine generelle Vorsorge gegen unzulässige Informationsquellen darstellte. Die während eines Laufs von der Versuchsperson durch Stehenbleiben (und Ausruf) angezeigten Reaktionsstellen wurden an einem unmittelbar neben dem Laufbrett ausgelegten Maßband auf die nächsten 10 cm genau abgelesen. Dabei diente von der Seite gesehen die Fußmitte des Probanden als Meßmarke. Ein Betreuer trug die anfallenden Daten in ein Formblatt ein, später erfolgte deren Eingabe in einen Rechner zur weiteren Auswertung.

Der Zeitaufwand für eine Serie von zehn Einzelexperimenten betrug im allgemeinen etwa 20 - 25 Minuten. Nach einer ebensolangen Pause, in welcher in Ausnahmefällen eine Besprechung des Ergebnisses erfolgte, wurden in der Regel zwei weitere Zehner-Serien durchgeführt. Besondere Beachtung fand dabei, daß sich die gesamte Experimentierdauer zumindest je Halbtag nicht wesentlich über eine bis eineinhalb Stunden hinaus erstreckte, um die ansonsten denkbaren Ermüdungseffekte möglichst auszuschließen. Diese Zeitvorgaben galten unabhängig von der persönlichen Selbsteinschätzung der eigenen, noch vorhandenen Leistungsfähigkeit der Versuchsperson. Es war uns nämlich des öfteren aufgefallen, daß sich nach zu langer Versuchszeit ein offensichtlicher Mangel an Konzentration einstellte, welcher dem Probanden selbst nicht zum Bewußtsein kam.

4.2.5 Suche nach geeigneten Experimentierstellen

In der Anfangsphase der Brettversuche zeigten sich an allen damals ausgewählten Teststrecken allenfalls nur marginal signifikante Ergebnisse der Experimente. Es schälte sich dann heraus, daß das Problem hierbei in der Auffindung einer für die Versuche gut geeigneten *Stelle* lag, welche offenbar doch nicht so leicht von weniger markanten Zonen zu unterscheiden ist, wie das gemeinhin für möglich gehalten wird. Erst nachdem der Proband (mit der laufenden Nummer 99), welcher bei dem Scheunen-Experiment am erfolgreichsten abgeschnitten hatte, uns außerhalb des Bereichs München eine besondere Stelle angab, welche später im Abschnitt 5.4 noch näher diskutiert wird, gelangen dort mehreren anderen Versuchspersonen die ersten extrem erfolgreichen Testserien.

Von diesem Zeitpunkt an konnten weitere gut geeignete Stellen dadurch gefunden werden, daß nur noch solche Probanden mit der Suche nach Experimentierstellen beauftragt wurden, welche bei früheren Versuchen bereits signifikante Ergebnisse erbracht hatten. Wenn mindestens zwei dieser speziell ausgewählten Rutengänger in ihren Angaben übereinstimmten, war die Chance groß, daß auch relativ unerfahrene Probanden an solchen Stellen signifikante Resultate zustande brachten. Bevorzugt wurden solche Strecken ausgewählt, auf welchen innerhalb von etwa 10 Metern nur eine einzige starke und räumlich möglichst eng begrenzte "Reizzone" wahrgenommen wurde. Wie schon oben erwähnt, spielte die Art der an der Reaktionsstelle vorhandenen Reizursache für diese Experimente keine Rolle. In Abbildung 8 wird eine Übersicht über die geographische Lage der im Projekt insgesamt aufgesuchten Experimentierorte im Freien gegeben.

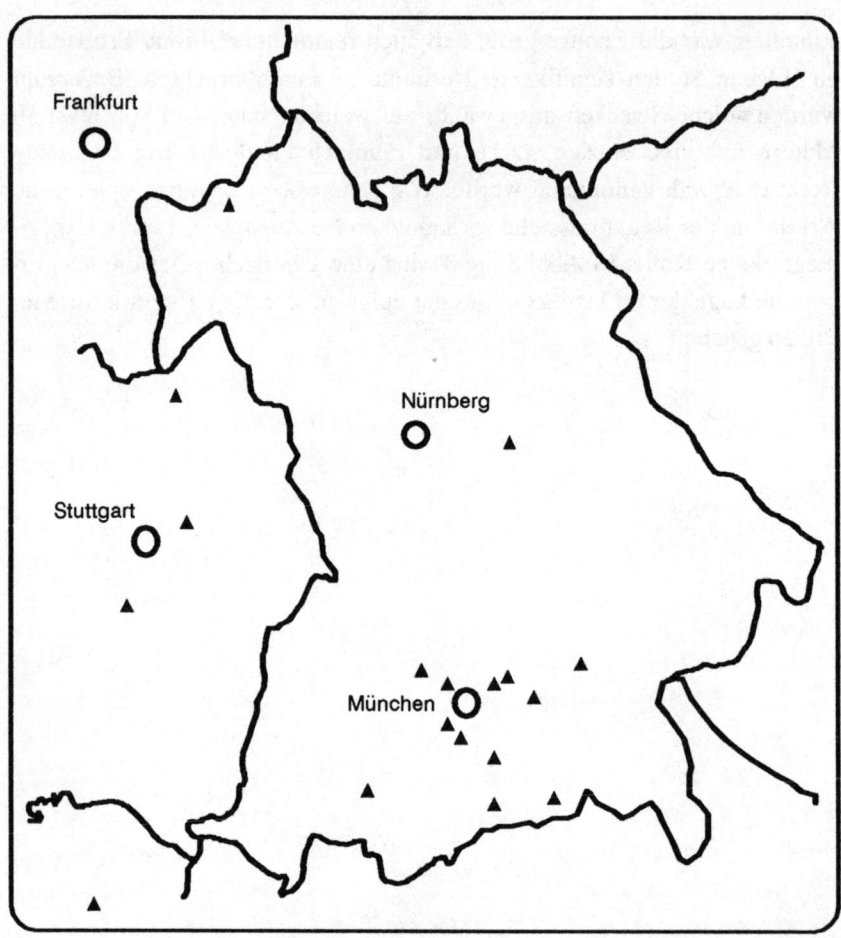

▲ Experimentierorte

Abbildung 8: *Geographischer Übersichtsplan der insgesamt 18 Experimentierorte (Dreiecke) mit insgesamt 50 Teststrecken.*

4.3 Das Scheunen-Experiment mit künstlichen unbekannten Reizen

Die Ausgangsidee zu dieser Testanordnung ist auf die Versuche von Comunetti (1978, 1979) mit künstlichen Wasserleitungen zurückzuführen und bereits im Abschnitt 2.4 im Rahmen unserer Pilotstudien beschrieben worden. Es sollte festgestellt werden, ob Rutenausschläge statistisch nachweisbar durch künstlich erzeugte Reize ausgelöst werden können. Insbesondere galt dabei das Interesse der von Rutengängern behaupteten Sensitivität auf fließendes Wasser und verschiedenartige künstliche Leitungen, welche jedoch nicht unbedingt Wasser führen müssen. Zur Überprüfung des Phänomens diente ein örtlich verschiebbares Wasserkreislaufsystem mit austauschbaren Leitungsstücken aus Kupfer, Glas, Kunststoff und Gummi, sowie ein offenes Kiesgerinne.

4.3.1 Versuchsanordnung

Der Versuchsaufbau befand sich über zwei Etagen verteilt in einem hölzernen Gebäude (Scheune) nördlich von München (Farbbilder 6 bis 8 und Abbildungen 9 und 10). Im Erdgeschoß war die Anordnung zur Erzeugung des künstlichen "Reizes" (Leitungen, quer zu der darüber befindlichen Teststrecke) installiert und konnte im Bereich von circa 10 Meter längs der Teststrecke verschoben werden. Eine Umwälzpumpe sorgte für einen regulierbaren Wasserdurchfluß bis maximal 40 Liter/Minute. Im Geschoß darüber absolvierten die Versuchspersonen auf der 10 Meter langen Laufstrecke die Tests. Zwischen oberer und unterer Etage bestand kein Sichtkontakt. Der Aufgang zum Obergeschoß erfolgte über eine Treppe an einer dem Zugang zum Erdgeschoß abgewandten Seite. Des weiteren existierte im ersten Stock ein geschlossener Rechnerraum, in dem die Erfassung der bei dem Experiment anfallenden Daten vorgenommen wurde. Dieser Raum diente außerdem zum vorübergehenden Aufenthalt für die im Test befindliche Versuchsperson, um eventuelle akustische Wahrnehmungen beim Umpositionieren der Reizquelle auszuschließen. Ein Rechner bestimmte zufallsverteilt die jeweils einzustellende Ortsposition der

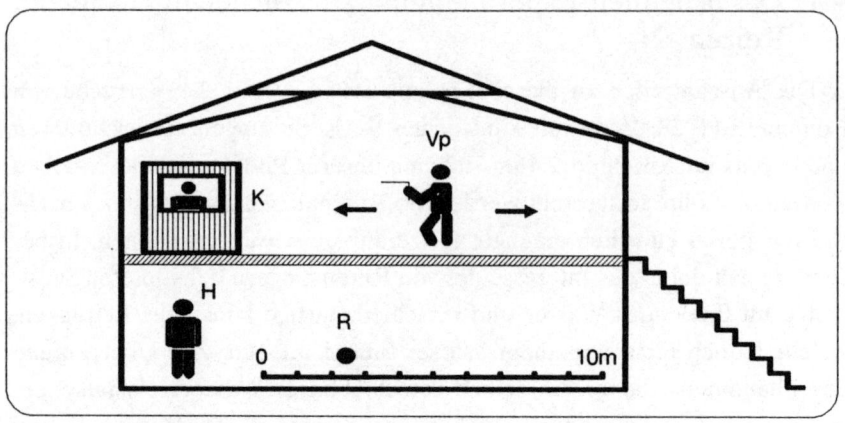

K: Kontrollhäuschen mit Versuchsleiter   H: Helfer
Vp: Versuchsperson   R: Experimentierrohr

Abbildung 9: *Schematische Darstellung der Anordnung beim Scheunen-Experiment. In diesem streng kontrollierten Doppelblind-Experiment wird im Erdgeschoß des Gebäudes ein Rohr R von dem Helfer H an eine mittels eines Zufallsgenerators ermittelte Stelle plaziert. Der Versuchsleiter führt die Versuchsperson Vp auf die im Geschoß darüber liegende 10 Meter lange Teststrecke, wo der Proband die ihm unbekannte Ortsposition des Rohres finden soll. Solche Tests werden 10 mal wiederholt und ergeben eine Versuchsserie.*

Leitung und brachte diesen Wert auf einem Display im Erdgeschoß, jedoch nicht auf dem Bildschirm des Rechners im Kontrollraum des Obergeschosses zur Anzeige. Damit waren alle Voraussetzungen für strenge *Doppel-Blind*-Experimente erfüllt, denn weder der Versuchsleiter am Rechner noch die Versuchsperson kannten jeweils die aktuelle Position der künstlichen Leitung.

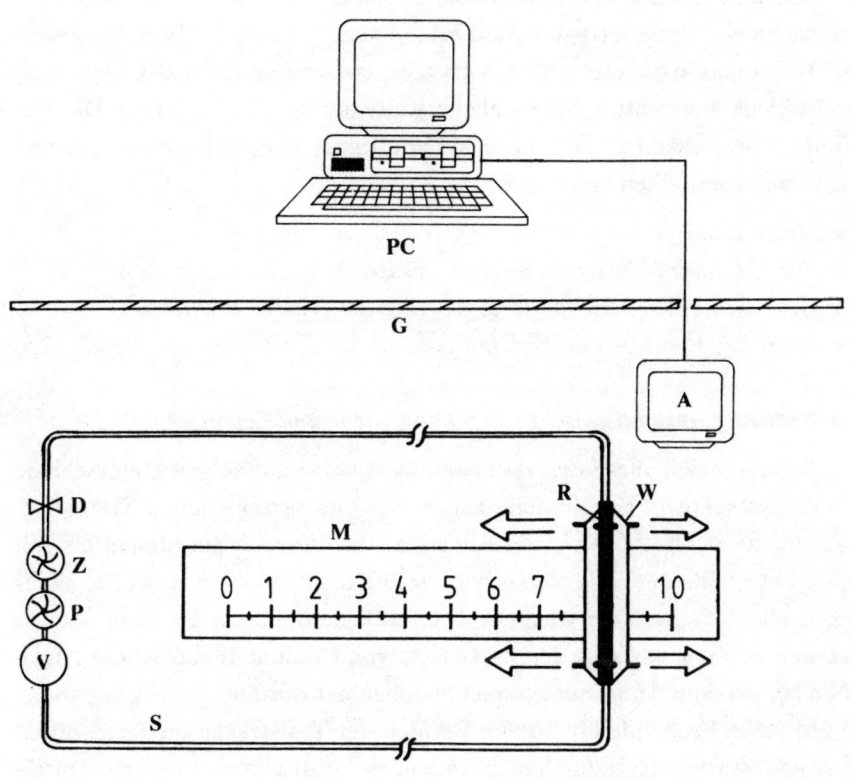

PC:	Personalcomputer	V :	Vorratsbehälter
G :	Geschoßdecke	Z :	Durchflußzähler
A :	Positionierungsanzeige	D :	Durchflußregler
R :	Experimentierrohr	S :	Schlauch
W :	Rohrwagen	P :	Elektropumpe mit
M :	Experimentierstrecke		gesteuerter Drehzahl

Abbildung 10: *Prinzip des Scheunen-Experiments nach Abbildung 9.*

4.3.2 Vorversuche

Vor den eigentlichen Experimenten wurden mit den Probanden Vorversuche zur Optimierung der am besten geeigneten Reiz- beziehungsweise Testsituation angesetzt. Die Versuchspersonen konnten also erproben, auf welche Vorrichtung sie möglicherweise am besten reagierten. Die Variationsmöglichkeiten der für das Experiment vorgegebenen relevanten Parameter umfaßten unter anderem:

- *Material des Testrohres,*
- *Fließsubstanz (Wasser, angesalztes Wasser, leeres Rohr),*
- *Geschwindigkeit beziehungsweise Menge des Wasserdurchflusses,*
- *Grad der Verwirbelung beziehungsweise Art der Füllmasse (Sand, Kies, Blähton),*
- *Vertikaler Abstand zwischen Begehungsebene und Leitung.*

Es zeigte sich allerdings, daß zumindest keine auffälligen Unterschiede in der subjektiven Empfindung gegenüber den verschiedenen Testanordnungen zu beobachten waren. Auch was die Versuchsanordnung als solches betraf, glaubten die Versuchspersonen in allen Fällen entweder nichts oder allenfalls nur sehr wenig zu spüren. Eine deutliche Reizempfindung konnte im Gegensatz zu den im Bericht von Comunetti gemachten Angaben bei unseren Anordnungen nicht beobachtet werden.

Manche Probanden haben im Bereich der Teststrecke ortsfeste, offenbar andersartige Reizzonen empfunden, was dort eine Ortung der künstlichen Leitung erschwert oder unmöglich gemacht hätte. Es bestand daher auch die Möglichkeit, bis zu drei ortsfeste Reizzonen mit ihren Positionen und (auf 0.5 oder 1 Meter eingegrenzten) Breiten anzugeben und bei der Berechnung der Zufallspositionen der künstlichen Leitung, sowie bei der späteren Auswertung entsprechend zu berücksichtigen. Da die Bereiche solcher ortsfesten Reizzonen damit aus der Versuchsstrecke ausgeklammert waren, bedeutete dies eine effektive Verkürzung der Teststrecke. Gab ein Proband mehr als drei solcher ortsfesten Zonen an, so wurde er als für das Experiment ungeeignet eingestuft, es sei denn, er erklärte sich in der Lage, diese zusätzlichen nicht gewünschten Zonen auszusondern.

Farbbild 9. *Laufbrett-Experiment: Die Versuchsperson begeht eine wannenförmige, aus Holz konstruierte Teststrecke. Eine Orientierung mit den Augen wird durch eine geschwärzte Brille und ein zusätzlich angebrachtes undurchsichtiges Tuch verhindert.*

Farbbild 10. *Laufbrett-Experiment: Das Brett verhindert die Orientierung an Unebenheiten des Geländes, und der wannenförmige Querschnitt ermöglicht ein selbständiges Blindgehen.*

Farbbild 11. *Laufbrett-Experiment: Der aufgelegte Läufer verhindert jegliche Orientierung der Versuchsperson an den Stoßkanten zwischen den einzelnen Laufbrettelementen.*

Farbbild 12. *Testperson unter extremen Versuchsbedingungen: eine geschwärzte Brille, ein zusätzliches undurchsichtiges Tuch und Schalldämpfer an den Ohren verhindern visuelle und akustische Orientierung.*

Vorversuche konnten angesetzt werden, wenn

- es sich um eine neue Versuchsperson handelte. Es wurden ihr die apparativen Gegebenheiten der Versuchsanordnung erklärt und die zeitlichen und örtlichen Rahmenbedingungen mitgeteilt;
- bei vorangegangenen Vorversuchen keine Tendenzen für eine erfolgreiche Tätigkeit erkennbar waren, dem Versuchsleiter jedoch aufgrund bestimmter Vorinformationen über den Probanden eine Fortsetzung des Experiments sinnvoll erschien;
- eine wesentliche Veränderung der Parameter des Versuchs bei gleichem Probanden erfolgte;
- die Versuchsperson dies speziell wünschte, um zum Beispiel eigene Angaben hinsichtlich ortsfester Zonen überprüfen zu können.

Bei derartigen Vorversuchen, welche nicht zu den eigentlichen Ergebnissen zählten, erschien es wegen des erforderlichen Aufwands nicht sinnvoll, stets die allerstrengsten Sicherheitsvorkehrungen anzuwenden, welche bei den Hauptversuchen unerläßlich waren. Dennoch wurde auch hier schon streng darauf geachtet, daß Ortungserfolge nicht aufgrund trivialer Ursachen entstehen konnten, wie etwa durch akustische Informationen, damit bei den Probanden kein falscher Eindruck über ihre Fähigkeiten entstehen konnte.

4.3.3 Training

An jedem Versuchstag fand vor dem Versuch ein kurzes Training beziehungsweise eine Eingewöhnung statt. Während dieses Trainings konnte sich der Proband, falls mit ihm bereits Vorversuche stattgefunden hatten, erneut auf diese zuvor gemachten Erfahrungen einstellen, ohne sofort der Belastung einer Prüfung ausgesetzt zu sein. Die Versuchsperson sollte zu diesem Zweck zuerst die im Vorversuch gemachten Angaben über natürliche Reizzonen überprüfen. Sodann wurde die künstliche Reizquelle unter die Teststrecke gebracht und deren Position der Versuchsperson mitgeteilt, damit sie sich eventuell entsprechend stimulieren konnte. Danach bekam der Proband unbekannte Leitungspositionen eingestellt, um ihm zunächst die Möglichkeit zu einigen Trainingsangaben einzuräumen.

Die Versuchsperson bestimmte die Anzahl dieser Trainingsdurchgänge, welche jedoch wegen der erfahrungsgemäß zeitlich beschränkten Gesamtkonzentrationsdauer nicht zu groß sein durfte. Anschließend mußten folgende Parameter nach Rücksprache mit dem Probanden endgültig festgelegt werden:

- Position und Breite der ortsfesten Reizzonen, welche nicht als Position für die künstlichen Reize infrage kamen,
- Häufigkeit und Dauer der Pausen zwischen den Einzelversuchen,
- Feedback-Verfahren (Zeitpunkt der Bekanntgabe der tatsächlichen Position des zu suchenden Objekts).

Beim Feedback erhielt die Versuchsperson zur gewünschter Zeit vom Versuchsbetreuer eine Rückmeldung, um den Erfolg oder Mißerfolg der vorangegangenen Angaben beurteilen zu können und um demzufolge eventuelle Änderungen im Suchverfahren oder bei der Beurteilung der empfundenen Reize vornehmen zu können. Die Regel war, eine Serie von 10 Einzelversuchen ohne Rückmeldung der Ergebnisse durchzuführen. Der Versuchsleiter mußte auch entscheiden, ob der Proband in der Lage war, seine Reaktionen konsistent und in zeitlich annehmbarer Weise zu interpretieren, ob er also für das Experiment in rein technischer Sicht geeignet war. Nachdem die Versuchsperson das letzte Trainingsexperiment absolviert hatte, begannen die eigentlichen Versuche.

4.3.4 Hauptversuche

Die streng *doppel-blind* ausgelegten Versuche waren in Serien zu je 10 Einzelexperimenten unterteilt und wurden mit jeweils einer Versuchsperson durchgeführt, sowie mindestens zwei Experimentatoren, dem Versuchsleiter (Probanden-Betreuer) und einem Helfer. Die für eine Serie durchschnittlich benötigte Zeit entsprach erfahrungsgemäß der Konzentrationsdauer der Versuchspersonen von etwa einer Stunde. Nach einer angemessenen Pause konnte eine zweite Serie mit ebenfalls 10 Durchgängen erfolgen.

Der zeitliche Ablauf der Versuche gestaltete sich wie folgt. Nach dem letzten Trainingsexperiment verließen Betreuer und Proband die Teststrecke im ersten Geschoß und begaben sich entweder in den Rechnerraum oder über die Treppe nach unten, hinter das Gebäude auf ein Gelände, von wo aus keinerlei Kontakt zum Experimentierbereich im Erdgeschoß bestand. Vorher startete der Betreuer den Rechner, dessen Zufallsgenerator die nächste Position für die künstliche Leitung ermittelte und im Erdgeschoß auf einem Display zur Anzeige brachte. Der Versuchshelfer stellte dann die Testvorrichtung bei der angegebenen Position auf und meldete die Ausführung elektronisch nach oben. Es wurde für notwendig erachtet, zwischen der Anweisung für die Einstellung einer neuen Leitungsposition und der Rückmeldung für die Ausführung dieser Anweisung stets ein gleichlanges Zeitintervall festzulegen, damit eine Versuchsperson nicht aus unterschiedlich langen Ausführungszeiten irgendwelche Rückschlüsse ziehen konnte. Nach der Ausführungsmeldung gab der Versuchsleiter die Teststrecke für die nächste Begehung frei und beobachtete den Probanden bei seiner Tätigkeit. Der Proband hatte die Möglichkeit, neben einer gefundenen Ortsposition noch eine zweite anzugeben, wobei diese zweite Angabe entweder mit der ersten als gleichrangig oder als Nebenangabe behandelt werden sollte. Das Ergebnis der Begehung wurde in den Rechner eingegeben und dabei auch die Uhrzeit automatisch festgehalten. Dieser gesamte Vorgang wiederholte sich bis zum Ende einer Serie.

Zu den räumlichen Gegebenheiten wäre zu bemerken, daß die zu begehende Teststrecke eine Länge von etwa 15 Metern aufwies, doch wegen der im Obergeschoß vorhandenen Dachschräge an beiden Seiten circa 1.5 Meter nicht benutzbar waren. Aus praktischen Gründen erschien es außerdem sinnvoll, an beiden Seiten zusätzlich je 1 Meter Spielraum zu belassen, um dem Proband die Möglichkeit zu geben, auch die Extremstellen der möglichen Positionen für die künstliche Reizquelle aus beiden Richtungen überschreiten zu können. Somit verblieben letztlich 10 Meter für die Variation der Leitungsposition, eine Länge, die sich auch aus den Pilotstudien nach Abschnitt 2.4 als sinnvoll erwiesen hatte.

4.3.5 Vorsichtsmaßnahmen

Die Vorversuche hatten bestätigt, daß im Zusammenhang mit den Experimenten alle normal-sensorischen Empfindungskanäle wie geplant blockiert waren, das heißt, daß eine eingestellte Testposition weder optisch noch akustisch wahrgenommen werden konnte. So wurden beispielsweise Helfer, welche die Leitung positionierten, angewiesen, möglichst wenig Geräusche zu verursachen, während der Experimente nicht zu sprechen und sich auch immer am gleichen Ort aufzuhalten. Die Versuchsperson wurde ständig von einem Betreuer beobachtet und durfte den ihr angegebenen Experimentierbereich nicht verlassen. Es war selbstverständlich, daß das gesamte Experiment ständig unter der Kontrolle des Versuchsleiters stand und die Versuchsperson während einer laufenden Serie keinerlei eigene Änderungen vornehmen durfte (mit Ausnahme des Abbruchs bei bestimmten Voraussetzungen, wie Ermüdung). Die Versuchsperson konnte auf die Verwendung oder Verwerfung von aufgenommenen Daten keinerlei Einfluß nehmen und hatte auch keine Möglichkeit, die Verwertung von Daten nur auf den *Erfolgsfall* zu beschränken und schlechte Ergebnisse — aus was für Gründen auch immer — zu verwerfen.

4.4 Experimente mit künstlichen Magnetfeldern

In dieser Experiment-Serie sollte exploratorisch überprüft werden, ob durch elektrische Ströme erzeugte magnetische Felder, welche relativ zum Erdmagnetfeld schwach sind, den Rutenausschlag von Testpersonen in statistischem Sinne nachweisbar beeinflussen können. Als Signale wurden verschieden strukturierte Wechselfelder benutzt, denn der Vergleich beobachteter Rutenausschläge mit Messungen des statischen Magnetfeldes an ein und derselben Teststrecke hatte keinen Hinweis auf eine signifikante Korrelation ergeben.

4.4.1 Versuchsanordnung

Das Experiment war wie die Scheunen-Versuche streng doppelblind konzipiert und ist in Abbildung 11 schematisch dargestellt. Ein Rechner öffnet oder schließt nach dem Zufallsprinzip über ein Interface einen elektronischen Schalter, welcher sich in der Verbindungsleitung zwischen einem Signalgenerator und einer Spule (oder einem Spulenpaar) befindet. Bei geschlossenem Schalter fließen die erzeugten Stromimpulse durch die Spule und erzeugen ein magnetisches Wechselfeld, dessen maximale magnetische Feldstärke in einer jeweils zur Spulenfläche parallelen Ebene im Schnittpunkt mit der gedachten Spulenachse auftritt. Die Spule ist vom übrigen Versuchsaufbau räumlich so weit entfernt, daß nicht mit Überlagerungen durch von Versorgungsströmen erzeugten Feldern zu rechnen ist. Die Betriebsströme, vor allem aber die Felder von Transformatoren, bilden einen konstanten Rauschpegel, der unabhängig davon ist, ob das Testfeld ein- oder ausgeschaltet ist. Die Ausgabe der Daten (Feldzustand, Reaktion des Probanden und Uhrzeit) erfolgte am Ende einer Serie mittels angeschlossener Magnetplatten und Drucker. Mit dieser computergesteuerten Anordnung ist sichergestellt, daß weder der Versuchsleiter noch der Proband wissen, ob das Feld jeweils ein- oder ausgeschaltet ist.

Als Signalströme wurden im Frequenzbereich 1–10 Hz Rechteck- und Sinusschwingungen, teilweise mit überlagertem Gleichstromanteil, sowie Nachbildungen von natürlichen Sferics-Impulsen im Frequenzbereich 8–30 kHz verwendet. Die Wiederholfrequenz der Impulse konnte zwischen 1 Hz und 1 kHz variiert werden. Die maximale magnetische Flußdichte in etwa 1 Meter Abstand vom Zentrum der Spule war stets kleiner als 500 Nanotesla (etwa 1/100 des Erdmagnetfeldes). Wegen der relativ geringen Ströme war auch ausgeschlossen, daß die Spule im eingeschalteten Zustand fühlbar Wärme abstrahlte oder vibrierte und damit sekundäre Information verfügbar gewesen wäre (Tucker und Schmitt 1978). Es sei ferner bemerkt, daß technische Störfelder, wie sie durch Leuchtstofflampen im Versuchsraum verursacht wurden, entlang der Teststrecke — ausgenommen in der unmittelbaren Nähe der Spule — mit höherer Intensität als die eigentlichen Experimentierfelder zu messen waren.

Die Durchführung der Experimente erfolgte auf verschiedene Weise. In den anfänglichen Versuchen wurde ein Spulenpaar so aufgestellt, daß der Proband dazwischen durchgehen konnte und dabei den Feldzustand erfühlen sollte. Die späteren Versuchen erfolgten nur mit einer Spule, wobei der Proband entweder parallel zur Spulenebene (Farbbild 15) oder direkt in Richtung der Achse auf die Spule zugehen konnte (Weg A oder B in Abbildung 11). Im letzteren Fall kam auch folgende Variante zur Erprobung. Die Versuchsperson ging aus einer festen Entfernung von etwa 5 Metern auf die Spule zu und gab den ersten erhaltenen Reaktionsort an. Es wurde dann in der Auswertung geprüft, ob die Orte der Rutenreaktion mit dem Feldzustand korreliert waren, ob also beispielsweise die Reaktionen bei eingeschaltetem Feld früher als bei ausgeschaltetem zu beobachten waren und dieser Unterschied statistisch signifikant war.

4.4.2 Versuchsablauf

Vor Beginn einer Testserie erhielt die Versuchsperson Gelegenheit, sich bei bekanntem Feldzustand auf die Aufgabe einzustellen. Zur Auswahl standen dabei mehrere Typen von Magnetfeldern, welche sich durch Form, Folgefrequenz, und Intensität des erzeugenden Signals unterschieden. Die Versuchsperson erhielt allerdings keinerlei technische Informationen über diese Parameter. Nach einer solchen Selektions- und Anpassungsphase, welche möglichst kurz und in Einzelfällen bis maximal 20 Mi-

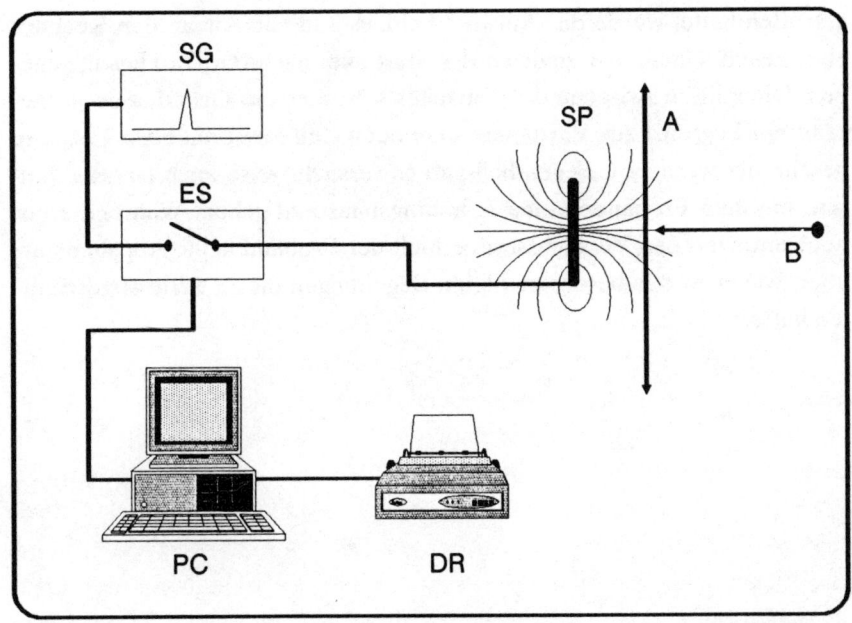

Abbildung 11: *Schematische Darstellung der im Doppelblind-Verfahren durchgeführten Spulen-Experimente. Die Versuchsteuerung und die Protokollierung des Experiments erfolgen über einen Computer (PC). Der elektronische Schalter (ES) wird vom Computer nach dem Zufallsprinzip angesteuert. Bei geschlossenem Schalter erzeugt der Signalgenerator (SG) am Ort der Experimentierspule (SP) ein magnetisches Feld. Die Versuchsperson geht bei dem Test entlang des Weges A oder B.*

nuten betrug, begannen die Versuche. Es wurde jeweils vereinbart, wieviele Einzelversuche innerhalb einer Serie zu absolvieren waren. In der Regel erfolgten zunächst 30 Durchgänge und nach längerer Pause weiter Serien von je 10 Einzeltests.

Bei Versuchsbeginn startete der Versuchsleiter den Rechner, so daß damit der erste unbekannte Feldzustand eingestellt war und veranlaßte die Begehung durch die Versuchsperson. Nachdem diese ihre Entscheidung getroffen hatte, wurde die Antwort Feldzustand Ein/Aus in den Rechner eingegeben. Damit war zugleich der Start zum nächsten Durchgang gegeben. Die Pausen zwischen den Einzeltests mußten aus Gründen der insgesamt nur begrenzt zur Verfügung stehenden Zeit meist auf etwa 1 Minute beschränkt werden. Gelegentlich gab es versuchsweise auch längere Pausen, um dem Probanden eine Erholungsphase zu geben. Während einer noch andauernden Versuchsserie erhielt der Proband keine Angaben darüber, wie er in den bereits erfolgten Begehungen dieser Serie abgeschnitten hatte.

4.5 Meßtechnische Untersuchungen

Aufgrund der in diesem Bericht bereits erwähnten zahlreichen Möglichkeiten, welche für eine Erklärung des Ruten-Phänomens in Betracht gezogen werden müssen, war keine Basis für *gezielte* meßtechnische Untersuchungen vorhanden. Die vielfältigen Indizien, welche zum Thema vorlagen, lassen mit Sicherheit keine einfache Lösung im Sinne *einer − leicht meßbaren* − physikalischen Signalgröße erwarten. Auch darf hier nicht vergessen werden, daß das Projektziel hauptsächlich in der Bemühung bestand, einen möglichen Kerneffekt erst einmal nachzuweisen. Da sich aber erst im Laufe der Untersuchung herausstellen konnte, ob diese Bemühungen auch hinreichend erfolgreich sein würden, war es illusorisch, von vorneherein definitive Pläne meßtechnischer Art ins Auge zu fassen. Es konnte also nur darum gehen, einige naheliegende und im Rahmen des für dieses Projekt vorgesehenen Aufwandes realisierbare Messungen rein exploratorisch durchzuführen und damit zu hoffen, vielleicht einige Hinweise für oder gegen die Relevanz einzelner Feldgrößen geben zu können.

Bei den Experimenten im freien Gelände haben sich erst relativ spät im Projektablauf solche Stellen fixieren lassen, welche nach unseren eigenen Ergebnissen durch Rutengänger reproduzierbar zu finden waren, und die sich demnach für Folgeuntersuchungen eigneten. Als erstes wurden Messungen der Radioaktivität der oberen Bodenschichten durchgeführt. Da nur tragbare Zähler mit relativ kleinem Zählvolumen und ohne besondere Energieauflösung eingesetzt werden konnten, wären nur gravierende örtliche Intensitätsunterschiede von α-, β- und γ-Strahlung erfaßt worden, die aber nicht gefunden wurden. Allerdings kann im Rahmen dieser Bemühungen über eine geophysikalisch motivierte γ-Messung an dem Isotop Kalium-40 berichtet werden, welche einen örtlichen Gradienten zeigt, der in einem gewissen Zusammenhang mit Angaben von Rutengängern zu stehen scheint und im Abschnitt 5.4.1 näher diskutiert wird.

Mit Meßempfängern wurde versucht, kleinräumige Variationen der Empfangsfeldstärken im LW-, MW- und UKW- Bereich zu suchen. Wohl waren zum Teil erhebliche Schwankungen zu beobachten, eine einfache Korrelation mit Reaktionsstellen von Rutengängern war aber nicht zu erkennen. Allerdings müßte auch hier erheblich mehr meßtechnischer Aufwand getrieben werden, um eine zuverlässigere Aussage zu gewährleisten.

Im Hinblick auf die Erfassung physiologischer Parameter wurden Hautwiderstand, Flimmerverschmelzungsfrequenz, Muskelspannungen (EMG) und Gehirnströme (EEG) von Versuchspersonen gemessen, welche sich auf, beziehungsweise neben sogenannten Reizzonen aufhielten. Die Ergebnisse der beiden erstgenannten Methoden waren uneinheitlich und die Interpretation des EEG erwies sich als schwierig (siehe Abschnitt 7.4).

Messungen des statischen Erdmagnetfeldes wurden an einigen Teststrecken mittels einer Förstersonde (Magnetoscop 1.068, Auflösung von 1 Nanotesla) durchgeführt. Dazu mußte eine unmagnetische Führungsschiene gebaut werden, auf welcher die in jeweils einer der drei Raumrichtungen orientierte Sonde verschoben werden konnte. Die Ortspositionen wurden über einen Längengeber und die Flußdichten mittels des Ausgangssignals der Sonde als analoge Spannungswerte erfaßt und nach Digitalisierung in einem Rechner simultan gespeichert (Farbbild 16).

An einer Teststrecke, welche bei den Laufbrett-Versuchen besonders gute Ergebnisse erbracht hatte, erfolgten auch Messungen von Bodenleitfähigkeit und Bodenschall durch entsprechende Fachleute. In der näheren Umgebung der vorher von Rutengängern bezeichneten Strecke wurde mit geoelektrischen Messungen (asymmetrische Schlumberger-Methode) geprüft, ob über die spezifischen elektrischen Widerstände der oberen Bodenschichten das Vorhandensein vermuteter Verwerfungen zu bestätigen war. Die Messungen der Bodenunruhe im Frequenzbereich von 2 – 100 Hz erfolgten mit extrem empfindlichen 3-Komponenten-Seismometern (Typ MARK L4, Eigenfrequenz 2 Hz) an mehreren Stellen und zu verschiedenen Tageszeiten (siehe Abschnitt 5.4.1).

Abschließend sei hier nochmals betont, daß alle von uns durchgeführten oder durch andere Experten veranlaßten Messungen nach Planung und Umfang nur erste Ansatzpunkte darstellen können. Ein dem Stande der Technik entsprechendes komplettes Meßprogramm würde zweifellos eine vollständig eigene Untersuchung darstellen, die den Rahmen der uns im vorliegenden Projekt gegebenen Möglichkeiten weit übersteigt.

5. Ergebnisse

5.1 Statistische Auswerte- und Beurteilungsverfahren

Im Kapitel 4 sind die Aufgaben beschrieben, welche den Rutengängern im Rahmen unserer Testserien gestellt wurden. Es zeigte sich wie erwartet, daß die Probanden zu den einzelnen Problemstellungen keine ausschließlich richtigen oder übereinstimmenden Angaben machen konnten. Viele Antworten waren in sich widersprüchlich, falsch oder höchstwahrscheinlich rein zufällig. In dieser Situation ist es nicht leicht, scheinbare Treffer von Zufallsergebnissen zu unterscheiden und richtig zu bewerten. Es war daher unumgänglich, die Auswertungen auf einer statistischen Ebene zu betreiben. Der dazu erforderliche Aufwand ist erheblich größer, als es zunächst den Anschein hat, und kann hier schon vom Umfang her nicht vollständig wiedergegeben werden. Die rein mathematische Darstellung der Analyse-Modelle ist im Anhang beschrieben.

Zur Klärung der Vorgehensweise sei deutlich darauf hingewiesen, daß die Notwendigkeit einer statistischen Analyse keine Minderung der Qualität der tatsächlich getroffenen Ergebnis-Aussagen bedeutet. In Laienkreisen ist die Ansicht weit verbreitet, "mit Statistik könne man alles beweisen". Das ist nicht richtig und gilt allenfalls für inkompetente Handhabung und Interpretation von Statistiken. Wenn statistische Verfahren von Experten angewandt werden, dann sind die erzielten Aussagen zuverlässig.

Es sei zunächst die Beurteilung von Ergebnissen anhand des Laufbrett-Experiments diskutiert. Die Aufgabe bestand darin, eine Stelle möglichst genau immer wieder zu finden. Zwei typische Ergebnisse sind in den Abbildungen 12 und 14 gezeigt. Im ersten Fall sind die Ortsreaktionen über einen weiten Bereich der Teststrecke verteilt, im zweiten Fall erkennt man eine starke Konzentration der Angaben innerhalb eines engen Ortsbereichs. Natürlich kommen auch alle denkbaren Qualitäts-Stufen zwischen diesen beiden Extremfällen vor. Damit ergibt sich sofort das Problem, inwieweit ein erbrachtes Ergebnis auch durch bloßen Zufall, oder durch unbewußte Verhaltensweisen und bewußte Strategien erzielt werden kann. Die Frage, ob Rutengänger echte Fähigkeiten der Ortserkennung besitzen, kann also in einem einzelnen gegebenen Fall keineswegs ohne weiteres mit JA oder NEIN beantwortet werden. Um eine Verfälschung der Aussagen durch Zufallseffekte zu vermeiden, müssen folglich zahlreiche Ergebnisse, die von verschiedenster Qualität sein können, zu einer gemeinsamen Beurteilung herangezogen werden. Als Endergebnis im Sinne der Existenz des Phänomens sind daher nur Aussagen in der Form möglich, daß ein Rutengänger oder eine Gruppe von Probanden das tatsächlich produzierte Ergebnis mit hinreichend geringer Wahrscheinlichkeit durch Zufall erreichte. Diese Wahrscheinlichkeitsangaben müssen als quantitatives Resultat einer mathematisch nachvollziehbaren Analyse der Daten erfolgen.

Eine detaillierte Auswertung hat zur Voraussetzung, daß für das betreffende Experiment zunächst ermittelt wird, welche Ergebnisse durch Zufall oder Strategien von seiten der Versuchspersonen möglich sind. Es ist also zunächst die *Nullhypothese* aufzustellen, welche hier lautet: *Die Versuchspersonen verfügen über keinerlei rutengängerische Fähigkeiten*. Daraus ergibt sich für die verschiedenen Experiment-Typen jeweils eine zu erwartende *Zufallsverteilung*. Aus dem Vergleich zwischen dieser Verteilung und den tatsächlich erhaltenen Ergebnissen lassen sich dann die gewünschten Aussagen über den Grad der Zufälligkeit der Probandenleistung machen. Beim Laufbrett-Experiment ist auch zu berücksichtigen, daß sich die Zufallsverteilung ändern kann, wenn der Proband seine Reaktionen zum Beispiel vorzugsweise am Beginn oder mehr am Ende der jeweiligen Begehungsstrecke produziert (siehe Anhang I.2).

Für das Scheunen- und Spulen-Experiment kann die Behandlung an vorhandene Auswerte-Modelle eng angelehnt werden. Beim Brett-Experiment ergibt sich aber das Problem, daß keine vorher genau bekannte Stelle gefunden werden muß, also keine einfache JA/NEIN-Entscheidung zu treffen ist. Vielmehr ergeben sich Verteilungen von Angaben, deren örtliche Häufungspunkte probandenspezifisch variieren können. Die Datenanalyse muß dem Rechnung tragen und geeignet sein, Verteilungs*formen* in einem Mindestmaß zu erkennen und zu bewerten.

Reaktionen / 10cm

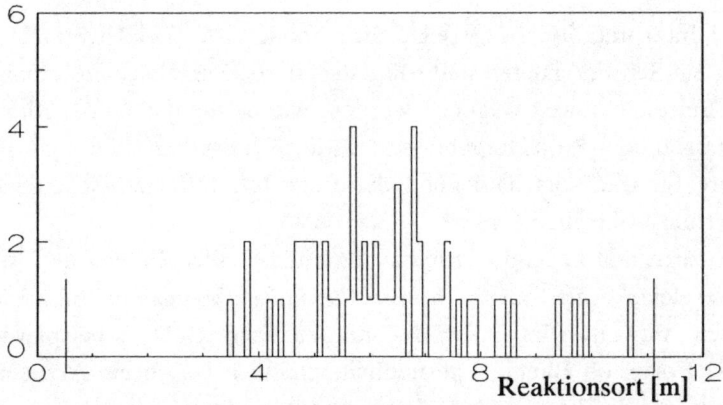

Abbildung 12: *Ergebnis eines Laufbrett-Experiments. Die L-förmigen Marken bezeichnen den Ortsbereich möglicher Reaktionen. Das Resultat der insgesamt 60 Einzeltests entspricht der Zufallserwartung.*

Reaktionen / 10cm

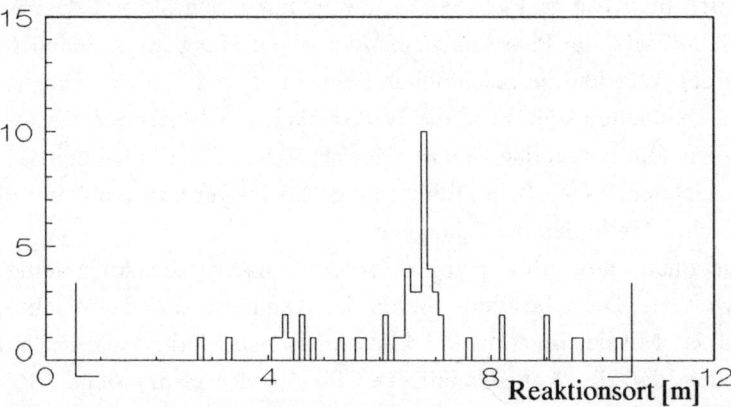

Abbildung 13: *Ergebnis eines Laufbrett-Experiments des Probanden Nummer 91. Das Laufbrett war 10,8 Meter lang und die Startpositionen für die Einzeltests variierten zwischen 0,5 und 5,0 Meter. Die Versuchsperson mußte jeweils eine 5,5 Meter lange Strecke begehen. Das Resultat der insgesamt 50 Einzeltests ist signifikant und wurde aus zwei Serien mit 20 (nicht signifikant) und 30 Einzelversuchen (hochsignifikant) zusammengesetzt, welche an einer Teststrecke zu unterschiedlichen Tageszeiten erfolgten.*

5.2 Treffer- und Irrtumswahrscheinlichkeiten

Die Interpretation statistischer Ergebnisse stößt bei Nichtfachleuten häufig auf Schwierigkeiten und soll daher in diesem Abschnitt anhand einiger Beispiele soweit erläutert werden, wie es für das Verständnis der hier mitgeteilten Projektergebnisse erforderlich erscheint. Dies gilt insbesondere für die Verschiedenheit der Begriffe Trefferwahrscheinlichkeit und Irrtumswahrscheinlichkeit.

Die zugrunde liegende Problematik tritt bei allen Fragen auf, welche den Vergleich zweier oder mehrerer *Alternativen* beinhalten und keine generellen Antworten im JA/NEIN-Sinne zulassen. Geht es beispielsweise um die Frage, ob Rauchen gesundheitsschädlich ist, ob ein Arzneimittel wirksam ist oder besser wirkt als ein anderes Mittel, oder ob irgendeine Methode A einer Methode B überlegen ist, so lassen sich nur Wahrscheinlichkeitsaussagen treffen und nicht Einzelfälle sicher entscheiden.

Es sei als konkretes Beispiel die Behauptung betrachtet, ein neu entwickeltes Skiwachs ermögliche schnelleres Skifahren (Taylor 1988). Zum Test behandelt man von 10 Paar Skiern jeweils nur einen Ski mit dem neuen Wachs und läßt die Paare nacheinander einen Hang hinabgleiten (ohne Skifahrer). Würden die behandelten Skier in allen 10 Fällen schneller als die unbehandelten sein, wäre die Wirksamkeit des Wachses höchst wahrscheinlich. Hätte man dagegen weniger als 10 Siege der behandelten Skier zu verzeichnen, so wird eine Beurteilung schwieriger und die Anwendung statistischer Methoden unumgänglich.

Eine quantitative Bewertung erfordert zunächst die Aufstellung der *Nullhypothese*. Diese bestünde hier in der Annahme, daß das Wachs ohne Einfluß ist. Mit der im Anhang I.4 beschriebenen Methode läßt sich dann feststellen, daß die Wahrscheinlichkeit für 9 (oder mehr) Siege 1.1% beträgt. Dies kann auch so ausgedrückt werden: Die Nullhypothese wird mit einer Irrtumswahrscheinlichkeit von 1.1% zurückgewiesen. Das bedeutet, daß dem Wachs ein positiver Einfluß auf das Gleitverhalten zuerkannt wird, obwohl es mit der Wahrscheinlichkeit von 1.1% keine Wirkung hat und das Ergebnis zufällig zustande kam. Es sei bemerkt, daß 10 Siege keineswegs eine genau 100%-ige Wirksamkeit des Wachses bedeuten würden, da dieser Fall noch mit 0.1% Wahrscheinlichkeit zufällig eintreten kann. Die Nullhypothese ließe sich dann jedoch mit der sehr kleinen Irrtumswahrscheinlichkeit von 0.1% zurückweisen.

Es ist allgemein üblich, ein Ergebnis als *signifikant* zu bezeichnen, wenn die Wahrscheinlichkeit für sein zufälliges Eintreten unterhalb der Grenze von 5% liegt. Sinkt die Wahrscheinlichkeit gar unter den Grenzwert von 1%, so spricht man von *hochsignifikanten* Ergebnissen. Im obigen Beispiel würde die Wirksamkeit des Wachses bei 10 Siegen als hochsignifikant und bei 9 Siegen als signifikant nachgewiesen gelten, während 8 Siege mit einer Wahrscheinlichkeit von 5.5% keine Signifikanz mehr nahelegten.

Im Unterschied dazu bezieht sich der Begriff Trefferwahrscheinlichkeit mehr auf das Einzelereignis. Angenommen, von einem sechsseitigen Würfel wird behauptet, er sei infolge ungleichmäßiger Herstellung dazu geeignet, überzufällig oft "Sechser" zu liefern. Dies werde nun dadurch überprüft, daß 60 mal gewürfelt wird, wobei sich 18 mal die "Sechs" ergibt. Dieses Resultat (18 oder mehr "Sechser") ist bei einem idealen Würfel nur mit einer Wahrscheinlichkeit von etwa 0.75% zu erwarten, so daß die Aussage, der getestete Würfel sei fehlerhaft, mit hoher Wahrscheinlichkeit richtig ist. Obwohl aber sehr zuverlässig festgestellt wird, daß der Würfel nicht in Ordnung ist und überzufällig viele "Sechser" ermöglicht, ist die Wahrscheinlichkeit dennoch nicht 100%, bei einem einzelnen Wurf eine "Sechs" zu erhalten. Der Würfel erlaubt es nicht, in jedem Einzelwurf absolut zuverlässig einen "Sechser" zu erzielen, die *Trefferwahrscheinlichkeit* für "Sechser" bleibt gering.

Auf das Problem der Rutengänger-Tests angewandt bedeutet dies, daß zum Nachweis der Existenz ortsabhängiger Reaktionen keine absolut reproduzierbaren Angaben in den einzelnen Tests erforderlich sind. Es reicht vielmehr aus, Aussagen über die Signifikanz im oben beschriebenen Sinne machen zu können.

5.3 Darstellung der Ergebnisse

Einige typische Ergebisse dieser Experiment-Serien sind in den Abbildungen 12 bis 17 dargestellt. In den folgenden Abschnitten werden die bei den einzelnen im Kapitel 4 beschriebenen Experiment-Typen erzielten Ergebnisse summarisch dargestellt und bewertet. Da mit dem Laufgang (gemäß Abschnitt 4.1) nur an wenigen Stellen experimentiert werden konnte und dabei nicht ausreichend viele vollständige Testserien zustande kamen, wurden diese Daten nicht zur Endauswertung herangezogen.

5.3.1 Laufbrett-Ergebnisse

Zur Auswertung gelangten alle Experiment-Serien, welche entsprechend der jeweils vorgesehenen Verfahrensweise durchgeführt wurden. Es handelt sich dabei um Ergebnisse von insgesamt 40 Probanden. Zahlreiche Vorversuche blieben unberücksichtigt, in welchen die Versuchspersonen entweder aus verschiedenen Gründen ausschieden, die strengen Protokollbedingungen noch nicht ausreichend erfüllt waren oder unter kontrollierten Bedingungen keine vollständigen Versuchsserien zustande kamen. Bei den ausgewerteten Serien wurde unterschieden, ob das Experiment mit variabler oder konstanter Länge der jeweiligen Begehungsstrecke durchgeführt worden war, da die Zufallsverteilungen in diesen beiden Fällen verschieden sind. Ferner wurden die Experimente auch dahingehend unterteilt, zu welcher von zwei Kategorien (A und B) unterschiedlicher Randbedingungen sie gehörten. Die anfänglichen Experimente werden der Kategorie A zugerechnet, darunter alle diejenigen mit variabler Begehungslänge, welche ohne den Teppich auf dem Laufbrett und meist ohne Schallschutz erfolgten. Bei Experimenten der Kategorie B waren alle im Abschnitt 4.2 erwähnten Bedingungen und Vorsichtsmaßnahmen erfüllt.

Die Ergebnisse der Versuche sind in Tabelle 1 für variable Begehungslänge (32 Probanden), und für konstante Begehungslänge in Tabelle 2 für Kategorie A (12 Probanden) und in Tabelle 3 für Kategorie B (15 Probanden) zusammengestellt. Für jede Testserie werden jeweils zwei Irrtumswahrscheinlichkeiten α_1 und α_2 in bezug auf die Zurückweisung der

Farbbild 13. *Laufbrett-Experiment: wie in den Farbbildern 9 — 12.*

Farbbild 14. *Laufbrett-Experiment: Die Versuchsperson schreitet eine Test-strecke ab und ein Mitarbeiter protokolliert die Reaktionsorte.*

Farbbild 15. *Spulen-Experiment: Mit Hilfe einer Rute versucht die Testperson ein Magnetfeld zu erfühlen, das mit einer stromdurchflossenen Spule erzeugt und von einem Computer zufallsgesteuert ein- oder ausgeschaltet wird.*

Farbbild 16. *Messung des statischen Magnetfeldes (oben) und von Infra-schall-Bodenschwingungen (unten) längs einer Teststrecke.*

Reaktionen / 10cm

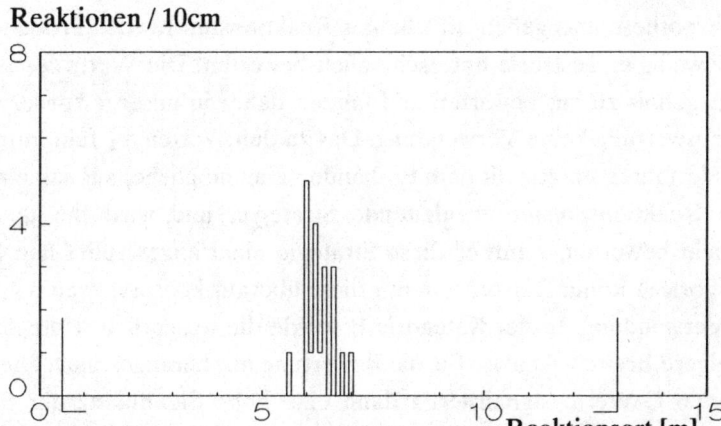

Abbildung 14: *Ergebnis eines Laufbrett-Experiments des Probanden Nummer 37. Die Brettlänge betrug 13,5 Meter. Das Resultat der 20 Einzeltests ist hochsignifikant.*

Reaktionen / 10cm

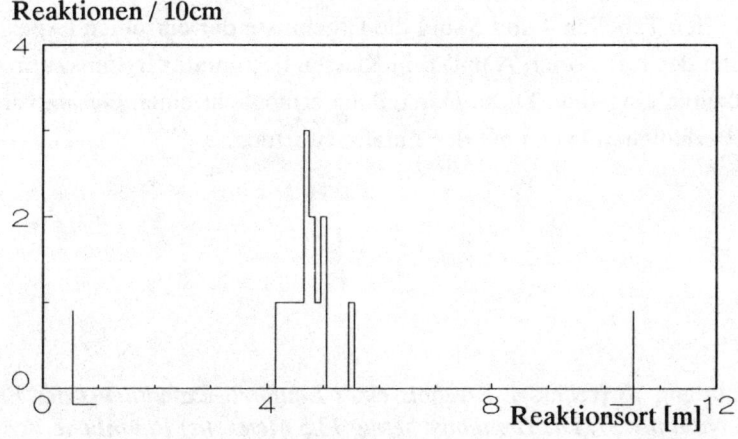

Abbildung 15: *Ergebnis eines Laufbrett-Experiments des Probanden Nummer 84. Das Brett war 10,8 Meter lang, die Startpositionen der Einzeltests variierten zwischen 0,5 und 5,0 Metern. Die Versuchsperson mußte jeweils eine 5,5 Meter lange Strecke begehen. Die L-förmigen Marken bezeichnen den Ortsbereich der möglichen Reaktionen. Das Resultat der 30 Einzeltests ist hochsignifikant.*

Nullhypothese angegeben, welche das Reaktionsmuster des Probanden in der jeweiligen Testserie unterschiedlich bewerten. Die Werte α_1 können ein Ergebnis zu gut bewerten und fanden daher in unserer konservativen Endauswertung keine Verwendung. Das zu den Werten α_2 führende Analyse-Verfahren unterstellt dem Probanden eine mögliche, aus seinem örtlichen Reaktionsmuster abzuleitende Strategie, und wird ihn daher zu schlecht bewerten, wenn er diese Strategie nicht angewendet hat. In der Kategorie A kommen trotzdem nur diese überaus konservativen α_2-Werte zur Verwendung. In der Kategorie B wurde die wesentlich strategieunabhängigere Breiten-Analyse für die Bewertung mit herangezogen. Die angegebenen Q-Werte signalisieren dann eine hohe Signifikanz der Experiment-Serie, wenn sie hinreichend klein gegen 1 sind. Für nähere Details muß auf den Anhang I.2 verwiesen werden. Wie im vorhergehenden Abschnitt erläutert wurde, bedeuten Ergebnisse mit $\alpha < 5\%$ signifikante, beziehungsweise mit $\alpha < 1\%$ hochsignifikante Ergebnisse. Tabelle 3 enthält zusätzlich die Q-Werte aus der Breitenanalyse.

In den Tabellen 4 und 5 sind die Ergebnisse der einzelnen Experiment-Serien der Kategorien A und B in Klassen bestimmter Irrtumswahrscheinlichkeiten eingeteilt. Diese Darstellung ermöglicht einen Gesamtvergleich aller erhaltenen Daten mit der Zufallserwartung.

Abbildung 16 (rechts): *Ergebnis eines Laufbrett-Experiments des Probanden Nummer 37. Die Brettlänge betrug 13,5 Meter. (a) Räumliche Verteilung der Startpositionen; (b) Häufigkeitsverteilung der Differenzlängen zwischen Reaktions- und Startort (Wegstrecken von Startposition bis Ort der Rutenreaktion); (c) Ergebnis-Verteilung der Reaktionen. Das Resultat der 40 Einzelversuche ist hochsignifikant und kann zufällig nur mit einer Wahrscheinlichkeit von $\alpha \simeq 10^{-5}$ erreicht werden. Die L-förmigen Markierungen bezeichnen die Begrenzungen des jeweiligen Ortsbereichs.*

Startverteilung

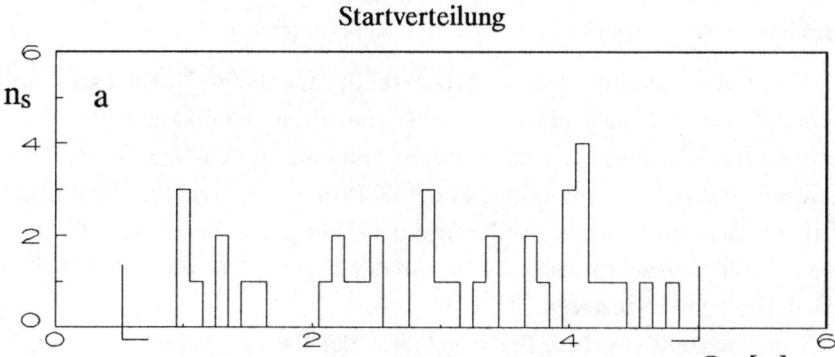

Relative Reaktionsverteilung

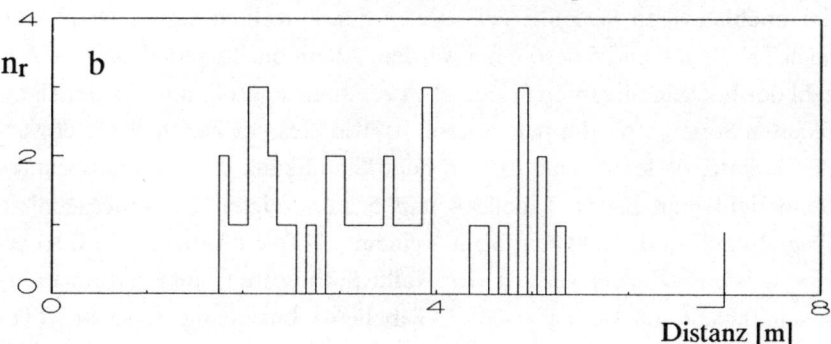

Reaktionsverteilung

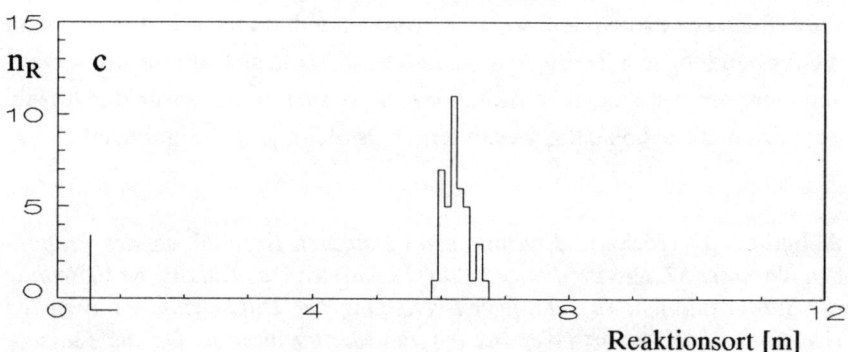

Abbildung 16

Bewertung

Es ist offensichtlich, daß die Mehrzahl der für diesen Versuchstyp ausgewählten 40 Versuchspersonen keine statistisch signifikanten Resultate erbrachte. Allerdings ist eine deutliche Häufung in den signifikanten Bereichen zu erkennen. Insgesamt 13 der 40 Probanden erzielten signifikante Ergebnisse, und 8 davon wiederum hochsignifikante Resultate. Die meisten dieser Versuchspersonen waren in der Lage, solche guten Ergebnisse wiederholt zu produzieren.

Eine Gesamtbewertung der Ergebnisse der Laufbrett-Experimente läßt sich auf zwei Arten durchführen. Erstens kann die Wahrscheinlichkeit für zufälliges Eintreten der — im Hinblick auf die Nullhypothese — voneinander unabhängigen Serien-Ergebnisse in den einzelnen Signifikanzklassen nach Tabellen 4 und 5 betrachtet werden. Allein die Tatsache, daß die Anzahl der hochsignifikanten Serien etwa zehnmal so groß, und die der signifikanten Serien etwa doppelt so groß ist, wie dies per Zufall erwartet werden konnte, bedeutet eine extrem hohe Signifikanz des Gesamtresultats. Unterzieht man die in Tabelle 4 und 5 aufgezeigten Klassenergebnisse ("signifikant" und "nichtsignifikant") einem χ^2-Test (Anhang I.5.1), so ergibt sich eine Zurückweisung der Nullhypothese mit einer Irrtumswahrscheinlichkeit von kleiner als 10^{-8} (Tabelle 4), beziehungsweise 10^{-6} (Tabelle 5). Es sei hier nochmals betont, daß in dieser Berechnung alle erhaltenen Serien berücksichtigt sind, also auch die große Menge an Ergebnissen erfolgloser Probanden. Verzichtet man bei den Daten in Tabelle 3 auf die Anwendung der Breitenanalyse und beschränkt sich auf die konservativeren Irrtumswahrscheinlichkeiten α_2, so reduziert sich zwar die Anzahl der Serien mit $\alpha < 5\%$, das Gesamtergebnis bleibt jedoch signifikant.

Abbildung 17 (rechts): *Ergebnis eines Laufbrett-Experiments des Probanden Nummer 57. Die Brettlänge betrug 13,5 Meter. (a) Räumliche Verteilung der Startpositionen; (b) Häufigkeitsverteilung der Differenzlängen zwischen Reaktions- und Startort (Wegstrecken von Startposition bis Ort der Rutenreaktion); (c) Ergebnis-Verteilung der Reaktionen. Das Resultat der 40 Einzelversuche entspricht der Zufallserwartung und ist statistisch nicht signifikant.*

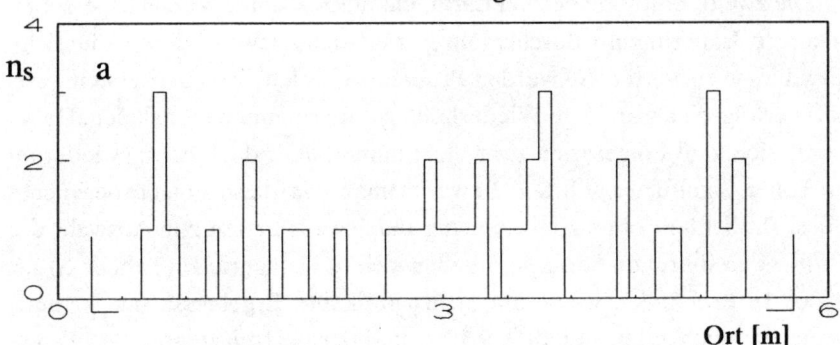

Startverteilung

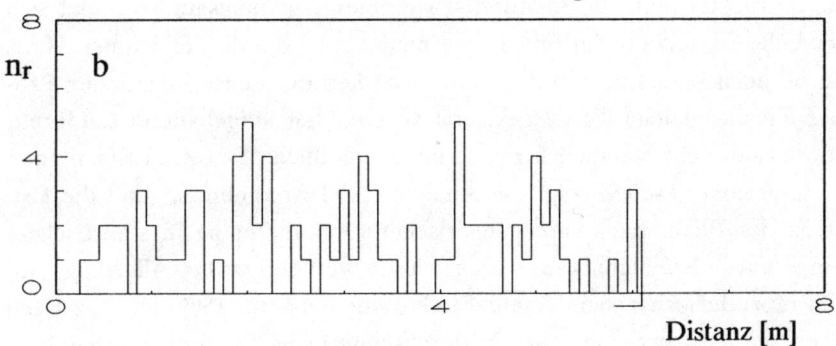

Relative Reaktionsverteilung

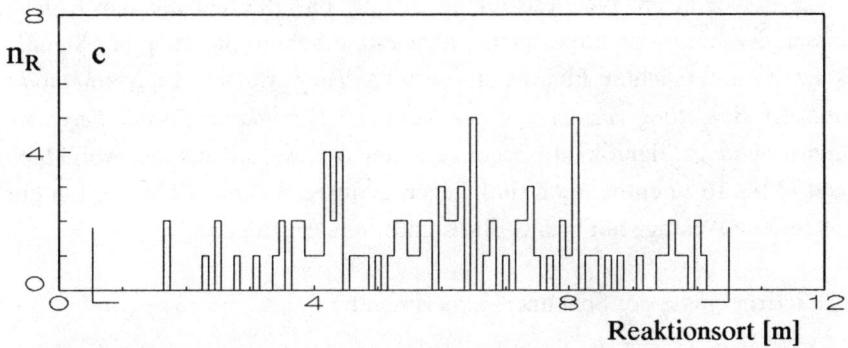

Reaktionsverteilung

Abbildung 17

Die zweite Methode besteht darin, mit ausgewählten Versuchspersonen mehrere Experimente durchzuführen und dann jeweils deren sämtliche Ergebnisse zu werten. So wurden Probanden, welche bei einer ersten Testserie erfolgreich waren, zu Wiederholungsexperimenten eingeladen. Dabei ergab sich, daß Folgeserien zwar nicht immer, aber doch häufig wiederum zu hoher Signifikanz führten. Bewertet man *alle* diese Folgeexperimente eines Probanden ohne Einbeziehung der jeweils ersten zur Auswahl des Probanden führende Serie, so ergeben sich in Kategorie B (Tabelle 3) für 3 der 18 Probanden wiederum hochsignifikante Ergebnisse mit Irrtumswahrscheinlichkeiten von 10^{-6}, 0.1‰, und 0.5‰. In Kategorie A (Tabellen 1 und 2) erzielten 5 von 36 Probanden hochsignifikante Folgeergebnisse. Betrachtet man alle Laufbrett-Experimente gemeinsam, so findet sich die hohe Signifikanz der Folgeexperimente bei 7 der 40 Teilnehmer. Hierzu sei auch bemerkt, daß die Versuchsreihen mit den erfolgreichen Probanden die gleiche Teststrecke mit verschieden aufgebautem Laufbrett, sowie zahlreiche Versuchstage und unterschiedliche Testorte beinhalten.

Insgesamt gesehen zeigt die Analyse der Testergebnisse, daß die Existenz des Phänomens rutengängerischer Ortserkennung in statistischem Sinne mit hoher Signifikanz nachgewiesen werden konnte. Allerdings waren reproduzierbar signifikante Effekte nur mit etwa 15% der getesteten Probanden zu erzielen und die durchschnittliche Trefferwahrscheinlichkeit in Einzelexperimenten muß als gering eingestuft werden.

Es erscheint uns die Feststellung wichtig, daß die hier aus den Ergebnissen der Laufbrett-Experimente abgeleitete Schlußfolgerung der Signifikanz des untersuchten Phänomens *nicht von der gewählten Analysemethode und der Bewertung einzelner in der Nähe der Signifikanzschwelle liegender Serien abhängt.* Signifikante Ergebnisse der Art, wie sie aus den Abbildungen 13 bis 16 zu entnehmen sind, liegen in ausreichender Zahl vor, um die getroffene Aussage auf breiter Basis untermauern zu können.

5.3.2 Ergebnisse der Scheunen-Experimente

In Tabelle 6 sind alle nach Abschnitt 4.3 protokollgerecht durchgeführten Experimente mit künstlichen Leitungssystemen zusammengestellt, je-

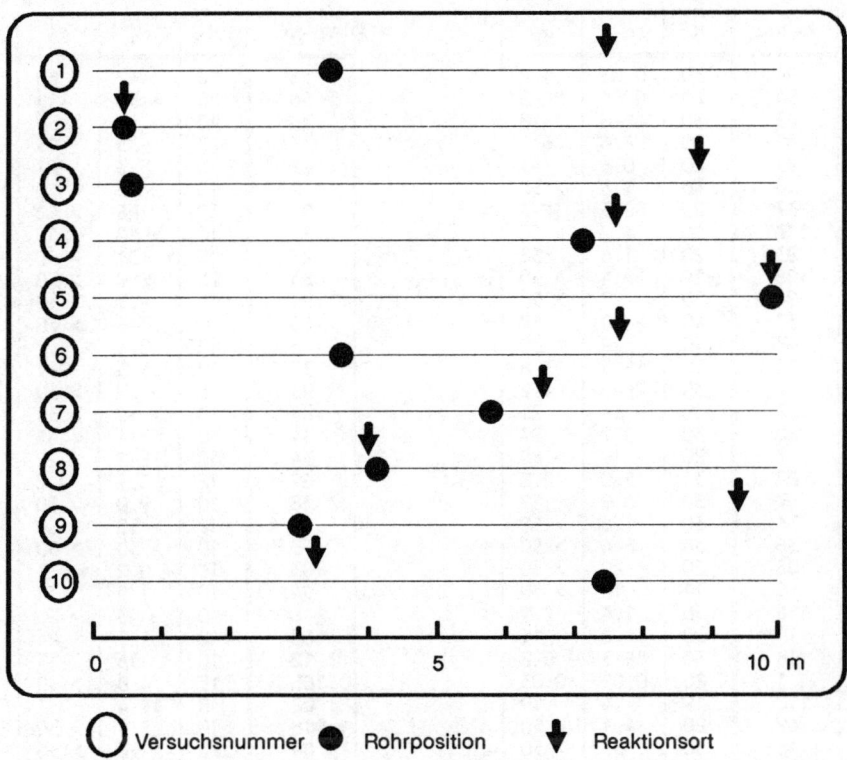

Abbildung 18: *Ergebnis eines Scheunen-Experiments mit dem Probanden Nummer 99. Das zugrunde liegende Versuchsschema ist aus den Abbildungen 9 und 10 ersichtlich. Die zu suchende Leitung bestand hier aus einem wasserdurchflossenen Kupferrohr von 8 cm Durchmesser (Farbbild 7). Das erzielte Ergebnis ist hochsignifikant und kann zufällig nur mit einer Wahrscheinlichkeit von 2‰ erreicht werden.*

doch ohne die Vorversuche hierzu, welche in einem anderen Gebäude stattgefunden und signifikante Ergebnisse erbracht hatten (siehe Abschnitt 2.4). Bei den im Abschnitt 4.3 beschriebenen Versuchen handelt es sich um 900 Einzeltests mit 43 Versuchspersonen, gegliedert in 107 Serien mit unterschiedlicher Anzahl von Einzelprüfungen. Angegebenen sind auch

Vp-Nr.	N	α_1	α_2
94	30	0.03	1.2
94	20	0.01	2E-3
23	30	4E-6	18
81	20	2.6	6.1
23	20	0.6	41
86	40	1.8	> 50
37	20	8E-5	3E-3
118	30	4.8	> 50
23	20	1.6	38
108	15	9.4	> 50
94	30	27	> 50
37	10	> 50	17
47	10	29	30
22	30	6E-5	3.8
7	30	7E-6	4.2
22	30	0.14	21
22	30	0.7	27
7	20	19	> 50
22	31	5.0	2.0
7	30	0.9	19
36	30	1.6	> 50
36	30	8.4	> 50
108	20	29	> 50
6	11	12	> 50
118	10	1.4	7.9
10	20	5.8	15
118	30	8E-3	0.2
1	20	0.02	0.03
112	19	5.4	19
69	20	4.1	> 50
48	30	37	> 50
64	30	> 50	> 50
86	20	11	47
86	40	0.2	2.8
103	20	11	> 50
23	30	0.5	> 50
23	20	0.6	> 50

Vp-Nr.	N	α_1	α_2
36	20	42	> 50
36	20	> 50	45
73	10	> 50	> 50
23	20	33	15
22	10	5.3	27
7	10	7.3	> 50
96	30	25	> 50
27	10	> 50	> 50
27	10	31	> 50
23	20	7.9	> 50
23	20	9.3	> 50
18	10	46	> 50
118	10	0.4	3.7
37	10	5.3	0.7
95	15	> 50	> 50
81	10	> 50	> 50
34	10	14	41
34	30	7E-3	28
69	12	0.9	9.2
18	10	9.0	> 50
14	10	> 50	> 50
93	10	> 50	> 50
103	10	0.2	0.1
94	10	1.9	34
6	10	43	> 50
108	40	1.3	24
12	10	16	15
108	15	4.8	> 50
22	40	1E-4	0.1
118	10	5.1	> 50
88	20	> 50	> 50
118	10	0.1	15
82	15	27	> 50
73	10	> 50	> 50
21	10	> 50	> 50
19	10	> 50	> 50

Tabelle 1: *Ergebnisse aller Serien beim Laufbrett-Experiment mit variabler Begehungslänge. Die erste Spalte bezeichnet die Nummer der Versuchsperson (Vp-Nr.), die zweite die Anzahl der Einzelversuche je Serie (N). Die nach dem Kolmogoroff-Smirnov-Test berechneten Irrtumswahrscheinlichkeiten α_1 und α_2 stellen Wahrscheinlichkeiten (in %) dar, das Resultat rein zufällig zu erhalten. Bei der Ermittlung von α_1 wurde eine konstante Reaktionswahrscheinlichkeit entlang der Begehungsstrecke zugrunde gelegt, während in α_2 zusätzlich eine serienspezifische Verkürzung des Reaktionsbereichs berücksichtigt ist, die sich in der Regel zu Lasten des Probanden auswirkt. Details hierzu sind im Anhang I.2.2 erläutert.*

Vp-Nr.	N	α_1	α_2
6	20	0.02	14
6	20	2.8	> 50
23	20	0.7	49
23	20	46	31
73	20	12	> 50
23	20	44	> 50
10	10	37	49
64	10	6.8	> 50
64	10	9.0	> 50
37	10	20	5.9
84	20	0.02	5.3
105	20	33	> 50
105	20	7.9	44
73	20	0.3	9.2
23	20	29	> 50
91	10	0.8	3.6
91	10	0.5	1.3
91	10	2.0	5.6
91	10	0.01	0.3
18	15	36	29
37	10	8.8	> 50
37	10	0.03	2.5
37	10	2.1	7.9
91	10	2.1	1.0
91	10	3.1	13
91	10	0.2	7.3
34	10	2.5	15
18	10	3.8	48
18	10	> 50	> 50
18	15	3.3	35
34	10	0.5	> 50
34	10	4.1	> 50
37	10	15	20
37	10	1.6	8.5
37	10	1.4	1.4
91	10	27	9.7
91	10	9E-3	1.2
91	12	0.4	0.5
91	11	18	> 50
23	20	0.1	> 50
59	20	0.08	42

Tabelle 2: *Ergebnisse aller Serien beim Laufbrett-Experiment mit konstanter Begehungslänge (Kategorie A). Nomenklatur wie in Tabelle 1.*

Vp-Nr.	N	Q	α_1	α_2	Bew.
37	30	1.02	> 50	> 50	
91	30	0.82	1.0	32	
23	10	0.75	8.4	> 50	
64	10	0.92	24	> 50	
91	20	0.33	0.02	2.1	* *
10	30	0.95	3.4	> 50	
84	30	0.05	0.03	3.9	* *
23	10	1.12	6.0	> 50	
84	30	0.56	0.02	4.6	*
105	30	1.07	19	> 50	
32	30	0.90	5.8	> 50	
32	20	0.57	5.9	> 50	*
32	10	0.58	3.8	> 50	
118	30	0.83	0.08	18	
94	30	0.73	3E-4	> 50	
91	10	1.60	6.9	> 50	
37	10	0.64	4.0	> 50	
34	10	0.99	> 50	> 50	
91	30	0.51	0.4	21	*
37	30	0.88	9.4	> 50	
118	20	0.92	24	> 50	
94	20	0.87	0.3	> 50	
37	20	1.09	2.2	> 50	
91	19	0.98	> 50	> 50	
57	30	0.89	25	> 50	
57	20	1.09	9.6	> 50	
80	30	0.82	8.9	> 50	
80	20	0.63	12	> 50	*
71	30	1.04	42	> 50	
108	30	0.94	18	> 50	
37	40	0.02	9E-6	3E-4	* *
91	10	1.20	1.0	22	
91	20	0.30	7E-3	12	* *
37	20	0.02	0.2	0.3	* *
37	20	0.44	6E-4	0.1	* *
91	20	0.52	0.1	29	*
91	20	0.32	1.7	24	* *
57	40	0.95	> 50	> 50	
71	40	0.90	22	> 50	

Tabelle 3: *Ergebnisse aller Serien beim Laufbrett-Experiment mit konstanter Begehungslänge (Kategorie B). Nomenklatur wie in Tabelle 1. Q bezeichnet das Verhältnis der räumlichen Breiten (Varianzen) zwischen tatsächlich erhaltener und nach dem Zufallsprinzip erwarteter Reaktionsverteilung. In der letzten Spalte ist aufgrund der Resultate für Q oder α_2 gegebenenfalls die Bewertung signifikant (*) oder hochsignifikant (**) angegeben.*

alpha [%]	n_{exp}	n_{erw}
$\alpha \leq 1$	10	1.14
$1 < \alpha \leq 5$	11	4.56
$5 < \alpha \leq 10$	11	5.7
$10 < \alpha \leq 20$	12	11.4
$20 < \alpha \leq 50$	20	34.2
$50 < \alpha$	50	57

Tabelle 4: *Verteilung der Irrtumswahrscheinlichkeiten beim Laufbrett-Experiment mit variabler und konstanter Lauflänge (Kategorie A, nach Tabellen 1 und 2) aus 114 Serien mit etwa 1800 Einzeltests von 36 Probanden. n_{exp} bezeichnet die tatsächlich erhaltene und n_{erw} die nach dem Zufallsprinzip erwartete Anzahl von Serien im angegebenen α-Bereich. Die Wahrscheinlichkeit, diese Verteilung voneinander unabhängiger Serien zufällig zu erreichen, liegt unter 10^{-6}. Das Ergebnis ist daher hochsignifikant.*

alpha [%]	n_{exp}	n_{erw}
$\alpha \leq 1$	7	.39
$1 < \alpha \leq 5$	5	1.56
$5 < \alpha \leq 10$	0	1.95
$10 < \alpha \leq 20$	1	3.9
$20 < \alpha \leq 50$	2	11.7
$50 < \alpha$	24	19.5

Tabelle 5: *Verteilung der Irrtumswahrscheinlichkeiten beim Laufbrett-Experiment mit konstanter Lauflänge (Kategorie B, nach Tabelle 3) aus 39 Serien mit etwa 900 Einzeltests von 15 Probanden. Nomenklatur wie in Tabelle 4. Die Wahrscheinlichkeit, diese Verteilung signifikanter und nichtsignifikanter, voneinander unabhängiger Serien zufällig zu erreichen, liegt deutlich unter 10^{-6}. Das Ergebnis ist daher hochsignifikant.*

Vp-Nr.	N	α	Vp-Nr.	N	α	Vp-Nr.	N	α
73	5	19	54	5	3.0	100	10	27
73	10	16	4	5	> 50	100	10	23
73	5	> 50	4	10	50	83	5	22
19	6	> 50	108	10	> 50	83	5	> 50
18	6	0.2	87	5	> 50	83	10	29
77	10	36	84	10	3.7	83	9	17
37	10	> 50	50	7	30	112	5	> 50
37	5	> 50	89	8	2.9	112	5	45
99	10	8.5	89	5	> 50	34	5	> 50
54	10	> 50	89	10	34	34	5	27
108	10	11	101	10	45	34	6	39
108	10	4.3	101	15	> 50	1	10	> 50
108	10	> 50	101	10	38	94	10	> 50
108	10	> 50	101	5	35	94	7	> 50
36	10	47	23	10	> 50	69	10	> 50
36	10	> 50	23	10	36	69	5	> 50
73	7	21	23	10	2.8	82	10	> 50
19	7	> 50	23	10	42	116	5	20
18	10	22	23	10	18	76	5	> 50
18	10	5.8	23	10	> 50	90	7	22
18	5	13	23	10	> 50	47	5	> 50
18	10	> 50	38	10	> 50	62	5	> 50
18	7	> 50	110	10	> 50	111	5	4.2
18	10	31	118	5	26	71	10	> 50
18	10	> 50	118	10	> 50	57	10	> 50
18	10	> 50	118	5	> 50	110	5	2.2
77	10	30	118	5	> 50	108	10	0.5
77	10	> 50	102	10	> 50	10	10	33
99	10	3.2	21	5	30	10	10	44
99	10	18	23	10	22	21	6	36
99	10	0.2	23	9	> 50	95	10	> 50
37	5	4.7	23	10	18	82	5	7.6
37	5	> 50	23	10	31	11	5	> 50
37	10	31	23	10	1.8	27	5	> 50
68	10	> 50	23	10	> 50	110	5	> 50
39	10	> 50	38	5	> 50			

Tabelle 6: *Ergebnisse aller Serien beim Scheunen-Experiment. Die erste Spalte bezeichnet die Nummer der Versuchsperson (Vp-Nr), die zweite die Anzahl der Einzelversuche je Serie (N). Die mittels Multinomialverteilungen berechneten Irrtumswahrscheinlichkeiten α stellen die Wahrscheinlichkeiten (in %) dafür dar, das jeweilige Resultat rein zufällig zu erhalten.*

alpha [%]	n_{exp}	n_{erw}
$\alpha \leq 1$	3	1.07
$1 < \alpha \leq 5$	10	4.28
$5 < \alpha \leq 10$	3	5.35
$10 < \alpha \leq 20$	9	10.7
$20 < \alpha \leq 50$	30	32.1
$50 < \alpha$	52	53.5

Tabelle 7: *Verteilung der Irrtumswahrscheinlichkeiten beim Scheunen-Experiment (nach Tabelle 6) aus 107 Serien mit circa 900 Einzeltests von 43 Probanden. Nomenklatur wie bei Tabelle 4. Diese Verteilung signifikanter und nichtsignifikanter, voneinander unabhängiger Serien kann nur mit einer Wahrscheinlichkeit von 0.7‰ zufällig erreicht werden und stellt daher ein hochsignifikantes Ergebnis dar.*

alpha [%]	n_{exp}	n_{erw}
$\alpha \leq 1$	1	1.26
$1 < \alpha \leq 5$	2	5.04
$5 < \alpha \leq 10$	3	6.3
$10 < \alpha \leq 20$	9	12.6
$20 < \alpha$	111	100.8

Tabelle 8: *Verteilung der Irrtumswahrscheinlichkeiten beim Spulen-Experiment aus 126 Serien mit circa 2200 Einzeltests von 76 Probanden. Nomenklatur wie bei Tabelle 4. Diese Verteilung entspricht der Zufallerwartung und stellt daher kein signifikantes Ergebnis dar.*

die für jede Serie nach dem im Anhang I.3 angegebenen Verfahren berechneten Irrtumswahrscheinlichkeiten α. Auch hier variieren die Leistungen der Probanden von reinem Zufall bis hin zu hoher Signifikanz. Die Einteilung der Ergebnisse in Signifikanzklassen ist aus Tabelle 7 zu entnehmen.

Man erkennt, daß die Anzahl hochsignifikanter Serien dreimal so groß und diejenige signifikanter Serien doppelt so groß ist, wie man aufgrund der Nullhypothese erwarten würde. Da die Serien im Hinblick auf die Nullhypothese voneinander unabhängig sind, läßt sich der χ^2-Test auf die in den "signifikanten" und "nicht-signifikanten" Klassen gefundene Anzahl von Testserien anwenden. Es ergibt sich für die Zurückweisung der Nullhypothese eine Irrtumswahrscheinlichkeit von $\alpha \simeq 0.7\%o$. Wird dieser Test auf die drei Klassen "hochsignifikant", "signifikant" und "nicht-signifikant" angewandt, so erhält man $\alpha \simeq 0.4\%$. Daraus kann nur geschlossen werden, daß manche Rutengänger in der Tat mit sehr hoher Wahrscheinlichkeit in der Lage sind, die räumliche Lage der in diesem streng kontrollierten Doppelblind-Experiment verwendeten künstlichen Leitungen zu erkennen. Relativierend muß auch hier darauf hingewiesen werden, daß die Trefferwahrscheinlichkeit im Einzelexperiment nicht sehr hoch ist, sich dieses rutengängerische Suchverfahren in der hier mehr akademisch durchgeführten Weise also nicht für eine direkte praktische Anwendung eignet. Das beste Ergebnis aller 107 Serien ist in Abbildung 18 wiedergegeben. Mit $\alpha \simeq 0.2\%$ ist es hochsignifikant und mit dem früher erwähnten Resultat aus gut kontrollierten Vorversuchen vergleichbar (Abbildung 3). Bei 10 Einzeltests wurden jedoch nur 3 Voll- und 1 Teil-Treffer erzielt (zur Trefferdefinition siehe Anhang I.3).

Eine genauere Inspektion der signifikanten Resultate ergibt einige interessante Befunde. Die 13 Serien mit $\alpha < 5\%$ wurden von 10 verschiedenen Versuchspersonen produziert, welche nach unserem Wissen mit wenigen Ausnahmen auch durch anderweitige rutengängerische Leistungen aufgefallen sind. So hat der hier erfolgreichste Proband Nummer 99 auch bei dem unten erläuterten Spulen-Experiment am besten abgeschnitten, erbrachte bei den im Abschnitt 5.4 diskutierten Feldversuchen erstaunliche Resultate und war bei der Wasserfindung unter realen Bedingungen bisher unerklärlich erfolgreich.

Ein weiterer bei uns erfolgreicher Kandidat war einer der Probanden, welche in den analogen Versuchen von Comunetti (dort mit TR bezeichnet, siehe Abschnitt 2.4.2) mitgewirkt hatten, und der für den Chemie-Konzern Hoffmann-La Roche mehrfach und mit bemerkenswertem Erfolg in der Wasserfindung eingesetzt worden war. Zwei weitere Kandidaten gehörten auch bei den Laufbrett-Experimenten der Spitzengruppe an. Ein Proband absolvierte auch Brett-Versuche mit signifikanten Zwischenergebnissen, die jedoch nicht in die Endauswertung kamen, da die vereinbarte Anzahl von Experimenten wegen Gleichgewichtsstörungen beim Blindgehen nicht erreicht werden konnte.

Insgesamt gesehen muß dieser unter extrem korrekten Versuchsbedingungen durchgeführten Testreihe, welche aus wissenschaftlicher Sicht eine rein akademische und für die Versuchspersonen eine ungewohnt schwierige Aufgabenstellung beinhaltete, hohe Signifikanz zugebilligt werden.

5.3.3 Ergebnisse der Spulen-Experimente

Die summierten Ergebnisse dieser Testreihen bezüglich der Erkennung schwacher magnetischer Felder, welche in Tabelle 8 dargestellt sind, erbrachten keine Signifikanz und werden daher nur kurz beschrieben. Mit etwa einem Dutzend der Probanden war die *erste* durchgeführte Testserie signifikant. Daher wurden zahlreiche Wiederholungen durchgeführt, welche jedoch diesen ersten Trend nicht bestätigen konnten. Damit muß festgestellt werden, daß die hier konzipierten Tests insgesamt gesehen keine Felder-Empfindlichkeit von Rutengängern ergaben.

Ohne diese Ergebnisse in Frage zu stellen, sollen doch einige interessante Indizien und Beobachtungen dafür mitgeteilt werden, daß eine Felderkennung mittels des Rutenverfahrens vielleicht doch möglich sein könnte. Der schon genannte Proband Nummer 99, welcher das Scheunen-Experiment am erfolgreichsten absolvierte, wurde für ihn unerwartet einen ganzen Versuchstag mit dem Spulenversuch konfrontiert. Es fanden insgesamt 90 Einzeltests statt, in welchen eine JA/NEIN-Entscheidung zu treffen war. In 8 der 9 Serien erzielte er überzufällige Treffer, woraus sich für das gesamte Tagesergebnis mit 55 Treffern eine Irrtumswahrscheinlichkeit von etwa 2% ergab. Die an einem späteren Tag angesetzten 290 weiteren Tests waren aber nur schwach überzufällig, so daß sich das gesamte Ergebnis aller Serien auf $\alpha \simeq 10\%$ verschlechterte und nicht mehr signifikant war. Allerdings wurde auch dieses Ergebnis zahlenmäßig von keinem anderen Probanden erreicht. Der nächstbeste Kandidat, der ebenfalls ein nur etwas schlechteres α erreichte, gehörte wiederum zu der Spitzengruppe beim Laufbrett-Experiment.

Mit diesen Befunden soll lediglich angedeutet werden, daß hier noch kein endgültiges Urteil über die vermutete Felder-Empfindlichkeit gefällt werden kann und es zukünftigen Experimenten vorbehalten bleibt, diese Frage zuverlässiger zu klären.

5.3.4 Magnetfeld-Messungen

In mehreren Fällen wurden Vermessungen des erdmagnetischen Feldes entlang solcher Teststrecken durchgeführt, an welchen mehrere Probanden signifikante Ortserkennung demonstriert hatten. Während in den meisten Fällen zwar kleine Variationen, aber keine besonders auffälligen Änderungen der Flußdichte (nach Betrag oder Richtung) zu erkennen waren, konnten vereinzelt auch gravierende Intensitätsunterschiede festgestellt werden. Abbildung 19 zeigt hierfür ein Beispiel. Sämtliche, in 15 cm über dem Boden in den drei Raumrichtungen einzeln gemessenen Komponenten weisen innerhalb eines Bereichs von etwa 1 Meter Länge anomale Veränderungen von über 10% auf. Weitere Messungen in der Umgebung zeigten, daß die Anomalie punktförmig ist und nach allen Seiten, sowie nach oben hin schnell abnimmt. Somit muß die Ursache in einem in der obersten Bodenschicht befindlichen magnetischen Objekt zu suchen sein.

Eine Korrelation zwischen dem Ort maximaler Feldstörung und den bevorzugten Stellen für Rutengänger-Reaktionen war nicht nachzuweisen, zumal auch die von verschiedenen Rutengängern signifikant gefundenen Ortsbereiche nicht genau miteinander übereinstimmten. Sie lagen etwa 1 bis 2 Meter neben dem Zentrum der Feldanomalie. Natürlich darf hier

magn. Flußdichte [μT]

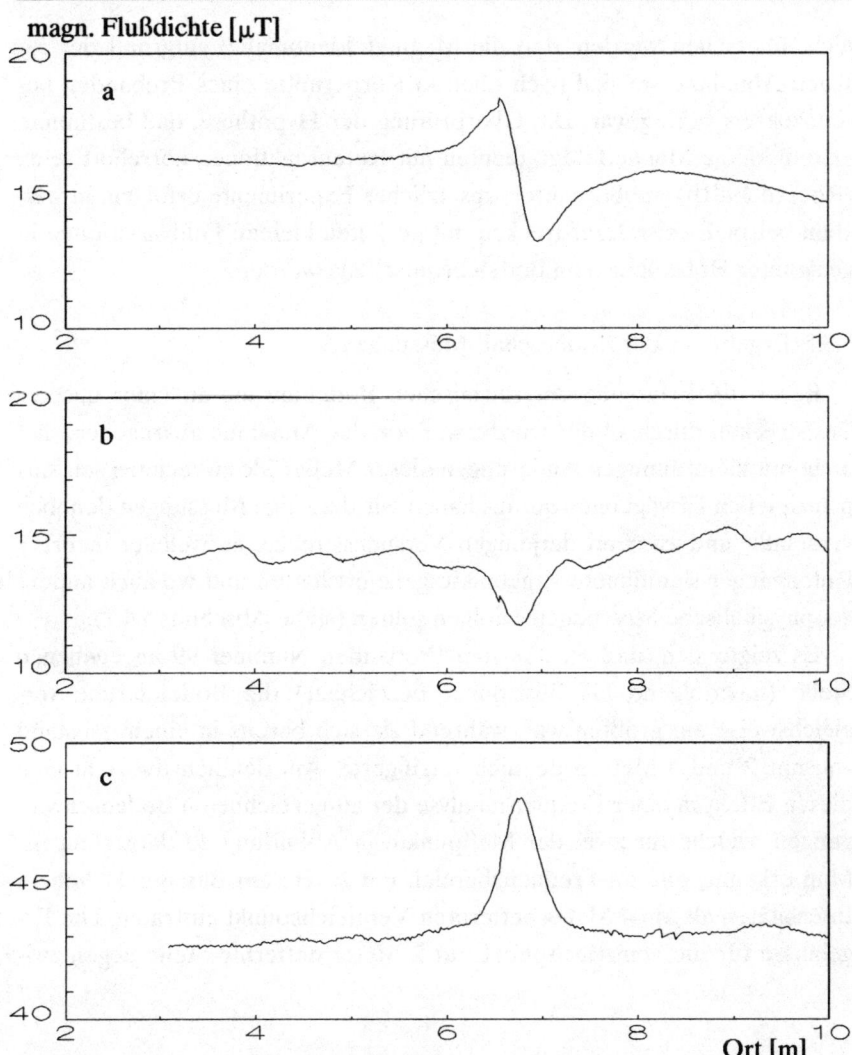

Abbildung 19: *Messung des statischen Erdmagnetfeldes längs einer Test-strecke mit einem richtungsempfindlichen Magnetometer (Förster-Sonde). Die Graphen beziehen sich auf die Feldkomponenten parallel (a) und quer (b) zur Laufrichtung. Graph (c) stellt die Vertikalkomponente dar. Kleinere Schwankungen sind durch den Restmagnetismus der Meßschiene bedingt, die größere Anomalie bei 6,8 Meter weist auf einen magnetischen Störkörper im Boden hin. Die bevorzugten Orte von Rutengänger-Reaktionen stimmten nicht mit dem Ort maximaler Feldanomalie überein.*

nicht übersehen werden, daß die Magnetfeldanomalie, aufgrund der raschen Abnahme vertikal nach oben in Körpermitte eines Probanden bereits extrem gering war. Die Überprüfung der Hypothese, daß bestimmte extrem kleine Magnetfeldgradienten mit Rutenreaktionen korreliert seien (Rocard 1981b), müßte mittels zusätzlicher Experimente erfolgen, in welchen beispielsweise Laufstrecken mit gezielten kleinen Feldvariationen in geeigneter Höhe über dem Boden beaufschlagt werden.

5.3.5 Ergebnisse der Bodenschall-Messungen

Bevor die Erfassung der seismischen Bodenunruhe an einer unserer Teststrecken durchgeführt wurde, war von der Annahme auszugehen, daß nicht mit kleinräumigen Änderungen dieser Meßgröße zu rechnen sei. Aus prinzipiellen Erwägungen heraus haben wir derartige Messungen dennoch veranlaßt, und zwar an derjenigen Versuchsstrecke, an welcher mehrere Rutengänger signifikante Ergebnisse geliefert hatten und wo auch andere geophysikalische Messungen erfolgen sollten (siehe Abschnitt 5.4.1).

Es zeigte sich, daß an der vom Probanden Nummer 99 angegebenen Stelle (nachfolgend als Basispunkt bezeichnet) die Bodenunruhe vergleichsweise am größten war, während sie sich bereits in einem Abstand von nur 2 und 4 Metern deutlich verringerte. Am deutlichsten sieht man diesen Effekt in einer Frequenzanalyse der aufgezeichneten Bodenschwingungen, welche für zwei der Meßpunkte in Abbildung 20 dargestellt ist. Man erkennt, daß im Frequenzbereich um 20 Hz am Basispunkt höhere Intensitäten als am 4 Meter entfernten Vergleichspunkt auftraten. Die Ergebnisse für die vom Basispunkt nur 2 Meter entfernte Stelle liegen zwi-

Abbildung 20 (rechts): *Frequenzverteilungen der seismischen Bodenunruhe (Schwinggeschwindigkeit) an zwei gleichzeitig vermessenen Punkten, welche 4 Meter voneinander entfernt sind. Am "Basispunkt", der vom Probanden Nummer 99 bestimmt worden war, zeigen sich im Bereich um 20 Hz signifikant höhere Amplitudenwerte (oben). Die Wiederholung der Messung an einem anderen Tag ergibt den gleichen, jedoch weniger stark ausgeprägten Trend (unten).*

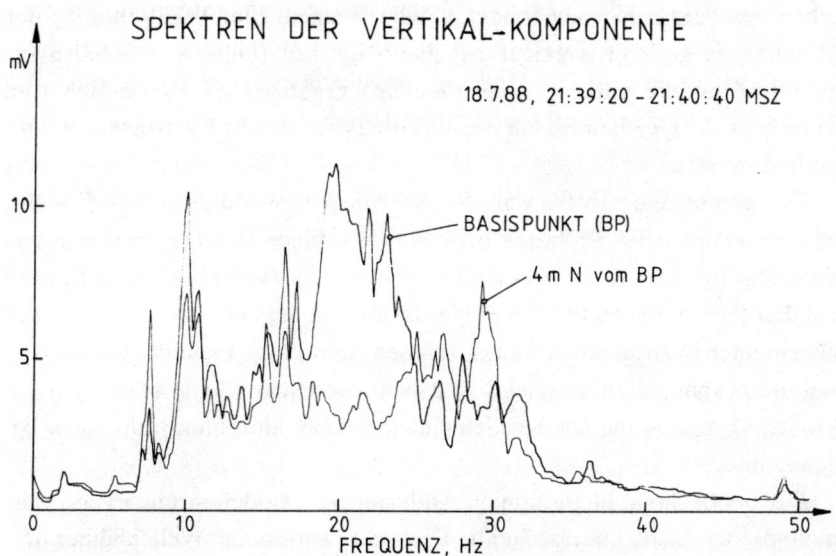

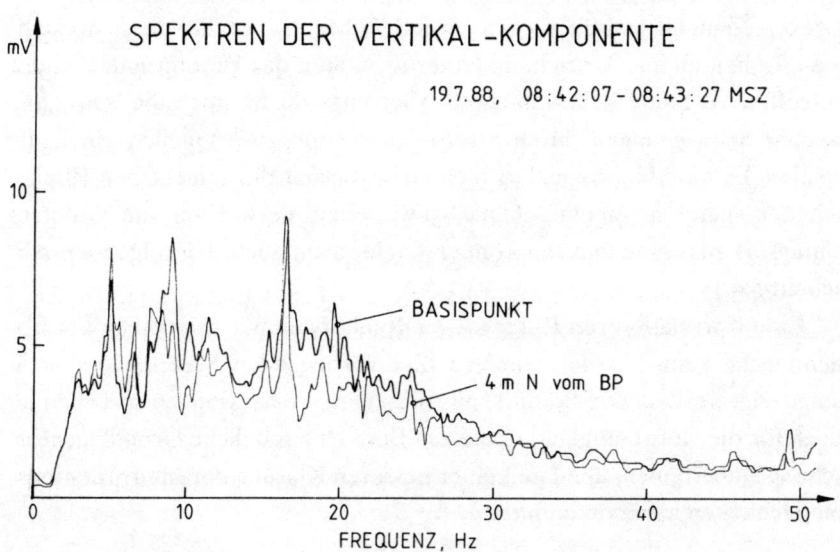

Abbildung 20

schen den beiden hier abgebildeten Verteilungen. Eine Wiederholung der Messung zu anderer, weniger ruhigen Tageszeit (entfernter Straßenverkehr und andere anthropogene Quellen) ergab im 20 Hz-Bereich vom Trend her die gleichen Resultate, allerdings mit deutlich verringerten Amplitudenwerten.

Die gemessene Größe war die Schwinggeschwindigkeit des Bodens, welche in vertikaler Richtung bei optimal ruhiger Umgebung Werte von maximal etwa 0.3 μm/s annahm. Diese Größe der Bodenbewegung ist etwa um den Faktor 100 kleiner als die im Bauwesen angenommene Grenze der allgemeinen Wahrnehmbarkeit durch den Menschen. Es muß aber als derzeit unbekannt gelten, wie tief die tatsächlichen Schwellenwerte für physiologische Empfindung solcher Schwingungen bei einzelnen Individuen liegen können.

Die beobachtete kleinräumige Änderung der Bodenunruhe ist aus seismologischer Sicht überraschend. Die zu erwartenden Wellenlängen der Vertikalschwingungen liegen für die hier relevanten Tal-, beziehungsweise Lockersedimente zwischen etwa 30 und 75 Metern, so daß die festgestellten Gradienten ihre Ursache in Heterogenitäten des Untergrundes an der betreffenden Stelle haben müssen. Allerdings dürfte auch die Anregung solcher Schwingungen durch externe (anthropogene) Quellen ein Rolle spielen. Es muß hier ungeklärt bleiben, inwieweit die gemessenen Effekte mit der später meßtechnisch nachgewiesenen Verwerfung am Untersuchungsort zusammenhängen können (siehe dazu auch den folgenden Abschnitt 5.4.1).

Eine Korrelation von Rutengänger-Reaktionen mit Anomalien der Bodenunruhe kann mit den wenigen hier vorliegenden Meßpunkten nicht aufgezeigt werden. Die Befunde aus diesen ersten Messungen sprechen jedoch für die Notwendigkeit, in diesem Bereich zusätzliche Grundlagenforschung zu betreiben, um damit einer besseren Klärung der Interpretationsmöglichkeiten näherzukommen.

5.4 Feldstudien und Auffindung von Wasser

Die in diesem Abschnitt zur Diskussion gestellten Untersuchungen sind kein zentraler Bestandteil unseres Forschungsprojekts. Sie sollen aber dennoch kurz Erwähnung finden, weil einige der Befunde bereits in großen Teilen öffentlich bekannt geworden sind und mit den rutengängerischen Aktivitäten des Probanden Nummer 99 zu tun haben, welcher in den bereits in den Abschnitten 5.3.2 und 5.3.4 geschilderten Experimenten am besten abgeschnitten hat. Zur Abrundung des Gesamteindrucks über mögliche rutengängerische Fähigkeiten sind die in breiterem Rahmen zu sehenden Leistungen dieses, und einiger anderer Probanden, von besonderem Interesse. Zugleich sei damit demonstriert, daß besondere Leistungen nicht nur bei rein akademisch motivierten Experimenten, sondern auch bei bestimmten praktischen Anwendungen in Erscheinung treten können.

5.4.1 Untersuchung einer Teststrecke mit verschiedenen Methoden

Im Rahmen unserer Bemühungen, eine für die Laufbrett-Experimente geeignete Teststrecke zu finden, wurde Proband Nummer 99 gebeten, in einem Tal nach einer geologischen Verwerfung zu suchen und dort einen seiner Ansicht nach optimalen Bohrpunkt zur Wassergewinnung festzulegen. Die speziellen Anforderungen, welche im Zusammenhang mit der Bestimmung des Bohrpunktes gestellt wurden, resultierten sowohl aus dem Wunsch, dem Erfahrungsspektrum des Probanden möglichst nahe zu kommen (siehe dazu Abschnitt 5.4.2), als auch aus anderen, nichtprojektbezogenen Gründen. Die geologischen Verhältnisse der Gegend waren durch frühere Tiefbohrungen teilweise bekannt, insbesondere war das Vorhandensein einer Verwerfung anzunehmen, über deren Verlauf jedoch keine Kenntnis bestand. Der Proband wurde mit diesen Fakten vertraut gemacht und versuchte dann, den Verlauf der Verwerfung in einem etwa 10 Kilometer langen Talabschnitt mit ausschließlich rutengängerischer Methodik zu lokalisieren. Er gab dabei an, auch kleinere Verwerfungen gefunden zu haben, welche quer zur Hauptverwerfung liegen, und bestimmte in einem der dadurch definierten Kreuzungsbereiche einen seiner Meinung nach "optimalen" Bohrpunkt.

Unabhängig davon wurden zwei andere Rutengänger nacheinander mit der gleichen Aufgabe konfrontiert, ohne diese über die Angaben der Vorgänger zu informieren. Der eine bestimmte einen Punkt, der nur etwa 20 Meter von der oben genannten Stelle entfernt lag. Der andere Rutengänger, der über langjährige Erfahrung als wissenschaftlich arbeitender Geologe verfügte, gab die Lage der Verwerfungen in sehr guter Übereinstimmung mit Proband Nummer 99 an. An der so gefundenen Stelle wurden Laufbrett-Versuche mit zahlreichen anderen Probanden durchgeführt, welche — zum damaligen Zeitpunkt erstmals — zu hochsignifikanten Ergebnissen führten. Die von diesen Versuchspersonen bevorzugt gefundenen Stellen lagen bis zu 1 Meter entfernt vor oder auch hinter diesem festgelegten Bohrpunkt.

Parallel hierzu erfolgten drei verschiedenartige geophysikalische Messungen in der Umgebung der bezeichneten Stelle, welche den elektrischen Widerstand des Untergrunds, die Radioaktivität der obersten Gesteinsschichten und die seismische Bodenunruhe betrafen. Alle drei Verfahren führten bemerkenswerterweise zur Bestätigung der Besonderheit dieser rutengängerisch ermittelten Stelle. Dies ist in Abbildung 21 schematisch angedeutet.

Da die Richtung der Verwerfung durch die Angaben der Rutengänger versuchsweise als gegeben angesehen werden konnte, waren geoelektrische Messungen im Bereich dieser Stelle relativ zügig durchzuführen (siehe Abschnitt 7.4.2). Das Ergebnis kann als Verifizierung der rutengängerisch ermittelten Befunde interpretiert werden: Längs- und Querverwerfung waren erkennbar, lediglich in der genauen Richtung der Querverwerfung entstanden bestimmte, jedoch unwesentliche Diskrepanzen.

Die Kalium 40-Aktivität des Bodens wurde entlang mehrerer Linien am Hang parallel zur im Tal liegenden Hauptverwerfung registriert. Dabei ergaben sich jeweils an bestimmten Stellen Sprünge der Intensität. Eine Verbindung dieser Stellen miteinander führte zu einer Linie, welche talwärts verlängert nur 15 Meter an dem genannten Bohrpunkt vorbeiläuft. Der-

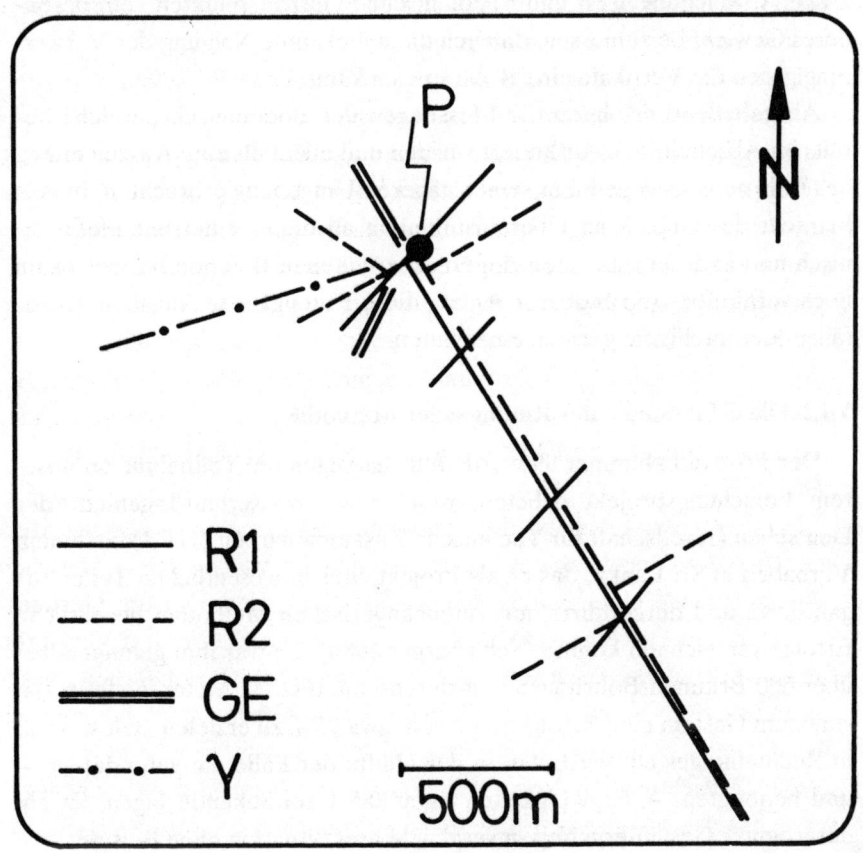

Abbildung 21: *Ergebnisse rutengängerischer und technischer Methodik zur Auffindung und Verifizierung einer geologisch bedingten Anomalie in einem Talabschnitt. P bedeutet den vom Probanden Nummer 99 festgelegten Punkt, an welchem die in Abbildung 20 gezeigten Messungen der Bodenunruhe erfolgten. R1 und R2 beziehen sich auf die Angaben von zwei anderen Rutengängern bezüglich der Lage von Verwerfungen. GE bezeichnet die geoelektrisch bestimmte Lage von Verwerfungen, und γ stellt eine etwa 50 m lange Linie dar, auf welcher eine Änderung der Radioaktivität des Bodens gemessen wurde (diese Linie ist nicht maßstabsgetreu eingezeichnet).*

artige Abweichungen ist unter geologischen Gesichtspunkten kein besonderes Gewicht beizumessen, da auch die unbekannte Neigung der Verwerfung gegen die Vertikale eine Rolle spielen kann.

Abschließend erfolgten die Messungen der Bodenunruhe, welche bereits im Abschnitt 5.3.5 diskutiert wurden und ebenfalls eine Auszeichnung des Bohrpunktes gegenüber seiner näheren Umgebung erbrachten. In Anbetracht des Grades an Übereinstimmung all dieser einerseits meßtechnisch und andererseits rutengängerisch erhaltenen Befunde besteht kaum noch vernünftig begründbarer Anlaß, diese Rutengänger-Angaben als zufällig oder intelligent geraten einzustufen.

5.4.2 Die GTZ-Studie der Rutengänger-Methodik

Der Proband Nummer 99 wurde nur deswegen um Teilnahme an unserem Forschungsprojekt gebeten, weil er als Wasserbau-Ingenieur der Deutschen Gesellschaft für Technische Zusammenarbeit (GTZ) bei einem Vorhaben in Sri Lanka, das er als Projektleiter in wesentlichen Teilen organisierte und durchführte, mit rutengängerischen Methoden beachtliche Erfolge verzeichnen konnte (Schleberger 1986). Es war ihm gelungen, bei über 600 Brunnen-Bohrungen von durchschnittlich 35 Meter Tiefe in kristallinem Gestein eine Erfolgsquote von etwa 95% zu erzielen. Selbst wenn in Rechnung gestellt wird, daß in der Hälfte der Fälle die gefundenen – und benötigten – Ergiebigkeiten unter 0.5 Liter/Sekunde lagen, ist ein derart gutes Gesamtergebnis in vergleichbarer Situation ohne Beispiel.

Offensichtlich besteht eine Fähigkeit des GTZ-Probanden darin, räumlich eng begrenzte Klüfte mittels der Rutentechnik relativ genau orten zu können. Der Einsatz geoelektrischer Meßmethoden hat jedenfalls auch dort seine diesbezüglichen und zeitlich vorher getroffenen Prognosen bestätigt. Das zunächst naheliegende Argument gegen den Nutzen der verwendeten Rutentechnik, es müsse in dem Projektgebiet zusammenhängende Grundwasserleiter geben, welche an nahezu beliebiger Stelle Bohrerfolge ermöglichen, ist dort durch vielfältige Erfahrungen widerlegt worden. Es gibt in diesem Gebiet nicht nur zahlreiche Trockenbohrungen (welche nur in den seltensten Fällen im Rahmen des GTZ-Projekts verursacht wurden), sondern auch den Befund, daß sehr ergiebige Brunnen in unmittelbarer Nähe, nur etwa 30 Meter von Trockenbohrungen entfernt liegen. Damit wird auch die Griffigkeit einer Argumention betreffs intelligenter und subtiler Geländebeobachtung zur Erkennung guter Bohrpunkte, wie etwa mittels Topographie und Bewuchsmerkmalen, wenig wahrscheinlich gemacht.

Das GTZ-Projekt hat in Fachkreisen der Geowissenschaften verständlicherweise besonders kritische Aufmerksamkeit erregt, da bisher keine wissenschaftlichen Grundlagen für derartige Rutengänger-Aktivitäten bekannt sind. Dennoch hielten die Befunde bislang jeder strengen Prüfung stand. Weitere Feldtests ähnlicher Art sind derzeit im Gange, welche ebenfalls erfolgreich zu verlaufen scheinen. Nach Abschluß der Untersuchungen wird darüber ausführlich berichtet werden.

Von Interesse dürfte in diesem Zusammenhang die Beobachtung sein, daß der GTZ-Proband zwar geringste Wassermengen in klüftigem kristallinen Gestein auffallend sicher zu erfühlen vermag, jedoch massive Wasserströme in künstlichen Leitungen nicht annähernd so gut findet. Dies wurde beispielsweise bei der versuchten Lokalisierung von Leitungen der Münchener Wasserversorgung festgestellt, welche über 4 m^3/ Sekunde führen. Die Ortung solcher Leitungen gestaltet sich offenbar ebenso schwierig wie bei dem Scheunen-Experiment (Abschnitt 4.2 und 5.3.2) und scheint von der Wasserdurchflußmenge weitgehend unabhängig zu sein.

Daraus kann nur geschlossen werden, daß selbst ein bei der Wassersuche nachweislich erfolgreicher Rutengänger nicht primär auf das Wasser im Sinne eine chemischen Substanz reagiert, sondern eher auf sekundäre Phänomene, welche entweder parallel zum Vorhandensein von Wasser auftreten oder durch Wasser verursacht werden können. Dies lenkt die Ursachenforschung betreffs solcher Rutengänger-Reaktionen zweifellos auch in die Richtung geophysikalischer Effekte (siehe Abschnitt 7.4.2).

5.5 Gesamtbeurteilung der Projektergebnisse

Die zahlreichen Einzelversuche, wie sie im Zusammenhang mit verschiedenen Experimentieranordnungen zustande kamen, bilden eine ausreichende Grundlage zur Beurteilung der zentralen Frage, ob Rutengänger nur rein zufällig reagieren. Sowohl das Laufbrett- als auch das Scheunen-Experiment haben weitgehend übereinstimmende Ergebnisse erbracht, welche zu einer klaren statistisch untermauerten Aussage berechtigen: Bestimmte Rutengänger können tatsächlich ortsabhängige Reaktionen nicht normal-sensorischen Ursprungs zeigen.

So muß aus den Resultaten des Laufbrett-Experiments mit außerordentlich hoher Wahrscheinlichkeit auf eine Fähigkeit mancher Rutengänger geschlossen werden, räumlich eng begrenzte Ortsbereiche mit Hilfe der Rutenreaktion erfühlen zu können. Bei einer weitergehenden Diskussion dieses Ergebnisses ließen sich zwar von kritischer Seite Einwendungen vorbringen, wonach eher nicht erkannte Unzulänglichkeiten des insgesamt komplizierten Experiments als die Existenz des Rutengänger-Phänomens hierfür verantwortlich zeichnen. Wenn auch eine derartige Argumentation im Prinzip bei jedem noch so gut durchgeführten Experiment möglich ist, sei hierauf zweierlei bemerkt. Erstens war die Sorgfalt bei Konzeption und Ausführung der Experimente äußerst groß und kaum mehr zu steigern, weshalb der Einwand mit hoher Wahrscheinlichkeit nicht stichhaltig ist. Zweitens hingen erwiesenermaßen die Ergebnisse des Laufbrett-Experiments nicht wesentlich von dem Grad an praktizierten Sicherheits- und Vorsichtsmaßnahmen gegen normal-sensorische Orientierungshilfen ab. So ist zwischen den Resultaten in den Kategorien A und B, welche sich in diesem Punkt unterschieden, kein gravierender Unterschied festzustellen (Tabellen 4 und 5). In Anbetracht der zahlreichen Variationen der Experimente und der dennoch etwa gleichbleibenden Tendenz der Ergebnisse ist es gerechtfertigt, der erhaltenen hohen Signifikanz entscheidende Bedeutung beizumessen.

Das Scheunen-Experiment hat bei der Ortung künstlicher Leitungen ebenfalls hochsignifikante Resultate erbracht (Tabelle 7). Bei diesem Experimenttyp ließen sich die entsprechenden Vorsichtsmaßnahmen sehr

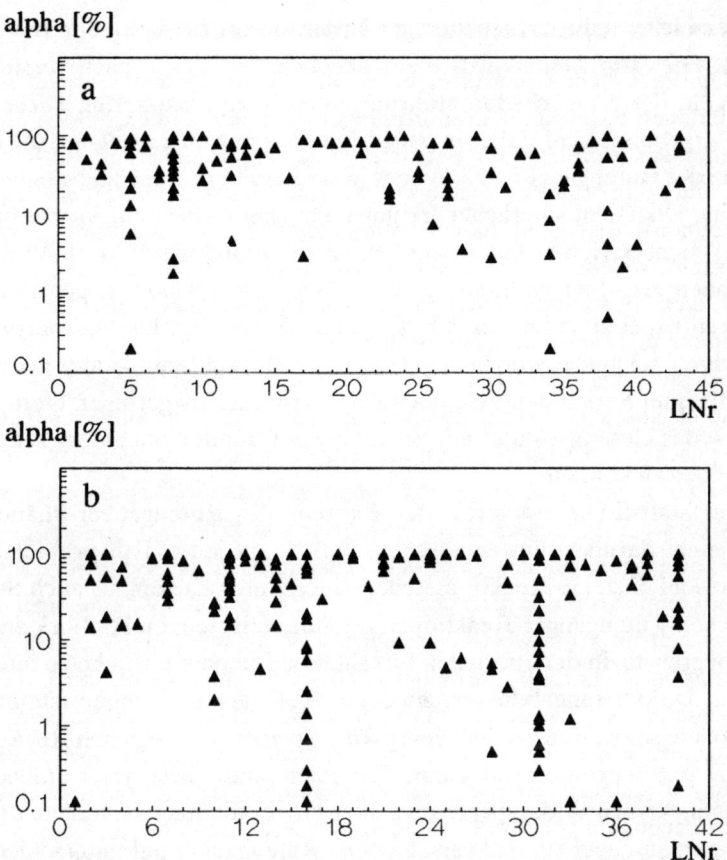

Abbildung 22: *Gesamtübersicht der Versuchsergebnisse aller Probanden für alle Scheunen- (a) und Laufbrett-Experimente (b). Die für jede Versuchsserie jedes Probanden erhaltene Irrtumswahrscheinlichkeit α ist in Prozent in logarithmischem Maßstab angegeben. LNr kennzeichnet die verschiedenen Probanden in willkürlicher Reihenfolge, wobei die Nummern nicht mit denjenigen in den Tabellen 1, 2, 3 und 6 korrespondieren. Identische Nummern an den Graphen a und b beziehen sich nicht auf ein und denselben Probanden. Werte von α unterhalb von 5% (1%) bedeuten signifikante (hochsignifikante) Resultate.*

viel einfacher und einsichtiger gewährleisten als beim Laufbrett-Experiment. Hier war kein Anlaß mehr gegeben, die Frage nach versteckten Mängeln der Versuchsdurchführung intensiv zu diskutieren. Diese Versuchsergebnisse sind daher in ganz besonderem Maße geeignet, die Signifikanz des Rutengänger-Phänomens in statistischem Sinne zu belegen.

Eine Übersicht sämtlicher Irrtumswahrscheinlichkeiten, wie sie für alle Experiment-Serien erhalten wurden, ist in Abbildung 22 nach Versuchspersonen geordnet zusammengestellt. Wie man erkennt, liegen zwar die meisten Ergebnisse im Bereich der Zufallserwartung. Die Auswertung im Abschnitt 5.3 macht jedoch eine viel zu große Zahl signifikanter und hochsignifikanter Serien deutlich, um auch — trotz relativ geringer Trefferquoten — das Gesamtresultat mit vernünftigen Gründen noch dem Zufall zuschreiben zu können.

Der statistische Nachweis der Existenz des Rutengänger-Phänomens darf nicht darüber hinwegtäuschen, daß es auf jeden Fall problematisch ist, sowohl einzelne Reaktionsstellen eines Rutengängers als auch Stellen, an denen Rutengänger-Reaktionen gehäuft auftreten, im Hinblick auf eine eng begrenzte, in der speziellen Lokalität begründete Ursache zu interpretieren. Die Ortsangaben verschiedener Rutengänger streuen nämlich oft erheblich, selbst wenn jeder dieser Rutengänger seine eigenen Reaktionen relativ gut reproduzieren kann. Trotzdem muß diese inter-individuelle Streuung keinen Widerspruch zu echter Ortserkennung darstellen, denn es ist davon auszugehen, daß verschiedene Rutengänger auf unterschiedliche Eigenschaften oder Strukturen der angenommenen, zugrunde liegenden und räumlich ausgedehnten Felder reagieren (siehe Abbildung 4).

Die im Abschnitt 5.4 aufgezeigten Untersuchungsergebnisse weisen auf die Möglichkeit hin, mit speziell ausgewählten Rutengängern dennoch auch für die Praxis sinnvolle und brauchbare Angaben mittels der Rutenreaktion zu erhalten. Diese hier sichtbar gewordenen Ansätze sollten weiterverfolgt werden, etwa durch Erfassung physiologischer Parameter, um einer Aufklärung des Phänomens näher zu kommen. Insgesamt gesehen legen unsere Ergebnisse den Schluß nahe, daß manche Menschen mit den genannten Einschränkungen offenbar über noch nicht bekannte Sinneskanäle für Ortserkennung verfügen.

6. Experimente anderer Gruppen

6.1 Über die Qualität früherer Berichte

Die Frage nach der grundsätzlichen Existenz des Phänomens "ortsab-hängige biologische Reaktionen" hat natürlich schon viele Personen und Institutionen zu einer Überprüfung bewogen. So sind in der einschlägigen Literatur derart viele Rutengänger-Tests unterschiedlichster Qualitäten zu finden, daß hier nur eine beschränkte Anzahl Erwähnung finden kann. Es ist weder der Zweck unseres Berichts, eine möglichst lückenlose Literatur-liste zu erstellen, noch halten wir es für sinnvoll, zu viele methodisch un-vollständige und fehlerhafte Arbeiten, oder gar Anekdotisches zu zitieren. Von unserem Standpunkt aus ist es auch weitgehend überflüssig, aus der Fülle mißlungener Experimente zu schöpfen und dabei zu spekulieren, wie sich wohl die Gründe für unbestreitbare Fehlschläge auf die Unfähigkeit von Probanden und Experimentatoren, oder auf sonstige Umstände vertei-len könnten. Wir beschränken uns vielmehr auf einige uns am wichtigsten erscheinenden und am häufigsten zitierten, vornehmlich im akademischem Umfeld entstandenen experimentellen Untersuchungsberichte der neue-ren Zeit.

Bevor irgendwelche inhaltlichen Details dieser Arbeiten diskutiert wer-den, soll die bedeutsame Frage aufgeworfen werden: **was** sollte eigentlich Gegenstand der Nachprüfung sein? In einem ersten Gedanken würde man zunächst davon ausgehen, daß genau diejenigen *Behauptungen* zu prüfen seien, welche von den Verfechtern, also von den Rutengängern selbst auf-gestellt werden. Die Mehrzahl der Untersuchungen sind demgemäß auch tatsächlich von diesem Typ. Wie aus den Ergebnissen in Kapitel 5 folgt, ist damit jedoch eine ganz wesentliche Problematik verbunden. Es ist sicher von Interesse festzustellen, ob oft behauptete Leistungen wie angekündigt auch erbracht werden können. Solche Versuche müssen unbedingt stattfin-den, um das Erscheinungsbild grob abzustecken und eine erste Annähe-rung an die Wahrheit zu erhalten. Die Ergebnisse eignen sich dann aber kaum für tiefer gehende Interpretationen und führen manchmal sogar dazu, daß andere darin enthaltene Informationen und Aussagen völlig übergangen werden (siehe beispielsweise das Randi-Experiment in Australien, gemäß Abschnitt 6.7.2). Bei Nichterfüllung gemachter Vorhersagen dürfen darüberhinaus die Ergebnisse nicht dahingehend verstanden oder extrapoliert werden, daß auch unter anderen Umständen kein Effekt gefunden werden könnte. Mit anderen Worten: Eine Generalisierung des Nachweises einer Fehlleistung auf andere gleichartige Zusammenhänge würde jeder Vernunft widersprechen. Wir werden in Kapitel 8 aufzeigen, daß sich besonders gewisse Skeptiker hier sehr schwer tun, diese an sich simple Logik einzusehen.

Aus nicht nur rein wissenschaftlicher Sicht ist es jedenfalls mindestens ebenso wichtig zu wissen, ob und gegebenenfalls welche — eventuell weniger deutlich in Erscheinung tretenden — Effekte denn tatsächlich möglich sind. Dazu bedarf es aber einer anderen, viel differenzierteren Vorgehensweise.

Die vorangegangenen Kapitel enthalten wiederholt Hinweise darauf, daß einerseits sich die Mehrzahl der Rutengänger ein unrealistisch hohes Leistungsspektrum zuweist, und andererseits die angeblichen und unter bestimmten Bedingungen und Einschränkungen auch tatsächlich beobachtbaren Effekte erstaunlich breit gestreut sind. Aus wissenschaftlicher Sicht ist es daher unerläßlich, einen Test auf ganz bestimmte für denkbar zu haltende Fähigkeiten einzuschränken und entsprechend zu konzipieren. Des weiteren ist von Bedeutung, die Erfolgschance realistisch einzuschätzen, um die Versuchsparameter geeignet zu wählen, wie zum Beispiel Anzahl der Rutengänger, oder Anzahl und Dauer der Einzeltests. Auch das Umfeld spielt eine nicht unwesentliche Rolle, geht es doch darum, Testbedingungen zu schaffen, welche einerseits streng und sauber sein müssen, andererseits aber nicht zu einer Überschreitung der individuell verschiedenen physischen und psychischen Belastungsgrenzen der Probanden führen dürfen.

Diese eigentlich selbstverständlich erscheinenden Voraussetzungen für eine tiefer gehende objektive und aussagekräftige Untersuchung wurden jedoch bei den verschiedenen anderen Untersuchungen in den wenigsten Fällen eingehalten. Bei der Mehrzahl der Tests war die Fragestellung viel zu kompliziert — wenn nicht sogar unsinnig — und man versuchte, den 3. Schritt vor dem ersten zu tun.

Ein weiteres Problem besteht offenkundig darin, daß die enorme Komplexität des Phänomens gemeinhin unterschätzt wird. Mancher Wissenschaftler oder engagierte Laie — so kompetent er auf seinem eigenen Arbeitsgebiet auch sein mag — hält es für möglich, die anstehenden Fragen ohne detaillierte und zeitraubende Vorstudien im Handumdrehen beurteilen oder gar ein für den Kern des Phänomens aussagekräftiges Experiment entwerfen und durchführen zu können, die Mitlieferung der nötigen Theorie gar gleich eingeschlossen.

Es ist demnach nicht verwunderlich, daß sich ein buntes Spektrum verschiedenster Resultate vom extrem Negativen bis zum kaum mehr eingeschränkt Positiven ergab. Folglich konnten auch die historisch gewachsenen Kontroversen nicht unmittelbar beseitigt werden. Jedem Betrachter stand es offen, für wahr zu halten, was ihm aus den verschiedensten Gründen beliebte, und dafür zahlreiche jeweils geeignete Versuchsergebnisse zum Beweis heranzuziehen. Eine kritische und aktive Analyse der zahlreichen Arbeiten zum Thema Rutengänger-Tests führt aber trotz aller aufgezeigten Mängel doch zu einem einigermaßen brauchbaren Gesamtbild, wie es für andere neue und schwierige wissenschaftliche Grenzgebiete nicht unüblich ist.

Obwohl in den verschiedenen Ergebnissen gewisse, zumindest scheinbare Gegensätze zum Ausdruck kommen, ergeben sich insgesamt keine derart gravierenden Widersprüche zu unseren im Kapitel 5 erläuterten eigenen Befunden, daß uns nicht die Feststellung erlaubt sein würde, hierdurch den Trend zahlreicher früherer Arbeiten in überraschender Weise bestätigt zu sehen.

6.2 Übersicht über die bekanntesten Berichte

Im folgenden nennen wir 17 Arbeiten, welche den Problemkreis von den verschiedensten Standpunkten aus angehen. Diese meist neueren Bemühungen zeigen nicht nur das unvermindert anhaltende Interesse am Thema auf, sondern sind auch ein ernstzunehmendes Indiz dafür, daß die zahlreich sichtbaren Befunde eben nicht so leicht in die eine oder andere Extrem-Kategorie "*es gibt kein Phänomen*" und "*Phänomen bewiesen*" einzuordnen sind. Der nicht zu tiefgehend vorinformierte Leser wird aber wahrscheinlich darüber erstaunt sein, daß dem Anschein nach das Gewicht der *für* die Existenz des Phänomens sprechenden Ergebnisse erheblich schwerer als allgemein angenommen wiegt.

Es seien zunächst einmal diese 17 Arbeiten in der Reihenfolge ihres Erscheinens unter Angabe von Herkunft und Thema ohne eine Bewertung aufgezählt:

(1) 1954 *Königlich Niederländische Akademie der Wissenschaften*, "Beknopt Overzicht van de Resultaten van een Onderzoek naar de betekenis van de Wichelroede voor de Landbouw".

(2) 1970 *R. J. McAnulla*, City University London (M. Phil. Thesis), "Weak Magnetic Fields and the Dowser's Reflex".

1971 *R. J. McAnulla*, The Electricity Council Research Centre, "The Location of Underground Objects using Dowsing Rods".

(3) 1971 *E. Fritschi*, Eidgenössisches Veterinäramt, "Bericht zum Postulat Schib betreffend Erdstrahlen".

(4) 1971 *D. G. Chadwick and L. Jensen*, Utah Water Research Laboratory/College of Engineering, Utah State University, "The Detection of Magnetic Fields Caused by Groundwater".

(5) 1971 *R. A. Foulkes*, Institute for Industrial Research and Standards, Dublin, "Dowsing Experiments".

(6)　1978　*C. Werbik*, Institut für Grundlagen und Theorie der Elektrotechnik der Technischen Universität Wien (Diplomarbeit), "Elektromagnetische und andere physikalische Zustände an sogenannten Reaktionszonen".

(7)　1978　*A. M. Comunetti*, "Systematic experiments to establish the spatial distribution of the physiologically effective stimuli of unidentified nature".
　　　 1979　*A. M. Comunetti*, "Experimental investigation of the perceptibility of the artificial source for the dowsing agent".

(8)　1980　*J. Randi*, "Dowsing Experiments in Australia".

(9)　1981　*J. Purner*, Fakultät für Bauingenieurwesen und Architektur, Universität Innsbruck (Dissertation), "Radiästhetische Untersuchungen an Kirchen und Kultstätten".

(10)　1981　*I. Rüdenauer*, Fachbereich Internationale Agrarwirtschaft, Gesamthochschule Kassel (Diplomarbeit), "Die Bedeutung der Radiästhesie für die Pflanzen vorwiegend aus dem mitteleuropäischen Raum".

(11)　1983　*H. A. Bühler*, Institut für Gerichtsmedizin, Universität Bern (Dissertation), "Gesundheitszustand je nach Schlafstelle − eine epidemiologische Studie zur Geopathiefrage".

(12)　1983　*L. Engh*, Geographisches Institut, Universität Lund, "Detektering av Underjordiska Vattendrag − test av tre geofysiska metoder (Slingram, VLF, Georadar) samt biofysisk metod (slagruta)".

(13)　1984　*R. Haberl*, Institut für Elektro- und Biomedizinische Technik, Universität Graz (Diplomarbeit), "Untersuchungen zum Wünschelrutenphänomen".

(14) 1985 *K. M. Fischer*, Institut für Klinische Psychologie,
Universität Salzburg (Dissertation),
"Radiästhesie und Geopathie — ein psychologischer Beitrag".

(15) 1985 *K. M. Fischer und U. Baumann*,
Institut für Klinische Psychologie, Universität Salzburg,
"Eine empirische Untersuchung zur Geopathie".

(16) 1986 *W. Moshammer*, Institut für Elektro- und Biomedizinische
Technik, Universität Graz (Diplomarbeit),
"Experimentelle Untersuchungen zur Treffsicherheit von Wün-
schelrutengeherangaben".

(17) 1988 *O. Bergsmann*, Forschungsgemeinschaft Pathogene Standorteinflüsse, Österreichisches Institut für Baubiologie,
"Nachweis geopathogener Standorteinflüsse auf den Menschen" (voraussichtlicher Abschluß 1990).

* * *

Betrachtet man die von den jeweiligen Autoren ihren Experimenten zugeschriebenen Ergebnisse, so sind von den 17 Resultaten immerhin 13 als
positiv im Sinne der Existenz eines ortsabhängigen Effekts gewertet worden. Besonders interessant ist es, daß unter den vier ergebnismäßig als negativ verlaufen eingestuften Experimentreihen (Nummer 1, 3, 5 und 8) bei
näherem Hinsehen in zwei Fällen (Nummer 5 und 8) hochsignifikante Befunde zu entdecken sind. Diese beiden Arbeiten werden daher speziell in
den Abschnitten 6.6 und 6.7 ausführlich behandelt.

Wenn man aufgrund der Informationen, welche in den oben genannten
nicht-medizinisch orientierten Untersuchungen enthalten sind, nach möglichst harten Evidenzen für rutengängerische Fähigkeiten sucht, so sticht
zusätzlich zu den Arbeiten Nummer 5 und 8 auch Nummer 16 heraus, welche im Abschnitt 6.8 erläutert wird. Es handelt sich in allen drei Fällen um
Experimente mit künstlichen Reizen, wobei die Ergebnisse — in völliger
Übereinstimmung mit unseren eigenen Befunden — zwar eine sehr

schlechte Treffsicherheit, aber eine hochsignifikant geringe Zufallswahrscheinlichkeit beinhalten (siehe auch Abschnitt 5.3 und 5.5).

Zu den Untersuchungen von Comunetti mit Rutengängern aus der Firma Hoffmann-La-Roche, welche sich mit dem Orten künstlicher Wasserleitungen befaßten, haben wir bei Comunetti und zwei an den damaligen Experimenten beteiligten Rutengängern (TR und AE) Nachforschungen angestellt. Unter Berücksichtigung der Beobachtung, daß TR auch in unseren Studien relativ erfolgreich mitwirkte, meinen wir den Comunetti'schen Experimenten (Nummer 7) eine gewisse Relevanz zusprechen zu können.

Die schwedische Untersuchung (Nummer 12) hat bemerkenswerte Übereinstimmungen zwischen Rutengänger-Angaben und den Ergebnissen geophysikalischer Meßmethoden ergeben. Dies bezieht sich insbesondere auf das Auffinden des unbekannten Verlaufs eines unterirdischen Flusses. Wir erinnern hier an unsere Ergebnisse bei den in Abschnitt 4.5 erwähnten Feldstudien, welche ähnliche Übereinstimmungen erbrachten.

Eine Bewertung der medizinisch-gesundheitlich ausgerichteten Studien liegt außerhalb unseres Betrachtungsrahmens. Bei eventuell geplanten Folgevorhaben sollten diese früheren Befunde zumindest sorgfältige Berücksichtigung finden. Die von Bergsmann bisher mitgeteilten Ergebnisse bei der Suche nach ortsabhängigen physiologischen Parametern deuten in Richtung beachtenswerter Signifikanzen, können aber vor Fertigstellung des zu erwartenden Abschlußberichts nicht endgültig beurteilt werden.

In den folgenden 6 Abschnitten diskutieren wir wichtige und häufig zitierte sowohl mit negativem als auch positivem Ergebnis verlaufene Rutengänger-Tests in einigen Details.

6.3 Das Experiment von Gerlach

Im Dezember 1932 veröffentlichte der in Fachkreisen weltberühmt gewordene Physiker W. Gerlach der Universität München in dem wissenschaftlichen Journal "Die Naturwissenschaften" einen kurzen Aufsatz mit dem Titel *"Zum Problem der Wünschelrute"*. Sein Motiv war durch den schon damals weit verbreiteten Mißbrauch von sogenannten Erdstrahlen-Entstörungsgeräten gegeben und er wollte demonstrieren, daß die Öffentlichkeit in diesem Punkte massiv irregeführt wird. Wir können ihm in seiner damaligen Initiative nur zustimmen. Es ist unbestreitbar, daß Gerlach's Überprüfung der von Rutengängern selbst behaupteten Fähigkeiten zu einem negativen Ergebnis führte.

Gerlach war sich aber der großen Komplexität des Problems wohl bewußt und schrieb wörtlich:

"Zur Frage, ob ein besonders geeigneter Mensch auf irgendwelche Anomalien oberhalb eines unterirdischen Wasserlaufs, einer Metallmasse oder dergleichen reagieren kann, vermag ich vorerst nichts zu sagen. Deshalb berühren meine Ausführungen auch nicht die Versuche, wie sie in durchaus ernster Weise von mancher Seite (zum Beispiel C. v. Klinckowstroem, R. v. Maltzahn, vgl. zum Beispiel das 'Handbuch der Wünschelrute' dieser Verfasser) zur Aufklärung jener alten Streitfrage vorgenommen werden. Was hier einmal öffentlich gesagt und belegt sein soll, ist die Tatsache, daß die in der Öffentlichkeit sich immer stärker hervordrängenden Wünschelrutengänger zunächst in unverantwortlicher Weise kritiklose Menschen mit drohenden Gefahren durch 'Wasserstrahlungen' aufregen, um dann zu deren Abwehr ihre Schutzapparate zu verkaufen; und daß diese Personen ihr glänzendes Geschäft mit vielfach öffentlichen Geldern betreiben können, obwohl die Falschheit ihrer Angaben objektiv nachzuweisen ist".

Wie man heute weiß, hat sich auch 57 Jahre nach Gerlach nicht viel an dieser in der Tat bedauerlichen Situation geändert. Es ist uns aber sehr wichtig, darauf hinzuweisen, daß Gerlach nur dem — wie er sagt — 'Schwindel' zu Leibe rücken wollte. Wer die Arbeit Gerlachs genau liest, kann ihn auf keinen Fall zum Kronzeugen dafür heranziehen, daß er ortsabhängige Reaktionen prinzipiell gesucht, aber nicht gefunden habe. Unter Hinweis auf das in Abschnitt 6.1 erläuterte Problem der Treffsicherheit von Rutengängern können wir lediglich feststellen, daß Gerlach mittels eines Kurz-Experimentes einzig zwei Dinge aufgezeigt hat:

- Die Sofortwirkung eines Abschirmapparates auf drei Probanden konnte nicht nachgewiesen werden,
- Drei Rutengänger stimmten in ihren Angaben über die Lage sogenannter Reizzonen in einem Gebäudegang nicht gut überein.

Aus diesem Kurzexperiment lassen sich darüber hinaus aber keine weiteren, allgemein gültigen Aussagen ableiten. Da wir bestrebt sind, die Probleme von möglichst allen Seiten zu sehen, können wir nicht umhin, Gerlach auch einige Argumente im Hinblick auf seine Prüfungstechnik entgegenzuhalten. Diese begründen sich in Angaben, wie sie sowohl durch die Versuchsbeschreibung von Gerlach selbst, als auch mit den Kommentaren von Wetzel (1933) im Kapitel *"Exakte Physik prüft"* des Buches *"Tatsachen und Dokumente zum Streit um die Wünschelrute"* geliefert werden. Ein Punkt sei dabei kurz herausgegriffen, weil er auch noch heute bei ähnlich gelagerten Prüfsituationen eine gewisse Bedeutung beinhaltet.

Gerlach, der zur damaligen Zeit wissenschaftlich überaus aktiv arbeitete, hatte wohl kaum ausreichend Zeit, sich mit der Frage der Prüfung *menschlicher Sensibilitäten* auseinanderzusetzen. Er setzte die Probanden offenbar wie mechanische Meßgeräte ein und stellte weder physiologische noch psychologische Momente in Rechnung. Zum einen arbeiteten die Probanden *gemeinsam* an Ort und Stelle, so daß ihre Angaben natürlich nicht als voneinander unabhängig oder unbeeinflußt angesehen werden konnten. Zum anderen wurde die fragliche Abschirmwirkung eines Apparates dadurch geprüft, daß dieser in 2-minütigem Wechsel bezüglich einer vorbestimmten Stelle entweder plaziert oder entfernt wurde. Ein Zeitraum von 2 Minuten mag für exploratorische Versuche angebracht sein (siehe auch unsere Spulen-Experimente in Abschnitt 4.4), um aber eine wichtige und zuverlässige Entscheidung zu treffen, sind sicher längere Zeiträume vonnöten. Zudem ist eine Gesamtzahl von 20 Versuchen schon alleine aus statistischen Gründen für ein solches Experiment einfach zu gering.

6.4 Die holländische Untersuchung

Im Jahre 1954 wurde von der Königlich Niederländischen Akademie der Wissenschaften in Amsterdam eine von einer Landwirtschaftsorganisation finanzierte Studie vorgelegt, welche sehr oft von Kritikern als Beispiel für Negativ-Resultate zitiert wird. Der Untersuchungsauftrag betraf den möglicherweise schädlichen Einfluß von "Erdstrahlen" auf Gesundheit und Wachstum von Tieren und Pflanzen, und schwerpunktsmäßig die Wirkung von Entstörgeräten in landwirtschaftlichen Bereichen. In der Tat haben sich bei den relativ umfangreichen Untersuchungen dieser Art unbestreitbar keine der fraglichen Effekte als nachweisbar ergeben.

Schaut man sich aber einmal das Versuchsprogramm und die zugrunde liegenden Arbeitshypothesen näher an, so läßt sich zunächst feststellen, daß es um die — aus verständlichen Gründen interessierende — praktische Anwendbarkeit von Rutengängerangaben und Abschirmgeräten ging, und nicht um die Suche nach der möglichen Existenz irgend eines eventuell schwachen Effektes. Die zahlreichen Teilarbeiten des Projekts können in folgende zwei Bereiche gegliedert werden.

Mehrere Stallungen mit insgesamt etwa 280 Boxen wurden von drei Rutengängern auf nach ihrer Meinung gesundheitsschädliche Störzonen untersucht. Die hierzu gemachten Ortsangaben erwiesen sich aber als so verschieden, daß sie zweifellos keinerlei praktischen Wert besitzen. Die Autoren geben weiter an, daß die Ergebnisse durch die Zufallshypothese zu erklären wären. Dem ist jedoch nur eingeschränkt zuzustimmen. Analysiert man nämlich die in 7 Abbildungen der Arbeit aufgezeigten Resultate näher, so ergibt sich durchaus eine Korrelation zwischen den Angaben von zwei der drei Rutengänger (in der Originalliteratur mit A und B bezeichnet). Wohlgemerkt, hier treffen wir wiederum — wie noch öfter — auf die Problematik im Verständnis für den Unterschied von Treffer- gegenüber Irrtumswahrscheinlichkeit: Ein Effekt ist zwar außerhalb bestimmter Zufallsbereiche wahrscheinlich existent, jedoch liegt nicht im entferntesten die erforderliche, für die Praxis ausreichende Sicherheit der im einzelnen gemachten Angaben vor.

Der Hauptteil der Studie befaßt sich mit hypothetischen Effekten, die von recht exotisch veranlagten Rutengängern Entstörgeräten zugeschrieben wurden. Es ist uns gänzlich unverständlich, daß ein größeres Wissenschaftler-Team ernsthaft untersucht, ob beispielsweise — um nur zwei der grotesken Aufgabenstellungen zu nennen — nach Aufstellen eines Entstörgerätes in Ställen Maul- und Klauenseuche, sowie andere Infektionen weniger häufig auftreten als vorher, und ob auf holländischen Feldern von Krankheiten befallene Kartoffeln und Rüben unter dem Einfluß solcher ominösen Geräte sich regenerieren und besser gedeihen! Die Aufzählung all der anderen auf ähnlichem Niveau liegenden Fragestellungen wollen wir dem Leser ersparen.

Hier kann man nur irritiert den Kopf schütteln und konstatieren, daß offensichtlich nach Wundern gefahndet wurde. Das Untersuchungsziel könnte kaum unrealistischer gewählt sein und basiert einmal mehr auf den enormen Selbstüberschätzungen der Rutengänger. Unabhängig hiervon ist die verwendete Untersuchungsmethodik mit wesentlichen Grundprinzipien der Wissenschaft nicht zu vereinbaren. Jeder Statistiker, der sich mit epidemiologischen Studien befaßt hat, weiß um die Schwierigkeit, in komplexen Systemen nach Einflußkomponenten zu suchen und zuverlässig Kontrollgruppen zu etablieren. Man ist ohne Zweifel gut beraten, diese Untersuchung nicht zu laut in den Zeugenstand zu rufen.

6.5 Eine amerikanische Studie

Anfang 1971 legten Chadwick und Jensen von der staatlichen Universität in Logan im Staat Utah (USA) eine Untersuchung über die Fähigkeiten von Rutengängern vor, und zwar mit dem etwas irreführenden Titel *"The Detection of Magnetic Fields Caused by Groundwater"*, frei übersetzt *"Feststellung von grundwasser-bedingten Magnetfeldern"*. Diese Arbeit finanzierte teilweise das amerikanische Innenministerium. Es nahmen etwa 150 Personen teil, die weitaus meisten davon (circa 90%) Studenten der Universität (College of Engineering) ohne jede rutengängerische Erfahrung, sowie ungefähr ein Dutzend Mitglieder eines Rutengänger-Vereins. Diese Probanden wurden im Laufe eines Jahres jeweils einzeln über 4 Versuchsstrecken im Freien geschickt und mußten sowohl mit als auch ohne Wünschelrute nach irgendwelchen Stellen suchen, wo sie Reaktionen spürten. Die Länge der 4 Strecken lag zwischen 180 und 1200 Metern. Die Autoren berichten teilweise von deutlich signifikanten Ergebnissen, nämlich von Zufallswahrscheinlichkeiten zwischen 0.5 ‰ (mit Ruten) und 6 % (ohne Verwendung von Ruten), wobei die wenigen "erfahrenen" Probanden nicht erkennbar besser als die Anfänger abschnitten. Diese Studie sei im folgenden vorsichtig analysiert.

Die mitgeteilten Versuchsreihen ähneln unseren eigenen Pilotstudien bei Strecken im Freien, welche in Abschnitt 2.4 beschrieben sind. Entsprechend sind auch hier die Vor- und Nachteile des Experiments zu bewerten. Die Versuchsdurchführung war offensichtlich insofern korrekt, als immer nur eine einzige Testperson anwesend war und Wechselwirkungen zwischen den jeweils teilnehmenden Versuchspersonen ausgeschlossen wurden. Auch ist niemand darüber informiert worden, wie er relativ zu anderen Testpersonen abgeschnitten hatte.

Als Nachteil sehen wir einmal die enorme Länge der Versuchsstrecken. Nach unserer Erfahrung ist es insbesondere für Anfänger kaum möglich, über so lange Strecken konzentriert und gleichmäßig empfindsam zu gehen. Die Zahl der Zufalls- und Fehlausschläge dürfte somit relativ hoch sein. Zum anderen hat es sich als problematisch herausgestellt, auf *irgend einer* Teststrecke, zumal mit "Anfängern", zu experimentieren. Hinzu kommt die prinzipielle Kritik, daß wie bei unseren vergleichbaren Experimenten eine mögliche Häufung von Reaktionsstellen verschiedener Probanden immer auf eine mit den normalen Sinnen wahrnehmbare Besonderheit der Umgebung des Ortes zurückführbar sein könnte. Das muß zwar nicht unbedingt tatsächlich so sein, das Problem ist jedoch, daß diese Möglichkeit aufgrund der Versuchsanordnung eben nicht vollständig auszuschließen ist. Das berichtete positive Ergebnis kann also von vorneherein zwar als interessantes Indiz, zunächst aber nicht als ausreichender Beweis für die Realität der zu untersuchenden ortsabhängigen Reaktionen angesehen werden.

Zudem enthält die an sich aufwendige statistische Auswertung der erhaltenen Daten einige Unzulänglichkeiten, welche wohl nicht den beobachteten Effekt als solchen infrage stellen, wohl aber die Qualität der Aussagekraft. Zum einen wurde die Strecke etwas willkürlich in Intervalle bestimmter Länge, etwa 0.9 beziehungsweise 1.2 Meter, eingeteilt und die Anzahl der Intervalle, in welche eine bestimmte Anzahl von Reaktionsangaben fiel, mit der entsprechenden statistischen Zufalls-Erwartung verglichen. Die Ergebnisse zeigten jedoch eine starke Abhängigkeit von der genauen Wahl des Anfangspunktes der Strecken. So ergaben an sich unwesentliche Verschiebungen des angenommenen Anfangspunktes um nur 15 cm oft ganz erhebliche Veränderungen des zahlenmäßigen Ergebnisses.

Ein ähnlich schwerwiegender Einwand gegen das Auswerteverfahren liegt darin, daß die für die gewählte Methode erforderlichen Voraussetzungen nicht ausreichend erfüllt sind. Die benutzte statistische Methode ist nämlich nur dann zuverlässig, wenn die Zahl der in den oben genannten Intervallen erwarteten Ausschläge, beziehungsweise Reaktionsangaben mindestens 1 beträgt. Bei der gewählten Intervall-Einteilung war das aber nicht der Fall (siehe χ^2-Test im Anhang I.5.1).

Ungeachtet dieser Problematik ist eine bemerkenswerte Beobachtung von Chadwick und Jensen in einer, wenn auch schwachen Übereinstimmung zu sehen, welche interessanterweise zwischen den Orten gehäufter Reaktionsangaben und später meßtechnisch erfaßter Anomalien der erdmagnetischen Flußdichte gefunden wurde. Die Autoren präsentieren hierzu allerdings keine abgerundete Auswertung und halten zusätzliche Untersuchungen für nötig. Es läßt sich aus den publizierten Angaben nicht ersehen, welcher Stellenwert dem Erdmagnetfeld bei diesen Experimenten tatsächlich zugewiesen werden könnte.

Rocard (1963, 1964a, 1964b, 1981a, 1981b, 1988) diskutiert die mögliche Korrelation der von Chadwick und Jensen berichteten Rutengänger-Angaben mit gemessenen Gradienten des erdmagnetischen Feldes auf allen genannten 4 Teststrecken in seinem Buch *"Les Sourciers"* in einigen Details. Er kommt zu dem Schluß, daß seine schon 1964 publizierte These der biologischen Detektierbarkeit von Magnetfeldänderungen, welche durch die Auswirkungen elektrischer Ströme im Boden verursacht werden, eine gute Bestätigung gefunden habe (siehe auch Kapitel 7).

6.6 Der Bericht von Foulkes

Anfang 1971 erschien in der angesehenen Zeitschrift *Nature* ein 6-seitiger Bericht über Experimente mit Rutengängern (Foulkes 1971), welche vom Verteidigungsministerium und der Armee in England organisiert wurden. Der Autor faßt die Ergebnisse dahingehend zusammen, daß die Angaben von Rutengängern nur durch den Zufall bestimmt würden. Ergänzend sei darauf hingewiesen, daß zu dieser Publikation zwei Leserbriefe mit sehr wesentlichen und kritischen Kommentaren von an den Versuchen Beteiligten erschienen sind (Smith 1971, Merrylees 1971).

Dieser Bericht sei aus drei Gründen etwas ausführlicher diskutiert. Erstens wird diese Arbeit häufig von Kritikern als Paradebeispiel dafür ins Feld geführt, daß auch bei sorgfältigsten und umfangreichen Testreihen keinerlei Evidenz für die Rutengängerei herauskomme. Zweitens handelt es sich — allerdings nur teilweise — um Experimente, welche mit unseren eigenen Untersuchungen eine gewisse Gemeinsamkeit aufweisen, vor allem auch im Hinblick auf extrem schwierige Aufgabenstellungen und Fragen der statistischen Auswertung von Versuchsreihen. Letztlich zeigt sich in dieser Arbeit mehr als deutlich, auf welche fragwürdige Art und Weise auf wissenschaftlichen Grenzgebieten oft gearbeitet wird, und welche Möglichkeiten der Manipulation sich für die Interpretationen von Daten durch Voreingenommenheit eröffnen können. Die Mängel dieser Studie sind jedenfalls eklatant und zeigen, daß die Organisatoren dem Problem mit weitgehendem Unverständnis gegenüberstanden.

6.6.1 Fernmutungen

Zunächst wird über sogenannte *Fernmutungen* berichtet, unter anderem das Auffinden homöopathischer Medikamente, und ähnliche groteske Aufgaben, welche mit dem eigentlichen Rutengehen gar nichts zu tun haben und aus verschiedenen Gründen dem Fragenkomplex *paranormale Phänomene* zuzurechnen sind. Wir kommentieren diesen Teil der Testreihe daher nicht weiter, möchten es aber aus Gründen der Gesamtbeurteilung der Arbeit nicht versäumen, auf eine vielsagende Diskrepanz hinzuweisen: Der Autor teilt mit, daß alle Testergebnisse auch durch bloßes Raten erzielt werden könnten, während in einem Kommentar (Merrylees 1971) berichtet wird, daß ein Beteiligter weitaus überzufällig erfolgreich gewesen sei. Im Hinblick auf das Problem paranormaler Effekte verweisen wir den Leser auf unsere Erläuterungen in den Abschnitten 1.2 und 7.1.

6.6.2 Minensuche

Der Hauptteil der Studie befaßt sich mit der Frage, ob Probanden mittels Wünschelruten in der Lage sind, vergrabene Nachbildungen von Minen zu finden und auch noch zu unterscheiden, aus welchem von 5 verschiedenen Materialien diese Minen bestehen. Abgesehen von der moralisch äußerst bedenklichen Natur der Fragestellung ist festzuhalten, daß auch diese Aufgabe nicht sinnvoll gestellt ist und einmal mehr in der Selbstüberschätzung der Rutengänger bezüglich der eigenen Fähigkeiten ihren Ursprung hat. Erstens ist es weder eine historische noch aktuelle Aufgabe von Rutengängern, relativ kleine vergrabene künstliche Gegenstände mit Präzision zu orten. Zweitens ist schon gar nicht zu erwarten, daß eine *Materialunterscheidung* der verborgenen Gegenstände auch nur annähernd zuverlässig getroffen werden könnte. Mit anderen Worten, ein derart angelegter Test ist viel zu schwierig und kann ein möglicherweise existierendes Kernphänomen kaum beleuchten, geschweige denn über die Verläßlichkeit bei der gemeinhin praktizierten Tätigkeit von Rutengängern Auskunft geben.

Um das Maß noch übervoll zu machen, wurden für die Tests keine nachweislich erfahrenen oder geübten Probanden gezielt ausgewählt, sondern circa 22 Freiwillige herangezogen, welche nach den Aussagen des Autors *fest überzeugt* waren, die gestellten Aufgaben lösen zu können. Diese Aussage wird jedoch bezüglich ihrer Korrektheit infrage gestellt: Nach Mitteilungen von Beteiligten waren sich die Probanden keineswegs sicher, Erfolge erzielen zu können und meinten lediglich, daß es sich um ein interessantes Experiment handeln würde (Merrylees 1971). Es fehlt auch die Erläuterung, ob unter den Probanden nicht doch solche mit weitergehender rutengängerischer Erfahrung waren. Sicher ist jedenfalls, daß keiner der Probanden in den hier speziell gewünschten Aktionsarten über Vorkenntnisse verfügte, und — in Übereinstimmung mit unserer eigenen Erfahrung — der Test somit schon vom Ansatz her nur geringe Aussicht auf nennenswerte Erfolge haben konnte.

In der Tat ergaben sich zwar bei den meisten Probanden keine statistisch auffälligen Ergebnisse, aber immerhin haben zwei der Rutengänger (Nummer 6 und 10, nach der Nummerierung in der Originalliteratur) überraschenderweise extrem gut abgeschnitten und Angaben gemacht, die durch bloßes Raten nur mit einer Wahrscheinlichkeit von weniger als 1:5000 erreichbar sind (siehe die Zusammenfassung der Ergebnisse in Tabelle 9). In rein statistischem Sinne muß man zumindest bei diesen beiden Versuchspersonen von einem hochsignifikanten Ergebnis sprechen. Demgegenüber nimmt der Autor offensichtlich seine eigenen Befunde nicht sehr ernst und erklärt sie insgesamt als reine Zufallsergebnisse.

Es ist weiterhin nicht leicht nachvollziehbar, warum die klar herausragenden Leistungen des Probanden Nummer 6 bei Foulkes überhaupt keine besondere Erwähnung finden, obwohl sie in seiner Ergebnis-Tabelle aufgeführt sind. Kommentiert wird lediglich Versuchsperson 9.

Gehen wir also zunächst auf diesen Fall und die Beurteilung durch Foulkes einmal näher ein, ohne uns über die notwendigen mathematischen Hintergrundüberlegungen zu statistischen Verfahren zu sehr auszubreiten, welche zur Information im Anhang aufgeführt sind.

Zunächst sei die gestellte Aufgabe etwas genauer beschrieben. In 400 Feldern von jeweils circa 40 m^2 Größe waren 160 Metall- und Plastikminen, sowie 160 Beton- und Holznachbildungen von Minen vergraben. In den restlichen 80 Feldern waren lediglich Löcher gegraben und wieder eingeebnet worden, ohne irgendwelche Gegenstände einzubringen. Alle Felder schauten demnach in etwa gleichartig aus. Die eine Hälfte der Fläche (Feld 1) blieb unverändert. Um die Chance für optische Hinweise an der Erdoberfläche möglichst weiter zu verringern, wurde die zweite Hälfte der Fläche nach der oben genannten Prozedur insgesamt glattgeharkt (Feld 2). Als Treffer zählten bei den anschließend durchgeführten Experimenten jedoch nur die gefundenen Metall- und Plastikminen, nicht aber die anderen vergrabenen Holz- und Betonminen. Ein schwierigeres Unterfangen ist kaum auszudenken!

Trotz dieser ungünstigen Voraussetzungen erzielte Proband 9 auf den beiden Bereichen Feld 1 und Feld 2 jeweils Treffer, welche durch Zufall nur mit Wahrscheinlichkeiten von 6% und 0.5‰ erreichbar sind. Kombiniert man diese beiden Wahrscheinlichkeiten zu einem einzigen Gesamtergebnis, erhält man die — wegen der jetzt größeren Anzahl von Einzelaussagen nochmals verbesserte — oben angedeutete Zufallswahrscheinlichkeit von unter 0.2‰. Ein ähnlich herausragendes Ergebnis ist für die Versuchsperson 6 auf Feld 1 mit 0.06‰ Zufallswahrscheinlichkeit zu erkennen. Wertet man deren Angaben jedoch dahingehend aus, daß nur der Unterschied zwischen "irgendeines der vergrabenen Objekte gefunden" und "leeres Loch gefunden" zählt, also die *Unterscheidung* der verschiedenartigen Minen entfällt, dann verbessert sich das Ergebnis um den Faktor 600 auf 0.0001‰. Ferner wäre herauszuheben, daß auch der Proband 13 mit 4% immerhin noch unter der Schwelle von 5% lag, die gemeinhin als Obergrenze des signifikanten Bereichs gilt.

Selbst im Hinblick auf das schlechtere Abschneiden der anderen Probanden ist es mehr als nur bemerkenswert, gleich zwei statistisch gesehen besonders erfolgreiche Personen vermerken zu können. Wertet man letztlich die Ergebnisse *aller* Probanden gemeinsam aus, welche diese Tests komplett absolvierten, — das waren 12 von den ursprünglich 22 Personen —, so ergibt sich für das gesamte Experiment eine Zufallswahrscheinlichkeit von weniger als 1‰ (siehe Tabelle 9). Das bedeutet, daß unabhängig vom Abschneiden einzelner Personen nach diesem Test insgesamt die Zufallshypothese mit einer Wahrscheinlichkeit von mehr als 1:1000 zurückgewiesen werden muß.

Mit welcher Begründung wird nun dieses hochsignifikante Ergebnis wegdiskutiert? Der Autor argumentiert bei Proband 9, das Ergebnis auf Feld 1 hätte mit 6% nicht die angestrebte Signifikanzschwelle von 1% erreicht. Das sehr viel bessere Resultat für Feld 2 erklärt Foulkes über den Vergleich mit dem Ergebnis auf Feld 1 dadurch, daß die Planierung des Geländes offenbar mangelhaft war und Testperson 9 wohl optische Hin-

Vp	nicht gefundene Minen	angegebene Minen	alpha [%]
2	36	296	25
3	142	42	> 50
5	98	155	> 50
6	96	117	< 0.02
7	110	113	35
8	77	190	20
9	13	332	< 0.02
10	16	366	> 50
11	89	173	> 50
13	61	221	4
14	63	238	> 50
19	45	295	> 50
insgesamt	846	2538	< 0.1

alpha [%]	n_{exp}	n_{th}
$\alpha < 1$	2	0.12
$1 < \alpha < 5$	1	0.48
$5 < \alpha < 10$	–	0.6
$10 < \alpha < 20$	1	1.2
$20 < \alpha < 50$	3	3.6
$50 < \alpha$	5	6

Tabelle 9: *Ergebnisse des Experiments von Foulkes (1971) zur Minensuche durch Rutengänger. Auf 400 Testfeldern waren 320 Nachbildungen 5 verschiedener Sorten von Minen vergraben. Die Aufgabe bestand darin, diejenigen 160 Felder zu bestimmen, in welchen Metall- und Plastikminen verborgen waren. Vp bezeichnet die Versuchspersonen mit der Numerierung gemäß Originalliteratur, welche das gesamte Testprogramm absolviert hatten, und α stellt die Wahrscheinlichkeit für rein zufälliges Erzielen des Ergebnisses dar (oben). In der unteren Tabelle sind erwartete (n_{th}) und erhaltene (n_{exp}) Anzahl von Ergebnissen verglichen, welche in die angegebenen Bereiche von Irrtumswahrscheinlichkeiten α fallen. Das Gesamtergebnis ist hochsignifikant und zufällig nur mit einer Wahrscheinlichkeit von unter 1‰ zu erreichen. Dessen ungeachtet wertet der Autor sein Ergebnis als reines Zufallsresultat.*

weise aus der Unebenheit des Bodens zur Erzielung der hohen Trefferzahlen ausnutzen konnte, und somit die Treffer letztlich nicht zu zählen seien! Die Frage, warum dann die anderen Probanden von diesem Umstand nicht auch Gebrauch machten, wird offen gelassen. Der Autor gibt keine Hinweise darauf, ob er bei dem in der Endbeurteilung ignorierten Proband 6 vielleicht ähnlich denkt oder andere Unzulänglichkeiten des Experiments unterstellt.

Die hier angewandte Logik spricht für sich selbst. Zuerst wird ein Experiment überlegt und ernsthaft durchgeführt. Ergeben sich nur Zufallsresultate, dann werden diese kommentarlos akzeptiert. Erzielt aber ein Proband eine überzufällige Anzahl von Treffern, dann wird das entweder einfach ignoriert oder eine Unzulänglichkeit der eigenen Experimentieranordnung als Erklärung für das Eintreten des Ergebnisses herangezogen. Ein Test ist sinnlos, wenn er auf eine solche Art konzipiert wird, daß die zu überprüfenden Effekte im — wenn auch unwahrscheinlichen — Falle ihres tatsächlichen Auftretens einfach anderen Trivialursachen zugeschrieben werden, die schon vorher als mögliche Einwände bekannt waren. Für eine objektive Beantwortung der Frage, deretwegen das Experiment überhaupt stattfand, verbleibt auf diese Weise kein Spielraum.

Im übrigen erscheint die Vermutung auf optische Hinweise zur Erkennung der vergrabenen Minen zwar nicht gänzlich unmöglich, aber zumindest wenig plausibel. Es ging ja schließlich nicht alleine darum, anzugeben, *ob* in einem der Felder tatsächlich etwas eingegraben war, sondern auch um die Angabe der richtigen Materialart. Damit wird das Argument mangelhafter Einebnung weitgehend entwertet, um in diesem Zusammenhang eine unreelle Erhöhung der Treffer zu begründen. Nimmt man noch die erstaunlich guten Einzelergebnisse des Probanden 6 hinzu (aufgeschlüsselt nach den verschiedenen Materialien der Objekte), wie sie von dem für die Experimente verantwortlichen Statistiker mitgeteilt wurden (Smith 1971), so wird die Beurteilung von Foulkes gänzlich unverständlich.

Schließlich ist da noch das Problem mit der statistischen Auswertung der angegebenen Daten, die nicht vollkommen transparent vorliegt. Wir haben daher nach den in der Arbeit tabellarisch erfaßten Daten eine rein mathematische Neuauswertung vorgenommen, welche in Tabelle 9 aufgezeigt ist und unsere oben genannten Wahrscheinlichkeitsaussagen einzeln belegt.

Zusammenfassend läßt sich zum Hauptteil der Untersuchungen "Minensuche" sagen, daß die von Foulkes behauptete *generelle* Zufälligkeit der Ergebnisse keinesfalls in dieser Form aufrecht erhalten werden kann und sich das Experiment deswegen nicht als Beispiel für die grundsätzlich erfolglose Tätigkeit von Rutengängern eignet. Entweder wird das Experiment als unzulänglich durchgeführt eingestuft, weil nicht näher spezifizierbare Hinweise für die Lösung der gestellten Aufgabe als möglich erachtet werden. Dann handelt es sich aber um ein Scheinexperiment, aus dessen Ergebnis keine Schlüsse der beabsichtigten Art gezogen werden können. Oder aber das Experiment wird als hinreichend korrekt durchgeführt betrachtet. Dann muß das Ergebnis in seiner Aussage nach der oben erläuterten Analyse unzweifelhaft als hochsignifikant angesehen werden.

6.6.3 Wassersuche

Diese Versuchsreihe ähnelt vom Ansatz her unseren Experimenten mit künstlichen Leitungen, die Dokumentation darüber ist jedoch derart mangelhaft, daß keine Details oder zahlenmäßige Ergebnisse diskutiert werden können. Wir müssen uns deshalb mit der Diskussion der Versuchsanordnung begnügen.

Die Organisatoren dieser Experimente übernahmen aus Rutengängerkreisen die — offensichtlich irrige — Annahme, daß das Auffinden künstlicher vergrabener Leitungen nebst Bestimmung von Tiefe und Durchflußmenge einfach sein soll und daher eine Überprüfung ohne großen Aufwand möglich sein müsse. Es ist auf dem Hintergrund unserer Ergebnisse offensichtlich, daß eine solche Einstellung wissenschaftlich nicht vertretbar ist und wenig Aussicht auf sachliche Klärung des interessierenden Problems bietet.

So mag es noch angehen, einen — in anderen Aufgaben — erfahrenen Rutengänger feststellen zu lassen, ob in einem vergrabenen Rohr der Wasserfluß vorhanden war oder nicht. Hierzu aber, unter jungen Offizieren

ausgewählt, Anfänger einzusetzen, und zusätzlich die Tiefe und die Durchflußmenge bestimmen zu lassen, hat mit der eigentlichen Problematik
kaum mehr etwas zu tun. Der zu geringe Umfang der Teilstudie ermöglicht es nicht, die vorliegenden Daten statistisch sinnvoll auszuwerten, um
auch nach relativ schwachen Effekten zu suchen. So dient dieser Teil der
Experimente allenfalls dazu, die weit verbreitete Selbstüberschätzung von
Rutengängern zu demonstrieren.

6.6.4 Magnetfeld-Experimente

Bei diesen Versuchen wurde die von Rocard (1963, 1964a, 1964b,
1981a, 1981b, 1988) vorgebrachte Theorie der Empfindlichkeit von Rutengängern auf statische, schwache magnetische Feldgradienten überprüft.
Wir haben dieses Thema bereits in Abschnitt 4.4 angesprochen. Die von
Foulkes mit einem einzigen Probanden in 75 Einzelexperimenten beobachteten Zufallsergebnisse decken sich mit unseren Erwartungen für eine solche Experimentreihe.

6.7 Versuche von Randi

Unter den Kritikern in Sachen "Rutengänger" hat sich der Bühnenzauberer Randi aus USA in zweifacher Hinsicht einen besonderen Namen gemacht. Erstens ist Randi als sehr guter Zauberer bekannt, und zweitens ist er seit Jahrzehnten darum bemüht, Ergebnisse wissenschaftlicher Forschung auf Grenzgebieten mittels teilweise in Kreuzzug-Manier geführter Kampagnen als Scharlatanerie zu entlarven. Er hat zweifellos mit Recht durch die notwendige Enttarnung von allerlei Schwindlern von sich reden gemacht, schüttet jedoch nicht selten das Kind mit dem Bade aus. So hält er aus naheliegenden Gründen auch von Rutengängern nichts. Er geht von der Annahme aus, daß rutengängerische Leistungen, sollten sie existieren, paranormale Effekte wären, welche sich aber nicht beweisen ließen. So setzte er eine dem Charakter des Show-Geschäfts entsprechend werbeträchtige Belohnung von 10.000,- Dollar für denjenigen aus, der einen von ihm konzipierten Test erfolgreich besteht. Immerhin ist davon auszugehen, daß solche von Randi entworfenen Tests denkbar gut gegen Betrug von seiten der Versuchspersonen gesichert sind.

Randi hat offenbar zwei solche Tests selbst durchgeführt. Der eine ist zum Beispiel in seinem Buch *Flim-Flam* (1982) beschrieben, der andere durch Korrespondenz im Journal der britischen *Society for Psychical Research* (Osborne 1981, Randi 1981) bekannt geworden. In beiden Fällen behauptet Randi, daß die von ihm geprüften Rutengänger nichts als totale Fehlschläge produzierten und damit wieder einmal die Unsinnigkeit des Glaubens an rutengängerische Fähigkeiten bewiesen worden sei. Für den ersteren Fall dürfte das in gewisser Hinsicht zutreffen, sein zweites Experiment ergibt jedoch ein ganz besonders aufschlußreiches Ergebnis.

6.7.1 Das Experiment in Italien

Bemerkenswerterweise meint Randi, er habe im Jahre 1979 den ersten wirklich guten Rutengänger-Test durchgeführt. Es handelte sich um die Aufgabe, auf einem 9 x 10 Meter großen Testfeld aus drei verschlungenen Systemen künstlicher eingegrabener Rohrleitungen von 3 cm Durchmesser, den Verlauf derjenigen zu orten, welche gerade mit Wasser beschickt wird. In einem 17-Punkte Protokoll und in 9 zusätzlichen, die Testsituation betreffenden Fragen waren die Versuchsbedingungen ausführlich niedergelegt. Insofern wurde das Experiment den 4 ausgewählten Rutengängern gegenüber korrekt durchgezogen. Unter anderem stimmten die Probanden nicht nur dem Testprinzip an sich, sondern auch folgender Erfolgsklausel zu:

● *der Verlauf der jeweils gesuchten Leitung ist durch 10 bis 100 Markierungen festzulegen, von welchen mindestens 2/3 auf 10 cm genau an die Mitte der Leitung heranreichen müssen. Diese Bedingung muß in 2 von 3 Tests erfüllt werden.*

Es verwundert nicht, daß diese Testbedingungen in der vereinbarten Form von keinem der 4 Probanden erfüllt werden konnten. Aber was hat nun Randi hiermit wirklich gezeigt? Er bewies einmal mehr, was jedem objektiven und sachlichen Beobachter der Szene klar sein mußte, daß nämlich die Mehrzahl der Rutengänger sich bezüglich der eigenen Leistungsfähigkeit maßlos überschätzt und immer wieder Aufgaben lösen zu können glaubt, bei welchen sie weder die nötige Erfahrung hat noch die erforderlichen Fähigkeiten besitzt. Derartige Versuche sind jedenfalls nicht geeignet, und waren auch nicht darauf angelegt, einen möglichen echten marginalen Effekt aufzudecken.

6.7.2 Das Experiment in Australien

Im Jahre 1980 führte Randi in Sydney, Australien, neuerlich zwei Testserien mit Rutengängern durch. Mit der ersten Serie wollte Randi die behauptete Fähigkeit überprüfen, ob vergrabene und in verschlossenen Schachteln verborgene Messing- und Goldstücke mit rutengängerischen Methoden auffindbar sind. Es wurden hierbei Ergebnisse mit einer Zufallswahrscheinlichkeit von circa 12% (unterzufällig) beobachtet, so daß von keinerlei Signifikanz gesprochen werden kann.

Analog den schon aus Abschnitt 5.4 bekannten Experimenten mit künstlichen vergrabenen Leitungen bestand die Aufgabe der zweiten Versuchsserie darin, in einem einwandfrei kontrollierten Doppelblind-Experiment unter 10 in circa 0,5 Meter Tiefe eingegrabenen und im Abstand von circa 1,50 Meter verlaufenden dicken Plastikrohrleitungen diejenige herauszufinden, welche gerade Wasserdurchfluß hatte (Osborne 1981). Zwar ist diese Aufgabenstellung insofern etwas weniger kompliziert als der oben genannte Test in Italien, da es nicht um einen unbekannten Verlauf der Leitungen geht. Trotzdem ist aber nach unseren Erfahrungen eine solche Prüfung als überaus schwierig zu bezeichnen. Sie bietet selbst bei Einsatz von (bei natürlichen Wasservorkommen) erfahrenen Wassersuchern keine nennenswerte Chance auf Erfolg — wenn auch viele Rutengänger sich bedenkenlos eine Lösung der Aufgabe zutrauen würden, wie zum Beispiel die damals am Experiment beteiligten Versuchspersonen.

Der Test sollte vereinbarungsgemäß dann als bestanden gelten, wenn die Rutengänger bei allen beiden Experimentarten (Material- und Wasserrohrsuche) in mehr als 80% aller Fälle Treffer erzielen würden. Es handelte sich also auch bei diesem Experiment wiederum um das bekannte Problem, daß ausschließlich hohe Trefferwahrscheinlichkeit, nicht aber geringe Irrtumswahrscheinlichkeit geprüft werden sollten.

Das von Randi offensichtlich einwandfrei kontrollierte, jedoch wahrscheinlich zum Nachteil für die Rutengänger unter großem Spektakel verlaufene Experiment ergab folgendes. Es fanden 50 Einzelbegehungen statt und dabei wurde in genau 11 Fällen das richtige Rohr gefunden. Da jeweils 10 Leitungen zur Auswahl standen, ist die Chance für einen zufälligen Einzelerfolg 10%, insgesamt waren also im statistischen Mittel nur 5 Treffer per Zufall zu erwarten. Die tatsächlich beobachteten 11 Treffer sind jedoch mit einer Zufallswahrscheinlichkeit von nur etwa 1:160 zu erhalten. Gemäß einer genaueren statistischen Betrachtung bedeutet das: 6 oder mehr Treffer zusätzlich zu den zu erwartenden 5 Treffern, also 11 oder mehr Treffer zu erzielen, hat lediglich die Chance von circa 1:107 oder etwa 9‰ Zufallswahrscheinlichkeit. Man müßte also 107 derartige komplette Experimente mit je 50 Einzelbegehungen durchführen, um dann wenigstens ein Mal mindestens 11 oder mehr Treffer per Zufall erwarten zu können. Es sei hier am Rande vermerkt, daß die zur Sicherheit üblicherweise zu berücksichtigende Chance für entsprechend unterzufällig wenige Treffer nicht greift, da 6 oder mehr Treffer *unter* dem Erwartungswert von 5 nicht realisierbar sind.

Insgesamt gesehen ergibt sich nach dieser einfachen Analyse, daß ausgerechnet Randi in einem als überaus schwierig zu bezeichnenden Test eine statistische Gesamt-Signifikanz von etwa 9‰, unbezweifelbar unterhalb der allgemein anerkannten Schwelle für hochsignifikante Ergebnisse, *für* die Existenz des Rutenphänomens erzielte. Es entbehrt nicht einer gewissen Komik, wenn gerade das Experiment des Rutengänger-Kritikers Randi mit der Wahrscheinlichkeit von etwa 100:1 die Hypothese zurückweist, daß Rutengänger nur Zufallserfolge erzielen, ohne daß dies von ihm vermerkt oder gar faktenmäßig anerkannt wird (Randi 1981).

Jedenfalls ist als Faktum festzuhalten, daß ein ausgesprochener Skeptiker ein solches als hochsignifikant einzustufendes Ergebnis zu verzeichnen hat, ein Skeptiker, der keine Chance ausläßt, alle Rutengänger als Scharlatane hinzustellen und nicht selten dazu beiträgt, ernsthafte Forscher zu disqualifizieren und bei der Aufhellung schwieriger Phänomene in ihrer Arbeit zu behindern.

Es ist aufschlußreich, wie Randi versucht, sein eigenes erfolgreiches Experiment mit zwei Argumenten zu einem Fehlschlag umzufunktionieren (Randi 1981). Zunächst ist Randi voll zuzustimmen, daß die Rutengänger den ausgesetzten Preis nicht verdienten, weil sie die tatsächlich *vereinbarten* Erfolgsziele bei weitem nicht erreicht haben. Unstrittig ist Randi formal im Recht und es ist auch hier wieder einmal demonstriert, daß viele Rutengänger besser erkennen sollten, daß ihre Fähigkeiten nicht so unbegrenzt sind, wie sie es selbst kritiklos glauben.

Wer bei exotischer Aufgabenstellung ausschließlich an hoher Zuverlässigkeit interessiert ist, kann das Kapitel hier beschließen. In der Wissenschaft darf aber ein zu erforschendes Phänomen nicht nach juristischen Vertragsklauseln beurteilt werden, vielmehr sind die Beobachtungen von einer höheren Warte her zu betrachten und zu analysieren. Unsere Aufgabe ist zunächst nicht darin zu sehen, nach einem möglichst hohen absoluten Erfolg bei derartigen Tests zu suchen, sondern vielmehr nach einem signifikanten Effekt im Sinne eines Existenzbeweises für das Phänomen zu fahnden, so klein er auch sein mag. Es geht folglich um die Unterscheidung und Trennung zwischen rutengängerischen Fähigkeiten und Zufall.

Es sei einmal angenommen, die Probanden würden bei dem diskutierten Randi-Experiment in 80% der Fälle das richtige Wasserrohr angegeben, also bei 50 Versuchen 40 Treffer erzielt haben. Unter der Annahme, daß Rutengänger nur zufällig reagieren, wäre das gleichbedeutend mit dem Erreichen einer Irrtumswahrscheinlichkeit von 10^{-30}! Es sei diese unermeßlich kleine Zahl an einem Beispiel veranschaulicht. Wenn die gesamte Testserie in jeder Sekunde seit Bestehen des Universums einmal durchgeführt worden wäre, dann müßte das Universum noch zehntausend Milliarden mal länger bestehen, bis das angenommene Ergebnis in statistischem Sinne einmal durch Zufall eintritt.

Eine derart hohe Sicherheit gegenüber dem Zufall noch statistisch auszudrücken, hat keinen Sinn mehr. Im allgemeinen Sprachgebrauch würde man schlicht von einer Tatsache sprechen. Um in die in der Statistik wohldefinierte Kategorie "hochsignifikant" zu gelangen, genügt ein Ergebnis von unter 1%, wie es eben in dem Randi-Experiment erreicht wurde. Das mag für viele Zwecke nicht als ausreichend anzusehen sein, aber immerhin, 1:100 gegen den Zufall ist sicher eine Basis, auf der aufbauend es sinnvoll erscheint, weitere Untersuchungen durchzuführen.

Letztendlich wirft Randi die Ergebnisse der Leitungssuche mit den ihrer Natur nach völlig verschiedenen Schachtel-Experimenten in einen Topf, weil die Probanden ja bei *allen* Versuchen erfolgreich zu sein glaubten, und erhielt damit ein Gesamtresultat, welches praktisch nicht mehr signifikant ist. Es steht ihm natürlich frei, seine Bedingungen in dieser Weise festzusetzen. Im Rahmen einer wissenschaftlichen Suche nach kleinen Effekten ist es dem entgegen vollkommen legitim, ja sogar unbedingt notwendig, bestimmte wohldefinierte Experiment-Typen für sich zu untersuchen, also das Leitungsexperiment für sich allein zu betrachten, und nicht völlig verschiedene Aufgaben miteinander zu vermischen.

Überdies zieht Randi als Argument gegen irgendeinen Erfolg der Probanden heran, daß bei der Leitungssuche keiner der Teilnehmer alleine statistisch signifikante Resultate erzielte. Dies mag zwar richtig sein (detaillierte Zahlenergebnisse für die einzelnen Rutengänger liegen uns nicht vor), wäre aber wegen der geringen Zahl von Einzeltests je Proband auch nicht unbedingt zu erwarten. Entscheidend ist, daß das gesamte Probanden-Kollektiv bei ein und derselben Aufgabe mit jeweils identischen Versuchsbedingungen durchaus in einer einzigen Bewertung zusammengefaßt werden darf, während eine personenspezifische Analyse nur dann zusätzlich sinnvoll und aussagekräftig ist, wenn ausreichend Einzelversuche vorliegen.

Welche Konsequenzen ziehen nun Randi und seine Anhängerschaft aus dem Sydney-Experiment? Man sollte annehmen, daß das dort erzielte Ergebnis, das sicher für sich alleine gesehen (es handelt sich eben nur um eine einzige Testreihe dieser Art) nicht als Beweis zu werten ist, zumindest zu Nachdenklichkeit und vorsichtigerer Beurteilung der Frage führt. Randi verkündet indessen weiterhin und unbeirrt seine alten Thesen. Wir werden in Abschnitt 8.3 auf ähnliche Vorgänge und Randi verbundene Extrem-Kritiker zurückkommen und deren Argumente und Methoden weiter beleuchten.

6.8 Experimente an der TU Graz

Im Jahre 1986 wurde am Institut für Elektro- und Biomedizinische Technik der Technischen Universität Graz eine Arbeit mit dem Titel *"Experimentelle Untersuchungen zur Treffsicherheit von Wünschelrutengeherangaben"* abgeschlossen (Moshammer 1986). Etwa 12 Probanden nahmen an den gut kontrollierten Doppelblind-Versuchen teil, das Vorhandensein von fließendem Wasser in einer künstlichen Leitung festzustellen. Es handelte sich dabei um ein Eternit-Rohr mit 8 cm Durchmesser, welches mit Schotter und Sand gefüllt war. In einem Kellergeschoß wurde es über einen Rechner zufallsgesteuert mit Wasser durchströmt, und die Probanden hatten im darüberliegenden Erdgeschoß bei bekannter Leitungsposition die Angabe Wasser *fließt* oder Wasser *fließt nicht* (Wasser steht im Rohr) zu machen. Eine ähnliche Leitungsanordnung grub man auch im Freien ein, um sie für einen Teil der Versuche in ansonsten gleichartiger Weise einzusetzen. Die Probanden absolvierten jeweils Serien von 20 Einzelversuchen. Die Gesamtzahl der Einzeltests betrug 3300, womit eine gute Basis für eine statistische Auswertung gegeben war.

Eine mathematisch aufwendige Analyse der erhaltenen Antworten führte zu dem von den Experimentatoren offensichtlich kaum erwarteten Ergebnis, daß einzelne Probanden zeitweise in der Lage sind, den Leitungszustand oder dessen Änderung im oben genannten Sinne statistisch hochsignifikant zu erkennen. Die Autoren schließen aus den gesamten, für alle Probanden erhaltenen Daten im Zusammenhang mit einer äußerst konservativ bestimmten Irrtumswahrscheinlichkeit von 1% auf die tatsächliche Existenz eines Wünschelruteneffekts.

Im einzelnen ermöglichten die Untersuchungen folgende bemerkenswerte Beobachtungen. Nimmt man beispielsweise die Gesamtheit aller Angaben über den Leitungszustand als Maß, so ergibt sich ein Effekt, der "nur" im signifikanten Bereich liegt. Es erwiesen sich also viele Einzelangaben als falsch. Immerhin waren aber mindestens 24 der Serien auf dem 5%-Niveau signifikant, obwohl sich nach der Zufallserwartung nur 7 Serien hätten ergeben dürfen.

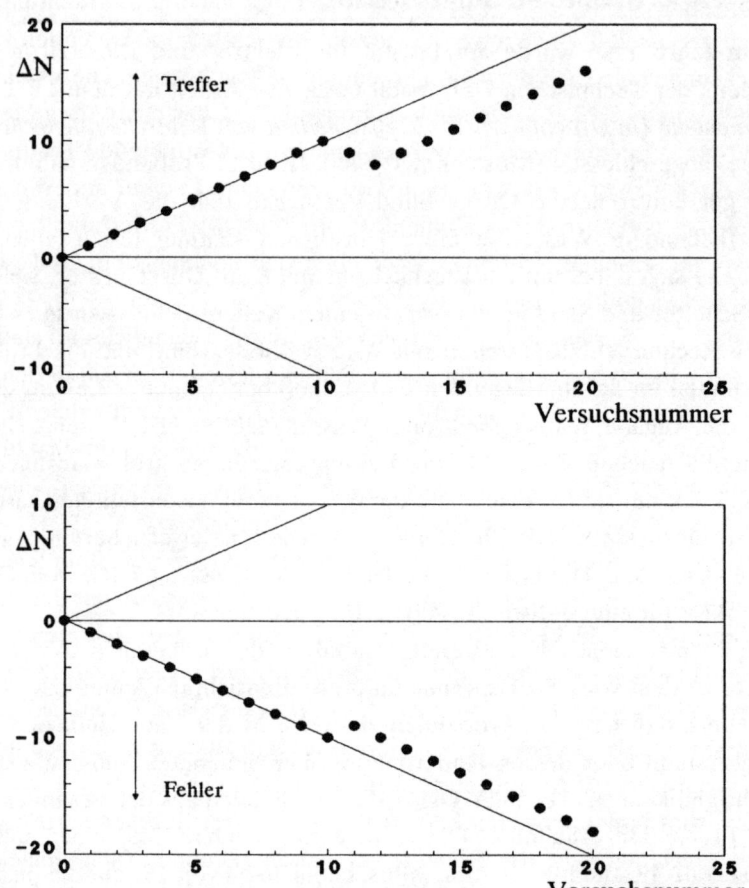

Abbildung 23: *Ergebnis zweier Experiment-Serien eines Forschungsprojekts an der Technischen Universität Graz (Moshammer 1986). Ein Leitungsrohr wurde zufallsgesteuert an Wasser angeschlossen und die Versuchsperson, welche sich 1 Stockwerk höher über dem Rohr befand, mußte mit Hilfe der Rutenreaktion feststellen, ob das Rohr wasserdurchflossen war oder nicht. Die resultierende akkumulierte Differenz ΔN von Treffern und Fehlern ist für fortlaufende Versuchsnummer angegeben. Beide dargestellten Ergebnisse sind hochsignifikant (Irrtumswahrscheinlichkeit $\alpha = 4 \cdot 10^{-4}$ und $4 \cdot 10^{-5}$).*

Ein noch deutlicherer Effekt schält sich bei näherer Betrachtung dadurch heraus, daß die Probanden sowohl Phasen der fortlaufenden Richtigerkennung als auch der Falscherkennung zeigen können. Dieses Phänomen ist in Abbildung 23 deutlich demonstriert. In der einen dargestellten Serie von 20 Einzelversuchen werden zunächst 10 fortlaufende Treffer, gefolgt von 2 Fehlern und 8 weiteren Treffern erzielt. In einer anderen Serie liegen dagegen in zeitlicher Reihenfolge 10 Fehler, 1 Treffer und 9 weitere Fehler vor. In einer dritten Serie ergeben sich nochmals bei 20 Tests 19 Falscherkennungen.

Diese drei Serien sind jede für sich sehr unwahrscheinlich und sind nur mit der Chance von 1:2500 im ersten Fall und jeweils 1:25.000 in den beiden anderen Fällen zufallsmäßig zu erwarten. Das bedeutet zunächst, daß die etwa 165 Experimentserien fünfundzwanzigtausendmal durchzuführen wären, um im Mittel die eine der hier tatsächlich beobachteten Antwortfolgen ein einziges Mal durch bloßen Zufall zu erhalten.

Es müssen selbstredend diese ungewöhnlichen Serien noch in Relation zu *allen* durchgeführten Experiment-Serien gesetzt werden, mit der Fragestellung, wie wahrscheinlich ist es, in 165 Serien die 3 beobachteten besonders ungewöhnlichen Resultate zu erhalten. Eine konservative Abschätzung ergibt hierfür die Chance von 1:700.000 gegen den Zufall, wobei unterstellt ist, daß alle anderen 162 Serien im rein zufälligen Bereich liegen, was ja nach obigen Ausführungen keineswegs der Fall ist.

Es wurde auch zuweilen beobachtet, daß während einer Serie von 20 Tests ein Umkippen von Richtig- auf Falscherkennung oder umgekehrt auftrat. Es wäre vollkommen legitim, bei der Datenbeurteilung nicht nur pauschale Gesamtwerte einer Serie, sondern auch die erhaltenen zeitlichen Folgen der Angaben in den Serien heranzuziehen und mit entsprechenden Null- beziehungsweise Zufallshypothesen zu vergleichen.

Wir sehen diese Experimentreihe als überaus stichhaltig an, da weder bei der experimentellen Durchführung, noch bei der Analyse der Daten gravierende Probleme erkennbar sind. Allerdings halten wir diese Aufgabenstellung, die in etwa unserem Scheunen-Experiment (Abschnitt 4.3) entspricht, gleichfalls für sehr schwierig und nicht an die eigentlichen

Fähigkeiten von Rutengängern angepaßt. Es ist nicht leicht erklärbar, wie ein solches Experiment überhaupt zu statistisch belegbaren Erfolgen führen konnte. Nach unseren Erfahrungen scheint nämlich das in einer künstlichen Röhre fließende Wasser selbst auf ansonsten sehr erfolgreiche Rutengänger keinen erkennbar deutlichen Reiz auszuüben (Abschnitt 5.4 und 7.4). Auch dürfte die Variation des Wasserdurchflusses an sich das elektromagnetische Feld der Umgebung kaum nennenswert verändern. Es wäre demnach aufschlußreich, derartige Versuche unter geeignet veränderten Randbedingungen zu wiederholen.

Sehr interessant ist in diesem Zusammenhang die von den Autoren berichtete Erfahrung, daß die Probanden erst dann deutliche Reize wahrzunehmen glaubten, nachdem das Rohr mit *feinkörnigem* anstatt grobkörnigem Material gefüllt wurde. Es wäre noch eine ganze Reihe von Fragen zu klären: Welche Rolle spielt das Rohrmaterial, kann das verwendete elektrisch nichtleitende Rohr ebenso durch ein leitendes Rohr ersetzt werden, und konnte das Ein- und Ausschalten des Wasserflusses nicht doch irgendeine Änderung der elektrischen oder elektromagnetischen Verhältnisse bewirken. Veränderte sich durch das Abschalten die elektrische Erdung oder die Leitfähigkeit des Systems — etwa durch teilweise aus dem Rohr gelaufenes Wasser. Und schließlich, war der Wasserfluß von Vibrationen begleitet, welche zu Bodenschwingungen Anlaß gaben, und könnte dies vielleicht gemäß der im Abschnitt 7.3 erwähnten Hypothese eine der Ursachen für Reaktionen von Versuchspersonen gewesen sein?

6.9 Gesamtbewertung der Experimente anderer Gruppen

Einzelne Experimente und einzelne Experimentreihen einer Autorengruppe mögen noch so signifikante Ergebnisse aufweisen, ein unwahrscheinliches Phänomen kann damit nach allgemeinem Verständnis in der Naturwissenschaft nicht als streng bewiesen angesehen werden, zumal dann, wenn eine auch nur halbwegs plausible theoretische Modellvorstellung gänzlich fehlt. Es kommt also zunächst auf die vielgerühmte Reproduzierbarkeit an, und zwar notwendigerweise durch verschiedene selbständige Forschergruppen. Wir haben in den vorangegangenen Kapiteln mehrere voneinander völlig unabhängige Arbeiten vorgestellt, die zu den verschiedensten Ergebnissen führten. Immerhin belegen aber die Berichte von Foulkes, Randi und Moshammer das Vorhandensein schwacher Effekte mit hoher Signifikanz. Diese Arbeiten stimmen also im Trend auffallend gut mit unseren eigenen Resultaten überein.

Die beobachtbaren Effekte müssen jedoch nicht immer schwach sein. Einerseits ist zwar durch viele Versuche unstreitig klar geworden, daß die von Rutengängern behaupteten und als angeblich sicher bezeichneten Fähigkeiten in aller Regel nicht in dem von ihnen angekündigten und erhofften Ausmaß in Erscheinung treten. Andererseits wird jedoch über vereinzelte Rutengänger berichtet, welche eine bestimmte Aufgabe mit sehr hoher Sicherheit zu beherrschen scheinen. Wir erinnern an das Laufbrett-Experiment in Abschnitt 4.2 und die Diskussion in Abschnitt 5.4.

Eine größere Anzahl von im Abschnitt 6.2 erwähnten Untersuchungen, und zwar die Mehrzahl aller nach 1954 durchgeführten Tests, berichtet über positive Befunde, ist aber wegen der Komplexität der Fragestellung und teilweise wegen systematischer Mängel nur von der Tendenz her als interessant und diskussionswert einzustufen.

Insgesamt gesehen kommen wir zu der Ansicht, daß dem Phänomen ortsgebundener biologischer Reaktionen eine hohe statistische Signifikanz eingeräumt werden müßte. Nochmals zur Klarheit: Das bedeutet *nicht*, daß Rutengänger in der Praxis immer eine *hohe Treffsicherheit* aufzeigen. Wir stellen lediglich fest, daß die *Annahme einer stets rein zufälligen und ortsunabhängigen Reaktion mit sehr hoher Wahrscheinlichkeit falsch ist.*

Da viele Skeptiker, aber auch wissenschaftlich ausgebildete Personen nicht nur den Unterschied zwischen Treffer- und Irrtumswahrscheinlichkeit, sondern auch die Bedeutung negativ ausgehender Experimente und das Problem der Reproduzierbarkeit positiver Befunde offensichtlich nicht immer mit der nötigen Schärfe beurteilen, beziehungsweise beurteilen vermögen, kommentieren wir hierzu einige Gesichtspunkte.

Es wird häufig argumentiert, daß der zweifellos negative Ausgang einiger oder vieler Rutengänger-Tests hinreichend sei, um als Beweis für das Nichtvorhandensein des Phänomens zu gelten. Dem wäre unter zwei Voraussetzungen zuzustimmen. Erstens müßte ein schlüssiges theoretisches Modell von solcher Art vorliegen, daß mit *einem* Experiment entschieden werden kann, ob dieses Modell richtig oder falsch ist. Zweitens müßten alle vorliegenden Experimente *eindeutig* sein, das heißt es dürfte keine relevanten Experimente mit gegenteiligem Ausgang geben. Wie man weiß, sind diese beiden Voraussetzungen hier nicht erfüllt.

Wenn es darum geht, einen versteckten schwachen Effekt zu finden, dann mag dessen Aufdeckung sehr schwierig und mit zahllosen Fehlversuchen verbunden sein. Entscheidend ist dann letztlich, ob schließlich ein Verfahren zur prinzipiellen Beobachtbarkeit gefunden wird. Wenn der weiße Rabe gefangen ist, um dessen Existenz es einzig ging, bleibt die Zahl der vorher gesichteten schwarzen Raben ohne jedes Interesse. In diesem Sinne ist es irrelevant, wieviele negativ verlaufene Rutengänger-Tests es gegeben hat oder noch gibt, solange nur eine einwandfreie und hinreichend *signifikante* Beobachtung des gesuchten Effektes möglich ist.

Wer es für unerläßlich hält, mag weitere Tests und Beweise fordern. Wir sind auch der Meinung, daß der heutige Untersuchungsstand nicht eingefroren, sondern erweitert werden muß. Die Kette der Indizien ist aber mittlerweile so aussagekräftig geworden, daß wir eher dazu neigen, nicht mehr nach der bloßen Existenz des Phänomens zu fragen und endlose Reproduzierbarkeitstests zu fordern, sondern wir erachten jetzt vielmehr detailliertere Folgeuntersuchungen für sinnvoll. Darüber wird noch in Abschnitt 7.4 zu sprechen sein.

Es ist mittlerweile wohl nicht mehr zuviel verlangt, daß sich Skeptiker — so sie ein echtes Interesse an der Aufklärung des Phänomens besitzen — mit der in der Wissenschaft üblichen Akribie alle wesentlichen Gesichtspunkte vor Augen führen und auf emotionale oder auf einseitig ausgewählte Teilfakten basierende Feldzüge verzichten.

Eine auf modernen Meßmethoden fundierte Objektivierung ortsabhängiger biologischer Reaktionen — ohne Verwendung von auch für uns mittelalterlich erscheinenden Wünschelruten — deutet sich bei der Registrierung bestimmter physiologischer Parameter an Probanden an (Bergsmann 1988 und Abschnitt 7.4). Des weiteren scheint die Suche nach Korrelationen zwischen Reaktionsorten, welche einige wenige Rutengänger bei der Lokalisierung von engen wasserführenden Klüften in kristallinem Gestein angeben, und geophysikalischen Größen nicht gänzlich ohne Aussicht auf Erfolg zu sein (siehe Abschnitt 7.4). Die bereits angelaufenen Experimente zur Auffindung solcher Spaltenwasservorkommen haben schon eindrucksvolle Ergebnisse erbracht. Da diese Projekte derzeit im Gange sind und zum Zeitpunkt dieser Berichtabfassung somit nicht abschließend beurteilt werden können, ist noch abzuwarten, bis die Resultate von den Beteiligten öffentlich mitgeteilt werden.

Erst deutliche Erfolge in einer dieser beiden Richtungen würden einen entscheidenden Schritt zur Objektivierung des Phänomens bedeuten und das Problem der Reproduzierbarkeit der zweifellos mit großen Fehlern behafteten menschlichen Rutenreaktion weitgehend entschärfen.

7. Modell-Vorstellungen

In diesem Kapitel werden einige historische und moderne Ansätze zum möglichen Verständnis des Phänomens ortsabhängiger Reaktionen bei Rutengängern diskutiert. Selbstverständlich wollen wir hierunter nicht die Fülle der aus naturwissenschaftlicher Sicht völlig abwegigen Hypothesen verstehen, wie sie von Laien des öfteren propagiert werden, und einen der Gründe für die Distanzierung zahlreicher Wissenschaftler von diesem Thema darstellen. Auch setzen wir im folgenden stets ein biophysikalisches Reiz- Wirkungsmodell voraus und überlegen — aus bestimmten Gründen in der kausal umgekehrten Reihenfolge —, welche biologischen Sensitivitäten eine Rolle spielen könnten, und ob dazu entsprechende physikalisch definierte ortsabhängige Felder denkbar sind. Zwar lassen sich innerhalb dieses begrenzten Forschungsvorhabens nur *Denkanstöße* geben und darüberhinaus selbstverständlich keine endgültigen Erklärungen des Phänomens erarbeiten. Aber die folgenden Erläuterungen zeigen zumindest, daß man das Problem nicht mit dem Stempel "Okkultismus" oder "außerhalb der Wissenschaften stehend" abtun kann. Im Gegenteil, eine Gesamtschau des Problemfeldes führt uns zu der Ansicht, daß man den Fragen durchaus nicht mit wissenschaftlich absolut leeren Händen gegenübersteht, sondern vielmehr eine Reihe diskussionswürdiger Hypothesen vorhanden sind, welche in logischer Konsequenz eine sehr gezielte Weiterverfolgung des Themas in naturwissenschaftlichem Rahmen rechtfertigen.

7.1 Historische Hypothesen

Schon um die Jahrhundertwende war die für die damalige Zeit fortschrittliche Ansicht weit verbreitet, daß die Rute lediglich ein Anzeige-Instrument darstellt und die Ursache für den Ausschlag in einer Reaktion des Menschen zu suchen sei. Diskussionen gab es jedoch darüber, wodurch diese Reaktionen verursacht werden könnten. Hier lassen sich vier grundsätzlich verschiedene Ansichten unterscheiden:

1. *Die Reaktionen sind nicht durch externe Felder und neuartige Sinneskanäle, sondern durch verschiedene suggestive Effekte, sowie durch bloßen Zufall bedingt und führen daher auch zu keinen nachweisbaren rutengängerspezifischen Leistungen.*

2. *Die Reaktionen werden durch bewußt oder unbewußt intelligentes Verhalten ausgelöst, so daß eine normal-sensorische Erklärung für erfolgreiche Rutengänger-Angaben vorliegt.*

3. *Es handelt sich um einen neuartigen biophysikalischen Mechanismus.*

4. *Rutengängerische Fähigkeiten stellen paranormale Phänomene dar, welche außerhalb des naturwissenschaftlichen Rahmens liegen.*

Aufgrund der schon diskutierten Ergebnisse aus diesem Projekt sind die ersten beiden Ansichten zwar nicht falsch, aber unvollständig und scheiden daher als Gesamtlösung aus. Bevor aber die dritte Hypothese näher diskutiert werden kann, wollen wir plausibel machen, warum der vierten Ansicht im hier gezogenen Rahmen wenig oder keine Realität zugebilligt werden kann.

Da bereits über die Beurteilung praktischer Rutengängerei in großen Kreisen der Bevölkerung weitgehende Unklarheit herrscht, ist es kaum verwunderlich, auf dem Gebiet der paranormalen Vorgänge, oder was immer dafür gehalten wird, noch viel kuriosere Meinungen vorzufinden. Allerdings sollte auch vermerkt werden, daß es auf diesem Sektor ausgezeichnete wissenschaftliche Literatur und Zeitschriften gibt, deren Niveau um Größenordnungen höher liegt als dies auf dem Gebiet der sogenannten Radiästhesie der Fall ist (Krippner 1977, 1978, 1982, 1984; Edge et al. 1986; Lucadou 1986, 1989; Alcock 1987; Rao und Palmer 1987; Bauer und Lucadou 1988). Es würde hier zu weit führen, diesen scheinbaren Widerspruch aufzuklären. Wir wollen uns deshalb damit begnügen, eines der wichtigsten der heute in entsprechenden Fachkreisen als unstrittig angesehenen Merkmale paranormaler Phänomene in wenigen Worten zusammenzufassen. Dies bedeutet aber keinesfalls, daß uns hier irgendeine persönliche Meinung zur Frage, ob derartige Phänomene tatsächlich existieren, unterstellt werden darf:

● *Paranormale Phänomene treten sporadisch und im einzelnen ungezielt und unvorhersehbar auf.*

Nach den vorliegenden Erfahrungen läßt sich dies vereinfacht sogar zu folgender Aussage umkehren und erweitern: Wenn ein Effekt *reproduzierbar* beobachtbar ist, dann kann es sich *nicht* um ein paranormales Phänomen handeln, sondern es liegt entweder ein bekannter Effekt (einschließlich Schwindel) oder ein zwar neuartiges, aber prinzipiell in den Rahmen der etablierten Wissenschaft einzuordnendes Phänomen vor. Daraus folgern wir, daß ortsabhängige biologische Reaktionen, welche sich bei geeignetem Experimentieren sehr wohl als signifikant reproduzierbar erwiesen haben – und auf welche wir uns in dieser Untersuchung nach der im Abschnitt 1.2 klargelegten Abgrenzung beschränken wollen –, nicht dem paranormalen Spektrum zuzurechnen sind. Dies mag bei einigen entfernter liegenden und exotisch anmutenden Effekten anders sein, welche aus historischen Gründen unglücklicherweise ebenfalls unter der Rubrik Rutengänger-Phänomene eingeordnet werden. Hierunter würden beispielsweise die sogenannten Fernmutungen fallen.

So selbstverständlich uns diese Differenzierung auch erscheint, so selten ist sie in der Literatur vertreten. Barrett (1897), Fritsch und Jelinek (1936) und Brüche (1962) bilden hier eher einige der Ausnahmen. Selbst unter moderneren Autoren finden sich zuweilen wenig nachvollziehbare Gedankengänge. So reihen beispielsweise Balanovski und Taylor (1978) den Rutenausschlag zunächst als paranormales Phänomen ein, rücken von dieser Klassifizierung dann aber nur deswegen ab, weil sie – in eigentlich logisch nicht schlüssiger Weise – annehmen, daß solche Phänomene elektromagnetischen Ursprungs sein müßten und sie während des Rutenausschlags von zwei Versuchspersonen bei diesen keine Aussendung von Hochfrequenzstrahlung messen konnten. Wie im Kapitel 8 noch aufgezeigt wird, haben sich auch viele andere Kritiker der Radiästhesie nicht um die nötige Differenzierung bemüht. Jedenfalls stützen diese Überlegungen unsere im Abschnitt 3.2.1 näher erläuterte These, daß das Rutengänger-Phänomen "ortsabhängige Reaktionen" prinzipiell in den Rahmen der etablierten Wissenschaften einzuordnen ist.

7.2 Unverstandene Sensibilitäten biologischer Organismen

7.2.1 Ergebnisse bei Tieren

Noch vor wenigen Jahrzehnten wurden erste Befunde über die Magnetfeldempfindlichkeit bei Tieren von der Fachwelt in das Reich der Fabel
verwiesen. Heute sind derartige Effekte nicht nur allgemein anerkannt,
sondern haben zu einem Forschungsschwerpunkt in mehreren Disziplinen
geführt. Es ist unmöglich, hier in Kürze auch nur einen annähernden
Überblick über den Stand dieser Erkenntnisse geben zu können, weshalb
auf die zum Teil sehr ausführlichen Sammelreferate in Barnothy (1964,
1969), Schmidt-Koenig und Keeton (1978), und − im Hinblick auf den aktuelleren Stand − in Maret et al. (1986) verwiesen sei. Es erscheint daher
im folgenden eine Beschränkung auf einige Aspekte zweckmäßig, welche
bei der Entwicklung von Modell-Vorstellungen zum Thema Geobiophysik
und Rutengänger nicht außer Acht gelasssen werden sollten.

Am bekanntesten sind Studien über Magnetorezeption hauptsächlich
bei Bienen, Zugvögeln und Brieftauben (Martin und Lindauer 1973, 1977;
Schmidt-Koenig und Kiepenheuer 1978; Wiltschko 1983; Semm et al.
1984). Ferner besteht unter Fachleuten Einigkeit darüber, daß für Orientierung und Kompaß-Sinn von Tieren neben Magnetfeldern noch eine ganze Reihe anderer Faktoren maßgeblich sein müssen. Darunter fallen zum
Beispiel Geruchsempfindungen (Gould 1982, Wallraff 1983), Infra- und
Ultraschall (Dunbar 1984), Zeitempfinden (Gwinner 1986), elektromagnetische Felder (Warnke 1986), Polarisationssehen (Rossel 1987) und die
Wahrnehmung kleinster Temperaturunterschiede (Heywang 1989).

Eine weitere Erkenntnis besteht darin, daß manche der damit angesprochenen Sinneskanäle auch durch extrem schwache äußere Reize sti-
muliert werden. So ist beispielsweise bekannt, daß Bienen und wohl auch
Wale (Klinowska 1987) bei dem sich auf insgesamt etwa 50.000 Nanotesla
belaufenden Erdmagnetfeld noch Änderungen von nur wenigen Nanotesla
wahrnehmen können.

Unstrittig ist auch die enorme elektrische Sensibilität von Fischen (Haie
und Rochen) auf elektrische Potentialgradienten, selbst wenn sie nur noch

10^{-6} Volt/Meter betragen. Ferner vermögen schwache elektromagnetische 50 Hz-Felder die Aktivität von Ratten meßbar zu beeinflussen (Rudolph et al. 1985; Thomas et al. 1986). Zur Verständigung unter Artgenossen benutzen Nilhechte elektrische Signale und Elefanten Infraschall als Sprachelemente.

Skorpione verfügen über die Eigenschaften empfindlichster Seismographen und können noch Bodenschwingungen mit Amplituden von 10^{-10} Meter im 1 kHz-Bereich wahrnehmen (Brownell 1984). Auch weist auffällige Verhaltensunruhe von vielen Tieren vor Erdbeben auf wenig erforschte Empfindsamkeiten hin, wie sie etwa durch Infraschall, erhöhte Luftionisation durch geladene Aerosolteilchen oder mit dem Auftreten sehr langwelliger elektromagnetischer Strahlung im Bereich zwischen 10 Hz und 80 kHz bedingt sein könnten (Tributsch 1978a, 1978b; King 1983).

Auf zellulärer Ebene konnte nachgewiesen werden, daß sogar künstliche 60 Hz-Felder mit Feldstärken von nur 10 Millivolt/Meter eine biologische Reaktion hervorrufen können, die sonst nur bei Zellteilungen stattfindet (Byus et al. 1987).

Der Einfluß von Mikrowellen bestimmter Frequenz und geringer nicht-thermischer Intensitäten auf das Teilungsverhalten von Hefezellen konnte in langjährigen Studien wiederholt festgestellt werden (Grundler und Keilmann 1977; Keilmann 1985; Grundler et al. 1977, 1988). Im Hinblick auf eine theoretische Erklärung hat Fröhlich Modellvorstellungen entwickelt, welche auf langreichweitigen kohärenten Anregungszuständen in Zellen beruhen und ausführlich dokumentiert sind (Fröhlich 1970, 1977, 1980, 1983, 1986).

Die Auflistung von Bioeffekten und intelligenten Sensorsystemen in der Natur (Heywang 1989), welche schon durch geringste Feldstärken angeregt werden, ließe sich erheblich verlängern. Es soll hier genügen, eine Fülle von Hinweisen und Beweisen auf Sensibilitäten und Empfindungsmechanismen aufgezeigt zu haben, welche sich in ihrer Art und in ihrem Ausmaß von den bisher bekannten klassischen Sinnen deutlich abheben.

Die zahlreichen oben genannten Arbeiten zeigen ganz deutlich folgendes:

- *Die Empfangs- und Wirkungsmechanismen dieser Bioeffekte sind in der überwiegenden Zahl von Fällen **nicht** im einzelnen verstanden.*
- *Es lassen sich extrem hohe Empfindlichkeiten auf externe Signalfelder und hochintelligente Verarbeitung der aufgenommenen Signale feststellen.*

7.2.2 Ergebnisse beim Menschen

Im folgenden seien aus der in letzter Zeit enorm angewachsenen Fülle von Berichten über elektrische und magnetische Bioeffekte beim Menschen einige herausgegriffen. Diese zeigen recht deutlich, daß der Mensch über mehr Sinneskanäle verfügen muß, als historisch und im allgemeinen immer noch angenommen wird. Bemerkenswert erscheint uns in diesem Zusammenhang auch die Tatsache, daß die damit befaßten Forscher in zahlreichen Fällen nicht nur die selbstverständliche und sachlich notwendige Kritik von Fachkollegen erfuhren, sondern sich darüberhinaus gegen massive unwissenschaftliche Angriffe wehren mußten, obwohl sie in der Regel solide und objektive Befunde vorlegen konnten.

Vor etwa 10 Jahren berichtete der Zoologe Baker (1980a,b) der Universität Manchester über Experimente, in welchen das Orientierungsvermögen von Probanden geprüft wurde. Er zog daraus den Schluß, daß Menschen bei Orientierungsversuchen über gewisse nicht-visuell bedingte Fähigkeiten verfügen müßten, und hierbei zumindest teilweise die Erkennung von Magnetfeldern eine Rolle spielen dürfte. Er hat seine ersten diesbezüglichen Experimente in sieben weiteren Arbeiten replizieren können. In einer neueren Übersichtsarbeit zeigte Baker (1987) darüber hinaus, daß es bei analogen Versuchen von sechzehn anderen Arbeitsgruppen gelang, die gleichen Zusammenhänge in einem Ausmaß nachzuweisen, daß die Chance für Zufälligkeit der von diesen anderen Gruppen erhaltenen Gesamtresultate konservativ mit 1‰ abgeschätzt werden kann. Es deutet demnach vieles auf das Vorhandensein eines Sinnes für statische Magnetfelder beim Menschen hin.

Eine direkte Empfindlichkeit des menschlichen Auges auf Magnetfelder (von der Größenordnung des Erdmagnetfeldes) konnte von Krause und Hennekes (1986) nachgewiesen werden. Des weiteren wurde eine Beeinflussung des Auges und der menschlichen Dämmerungssehschärfe bei schwachen Variationen des Erdmagnetfeldes beobachtet (Cremer-Bartels et al. 1983, Krause et al. 1984). Es wird vermutet, daß hierbei das Sehpigment und die Ausschüttung des Hormons Melatonin eine Rolle spielen. Bei entsprechenden Tierexperimenten hat sich das jedenfalls mit Sicherheit herausgestellt (Cremer-Bartels et al. 1984). Nach Meinung der Autorengruppe ist damit nahegelegt, daß Magnetfeldänderungen die hormonellen Steuerungsmechanismen des Menschen beeinflussen.

Erste konkrete theoretische Erklärungsversuche für die beobachteten Magnetfeldempfindlichkeiten über das Sehpigment in der Netzhaut wurden von Schulten (1982), Schulten und Weller (1984) und Schulten und Windemuth (1986) gegeben. Von einem befriedigenden Verständnis kann zwar noch keine Rede sein, es kommt aber hier nur darauf an, ernsthafte und begründete Ansätze auf diesen neuen und noch uneinheitlich betrachteten Sektoren vermerken zu können.

Detaillierte Untersuchungen liegen über den Einfluß von Magnetfeldern niedriger Frequenzen und relativ geringer Stärke (von typischerweise 20 Hz und 6 Millitesla) auf das Wachstum von menschlichen Knochenzellen vor (Kraus 1982, Kraus 1984, Stürmer und Schmit-Neuerburg 1985). Am Genetischen Institut der Universität Hohenheim haben daraufhin Bayreuther und Rodemann (1988) in einer 3-jährigen Studie den Einfluß solcher nicht-thermischen Magnetfelder auf menschliche Fibroplasten (Vorläufer der Bindegewebszellen) nachweisen können.

Eine Hypersensibilität gegenüber elektromagnetischen Feldern niedriger Frequenzen wurde bei einer Reihe von besonders ausgewählten Multi-Allergie-Patienten festgestellt und untersucht (Smith 1984, Choy et al. 1986). Die beobachteten Empfindlichkeiten waren frequenzspezifisch und kaum von der Intensität der künstlichen Testfelder beeinflußt. Selbst schwächste Felder induzierten spontane Reaktionen, auch wenn vorher stärkere Felder mit anderen (offenbar unwirksamen) Frequenzen eingeschaltet worden waren.

Seit über 20 Jahren untersucht Baumer (1987) das Problem atmosphärischer Impulsstrahlung (Sferics). In diesem Zusammenhang sind Beobachtungen von Bedeutung, welche eine statistisch begründete Korrelation zwischen den mit magnetfeldempfindlichen Antennen gemessenen Sferics im 10 kHz-Bereich und dem zeitlich gut bestimmbaren Ausbruch bestimmter Krankheiten beim Menschen aufzeigten. Signifikante Korrelationen wurden für epileptische Anfälle (Ruhenstroth-Bauer et al. 1984), Herzinfarkt (Ruhenstroth-Bauer et al. 1985) und Hörsturz (Mees et al. 1987; Ruhenstroth-Bauer et al. 1987), sowie für Entzündungsreaktionen bei Ratten (Ruhenstroth-Bauer et al. 1986, 1988) festgestellt. Überraschend dürfte auch der Befund sein, daß Schlafparameter des Menschen davon abhängen, ob die bevorzugte Schlafrichtung parallel oder senkrecht zur Richtung des Erdmagnetfeldes orientiert ist (Ruhenstroth-Bauer 1987). Die allgemein bekannte und in wesentlichen Aspekten unerklärte Wetterfühligkeit sei in diesem Zusammenhang nur am Rande vermerkt.

Von weitreichender Konsequenz könnten die Befunde von Athenstaedt und Mitarbeitern (1982, 1984) sein, welche in experimentellen Untersuchungen pyro- und piezoelektrische Eigenschaften von Organen und Systemen des Menschen fanden, so für die Haut und das Zentralnervensystem mit Gehirn und Rückenmark. Mit diesen Befunden würde sich eine direkte Möglichkeit für Sinneswahrnehmungen gegenüber Infraschall und bestimmter elektromagnetischer Felder ergeben.

Wissenschaftliches Neuland wird auch bei der Untersuchung des sogenannten Building Illness-Syndroms beschritten (Kröling 1987), welches die Klagen über Störungen des Wohlbefindens und der Behaglichkeit in klimatisierten Gebäuden beschreibt. Zwar müssen in diesem Zusammenhang wahrscheinlich keine bisher nicht bekannten Sinne des Menschen zur Erklärung angenommen werden, da sich eine Reihe von im Prinzip trivialen Ursachen wie etwa infraschall-nahe Tonfrequenzen angeben lassen. Dennoch ist auch hier ein komplexes und nicht näher spezifizierbares Muster menschlicher Reaktionen auf teilweise schwache äußere Reize verschiedenster Art anzunehmen.

Letztlich sei eine Arbeit von Tucker und Schmitt (1978) erwähnt, in welcher ähnlich wie in unseren Spulen-Experimenten (Abschnitt 4.4) untersucht wurde, ob Probanden niederfrequente magnetische Felder erkennen. Es konnten in der Tat erstaunliche Sensibilitäten beobachtet werden, jedoch machten hierfür die Autoren nicht die Felder mit Flußdichten von maximal 1,5 Millitesla selbst, sondern damit verbundene extrem schwache und nicht näher spezifizierbare Sekundäreffekte verantwortlich. Die Treffer der Versuchspersonen konnten nämlich nur dadurch in den Bereich der Zufallsreaktionen gebracht werden, daß man die Probanden in eine schall-isolierte und an Seilen aufgehängte Kabine setzte, ihnen die Ohren versiegelte und über Lautsprecher Störgeräusche einspeiste, und die luftdichte Kabine letztendlich auf Unterdruck gepumpt wurde. Ob unter solchen Bedingungen noch eine eventuelle Feld-Sensibilität in Erscheinung treten kann, sei dahingestellt, ein interessantes Ergebnis ist jedenfalls darin zu sehen, daß einige wenige der Versuchspersonen hartnäckig auf nicht klar erkennbare Umgebungsreize reagierten, die deswegen als offensichtlich sehr schwach anzunehmen sind.

Es dürfte kaum überraschen, daß sich die Erforschung physiologischer Zusammenhänge bei der Mehrzahl der oben genannten Phänomene als äußerst schwierig erwiesen hat, und zwar sowohl im Hinblick auf die anzunehmenden Rezeptorsysteme als auch auf die nachgeschalteten neurophysiologischen Verarbeitungsmechanismen. Aufgrund des großen und aktiven Interesses an diesen Effekten und den mehrfach nach unten korrigierten Sensibilitätsschwellen gegenüber bestimmten äußeren Einflüssen darf aber mit zukünftigen Fortschritten gerechnet werden, welche möglicherweise auch Ansätze zum Verständnis rutengängerischer Fähigkeiten erbringen könnten.

7.3 Mögliche Erklärungen und Hypothesen

7.3.1 Erklärungsspektrum

Im vorangegangenen Kapitel wurde das heute in seinem vollem Umfang mit Sicherheit noch nicht voll erfaßte Leistungsspektrum biologischer Organismen (unter Einschluß des Menschen) in seiner erkennbaren Vielfalt angedeutet und auf das damit verbundene Erklärungsdefizit hingewiesen. Es bedarf keiner allzu großen Phantasie, die wenigen tatsächlich reproduzierbar beobachteten Fähigkeiten von Rutengängern in einen Rahmen biologischer Sensibilitäten versuchsweise einzuordnen und nach entsprechenden Erklärungen zu suchen, welche zwar Neuheitscharakter aufweisen müßten, dem Wesen nach aber als konventionell zu betrachten wären.

Zweck der Ausführungen dieses Kapitels ist nicht, solche Erklärungen bereits anzubieten, sondern im Hinblick auf den heutigen Wissensstand begründete Zusammenhänge und vorstellbare Möglichkeiten anzudeuten. Dabei sei ausdrücklich festgestellt, daß es sich zunächst nur um spekulative Erwägungen handeln kann.

Geht man die Liste der denkbaren physikalischen Felder oder Signale durch, welche in der Vergangenheit schon häufig als Ursache für ortsabhängige biologische Reaktionen genannt wurden und mit unserer Arbeitshypothese aus Abschnitt 3.2 verträglich sind, so lassen sich folgende nicht notwendig vollständigen Kategorien ausmachen:

- *Nichtionisierende elektromagnetische Strahlung (statische magnetische und elektrische Felder, elektromagnetische Wechselfelder von beliebig niedrigen Frequenzen bis zur Hochfrequenz im Mikrowellenbereich),*

- *Ionisierende Strahlung (hinreichend kurzwellige elektromagnetische Strahlung beginnend ab UV-Strahlung, Röntgenstrahlung und Radioaktivität),*

- *Luft-gebundene Effekte (Infra- und Ultraschall, Luftionisation, Geruchsstoffe).*

Natürlich sollte hier auch die Komplizierung durch Primär- und Sekundäreffekte unterschieden werden. So wird eine lokal variierende elektrische Bodenleitfähigkeit nicht ohne Einfluß auf die in der Luft darüber befindlichen elektrischen beziehungsweise elektromagnetischen Felder sein. Auch eine lokal erhöhte Radioaktivität des Bodens kann eine Erhöhung der Luftionisierung zur Folge haben, letztere wiederum luftelektrische Felder beeinflussen und ähnliches mehr.

Man muß zunächst von der Möglichkeit ausgehen, daß — ähnlich wie beim Kompaß-Sinn von Vögeln — für das hier diskutierte Rutengänger-Phänomen mehr als eine spezielle Ursache verantwortlich sein könnte. Versucht man aber, für die bisher als am sichersten nachgewiesenen Effekte eine gemeinsame Erklärungsrichtung zu finden, so bieten sich vornehmlich elektromagnetische Wechselfelder nicht zu hoher Frequenz, also aus dem nichtionisierenden Bereich an.

7.3.2 Statische Magnetfelder

Obwohl das Erdmagnetfeld und seine lokalen Variationen häufig mit Reaktionen von Rutengängern in Verbindung gebracht werden (Rocard 1963, 1964a, 1964b, 1981a, 1981b, 1988; Williamson 1979, 1987) sehen wir diesen Zusammenhang jedenfalls nicht als generell stichhaltig an, da er zur Erklärung eines Großteils der Befunde kaum geeignet ist. Dies sei anhand von drei Überlegungen näher begründet.

Erstens haben sich bei unseren Experimentserien an verschiedensten Orten in keinem Falle mehr als zufällige Übereinstimmungen zwischen leicht erkennbaren (größeren) Magnetfeldgradienten und Rutengänger-Angaben gezeigt. Zumeist lagen die Reaktionsorte der Versuchspersonen außerhalb solcher Bereiche, wo Variationen der magnetischen Feldstärke von mehr als einigen Prozent meßbar waren. Ein deutliches Beispiel hierfür wurde in den Abschnitten 4.2 und 4.5 gegeben: Mehrere Rutengänger hatten unabhängig voneinander in einem engen Ortsbereich mit recht konstantem Magnetfeldverlauf hochsignifikant reagiert, während eine etwa 2 Meter weiter weg vorhandene Magnetfeldanomalie offensichtlich keine Auswirkung hatte. Ein möglicher Fehler in dieser Argumentation könnte allenfalls in der zugrunde gelegten Annahme bestehen, daß die maximalen Feldgradienten auch die größte biologische Reizwirkung haben. Zumindest betrachten wir es als ausreichend gesichert, daß die Orte größter

Feldgradienten oder Feldstärke, oder Minima der Flußdichte im Bereich zwischen 1 und 50 Mikrotesla eben nicht bevorzugt zu Rutengänger-Reaktionen führen.

Zweitens wird als Argument vielfach eingewandt, die tatsächlich relevanten Feldgradienten seien sehr klein und auch richtungsabhängig (Rocard 1988). Das erscheint aber insofern als zweifelhaft, weil einerseits sehr kleine Feldänderungen nahezu überall zu finden sind und andererseits auch sehr geringe künstliche und technisch bedingte Magnetfelder aller Form keine deutliche Korrelation mit Rutenausschlägen erkennen lassen (siehe dazu auch die Pilotstudie, Abschnitt 2.4).

Drittens steht unter Berücksichtigung der heute sehr weit vorangeschrittenen Kenntnisse zur magnetischen Prospektion zweifelsfrei fest, daß an der Erdoberfläche nachweisbare örtliche Fluktuationen des statischen Magnetfeldes nur die entsprechenden Gegebenheiten der oberflächennahen Bodenschichten widerspiegeln und praktisch nichts über tiefer liegende geologische Strukturen aussagen können (Becker 1978, Mommsen 1986). So lassen sich mit Hilfe modernster Magnetfeldmessungen mit 1 Nanotesla Auflösungsvermögen (1 Teil in 50.000) sehr wohl gewisse archäologische Strukturen aufspüren, nicht aber zum Beispiel 50 Meter *tief* liegende wasserführende Klüfte, welche möglicherweise rutengängerisch erfaßbar sind (siehe dazu auch Abschnitt 5.4).

7.3.3 Elektromagnetische Felder

Ortsabhängige Variationen bestimmter natürlicher elektromagnetischer Felder können unter anderem von der Grundwasserverteilung und von Änderungen der elektrischen Leitfähigkeit des Bodens beeinflußt werden. Dies ist die allgemeine Grundlage zahlreicher modernster Prospektionsmethoden (siehe dazu Abschnitt 7.4). Weniger bekannt sind Untersuchungen, in welchen für die örtliche mittlere Intensität von Sferics-Impulsen — das sind Strahlungen im Frequenzbereich um 10 kHz, also mit Wellenlängen von etwa 30 km — eine deutliche Abhängigkeit von Bodenleitfähigkeit und Geländeform gezeigt werden konnte, wobei sich auch Sprungstellen der Leitfähigkeit des Geländes in den gemessenen Pulsraten abzeichneten

(Ludwig et al. 1968; Rauscht-Froemsdorff und Weise 1969). Die als Schumann-Resonanzen bekannten niederfrequenteren Spherics der Frequenz 10 Hz wurden zwar noch nicht bezüglich kleinräumiger Intensitätsvariation untersucht, könnten aber wegen der bekannten biologischen Wirksamkeit dieses Frequenzbereichs ebenfalls von Interesse sein.

Es gilt aber auch für Spektralanteile mit kürzeren Wellenlängen, daß die sich räumlich ausbildende Intensitätsverteilung natürlich vorhandener Felder durch die in der Umgebung und im Boden innerhalb der jeweiligen Eindringtiefe vorhandenen Strukturen geprägt ist. Das sei anhand einer einfachen Modellrechnung genauer erläutert, welche speziell für dieses Kapitel erstellt wurde.

Fällt eine gleichförmige elektromagnetische Welle beliebiger Wellenlänge auf ein der Einfachheit halber als kugelförmig angenommenes Hindernis, so entstehen durch Streuung und Reflexion Strukturen in der räumlichen Intensitätsverteilung. Dieses physikalische Streuproblem ist im Teil II des Anhangs präzise formuliert, so daß hier nur einige wesentliche Aspekte der Lösung vorgestellt seien. Die Abbildungen 24 und 25 zeigen den elektrischen und magnetischen Anteil der resultierenden Intensität für den Fall, daß der Störkörper die 10-fache Größe der Wellenlänge der einfallenden Strahlung besitzt. Es ist zu erkennen, daß sich hinter dem Objekt eine teilweise enorme lokale Intensitätsüberhöhung ausbildet, welche noch in Entfernungen zu erkennen ist, welche ein Vielfaches der Ausdehnung des Störkörpers betragen.

Einen Schnitt quer zur Ausbreitungsrichtung der Welle zeigt Abbildung 26. Bei der gewählten Entfernung vom Störkörper ergibt sich eine lokale Intensitätsüberhöhung von etwa 80%. Das elektrische Feld weist ein Maximum und das magnetische Feld ein recht scharfes Minimum auf. Die der Rechnung zugrunde gelegten Annahmen stellen zwar stark idealisierte Bedingungen dar, aber auch bei realistischeren Vorgaben ist mit örtlich eng begrenzten Fokussierungseffekten in der Streustrahlung zu rechnen, welche starke Intensitäts- und Feldgradienten zur Folge haben.

In diesem Zusammenhang muß auch die Absorption der Wellen auf dem Weg zwischen Störkörper und Erdoberfläche und die dadurch verur-

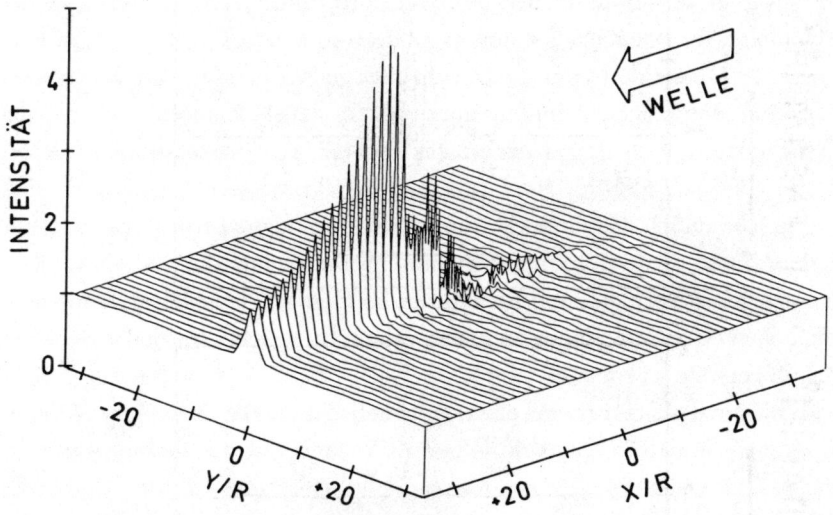

Abbildung 24: *Intensität des elektrischen Feldes bei der Streuung an einer dielektrischen Kugel (ε = 81; σ = 0). Das Verhältnis zwischen Wellenlänge der einfallenden Strahlung und dem Kugelradius beträgt λ/R = 0.1.*

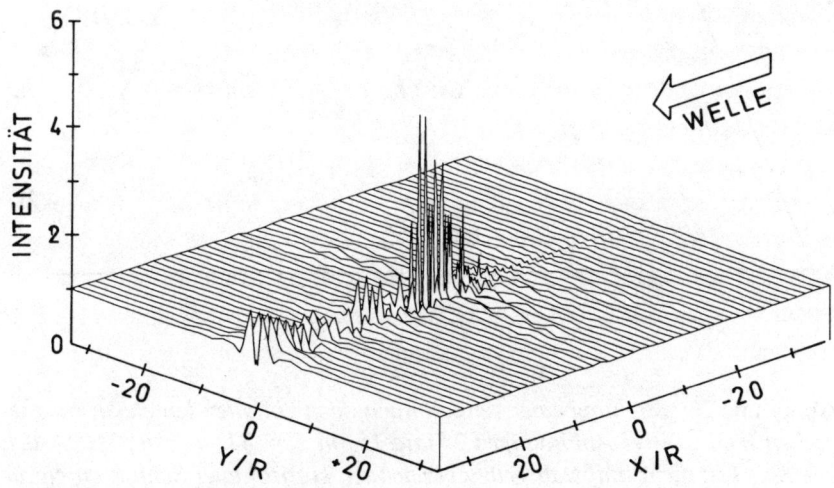

Abbildung 25: *Intensität des magnetischen Feldes bei der Streuung an einer dielektrischen Kugel (ε = 81 ; σ = 0 ; λ/R = 0.1). Die Kugel befindet sich im Koordinatenursprung. Details sind im Anhang II erläutert.*

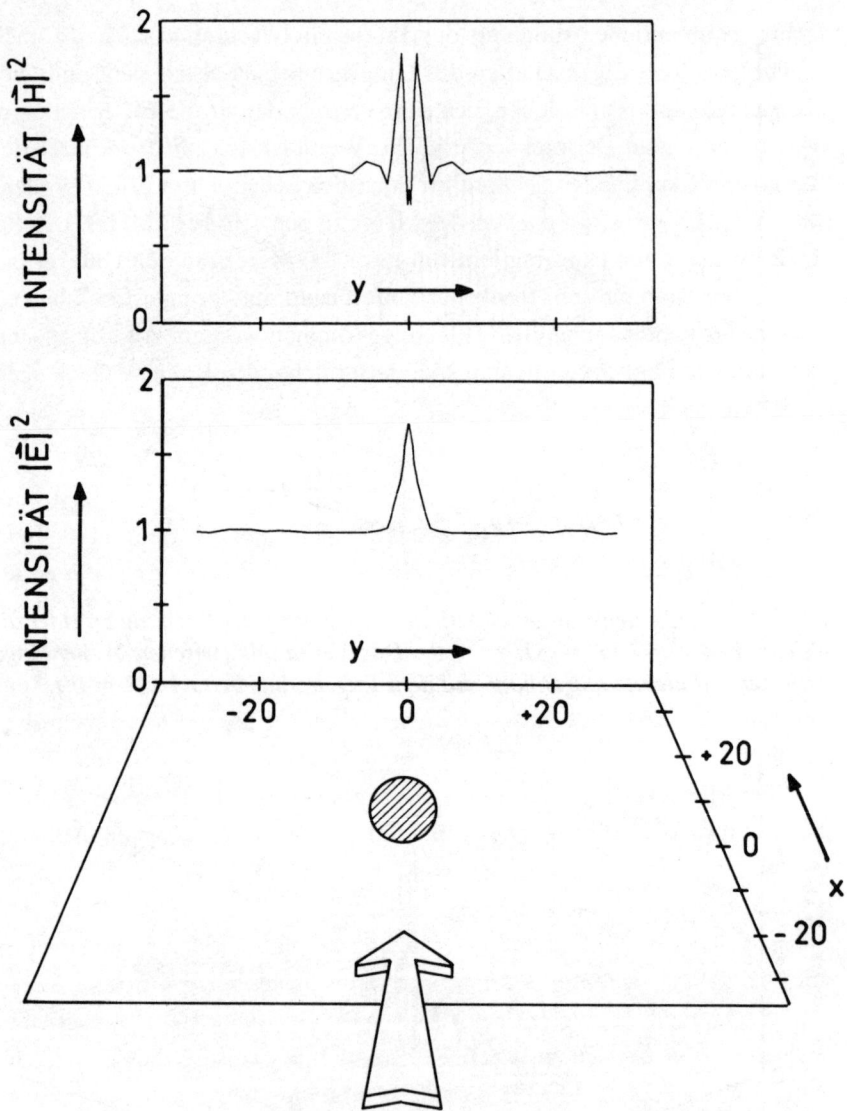

Abbildung 26: *Streuung einer vertikal nach oben einfallenden elektromagnetischen Welle, wie in Abbildungen 24 und 25 mit $\epsilon = 81$, $\sigma = 0$, $\lambda/R = 0.1$. Die Kugel ist nicht maßstabsgetreu gezeichnet. Horizontaler Schnitt durch die Intensitätsverteilung für die elektrische (oben) und magnetische (unten) Komponente des Fernfeldes im Abstand $x = 36\,R$.*

sachte exponentielle Abnahme der Intensität beachtet werden. Je nach Wellenlänge und Eigenschaften des Untergrundes (Leitfähigkeit und Dielektrizitätskonstante) ergeben sich sehr verschieden große Eindringtiefen. Dies sei an einem Beispiel verdeutlicht. Wenn es sich um Störkörper der Dimension 1 km handelte, wären für den oben behandelten Effekt Wellenlängen der Größenordnung von 100 Meter zu betrachten (3 MHz). Um für solche Wellen eine Eindringtiefe von etwa 100 Metern in den Untergrund zu erhalten, muß ein sehr trockener Untergrund mit geringer Leitfähigkeit von der Größenordnung 10^{-4} / Ωm angenommen werden. Allerdings sind kleinräumige Feldvariationen im Meter-Bereich mit solchen Wellenlängen nicht ohne weiteres möglich.

7.3.4 Infraschall

Aus verschiedenen Gründen erscheint es sinnvoll, auch die Hypothese betreffs Infraschall in die Diskussion einzubeziehen. Dies wird unter anderem dadurch nahegelegt, daß einmal die in den Abschnitten 4.5 und 5.4 dargelegten Messungen des Bodenschalls über Teststrecken eine kleinräumige mikroseismische Struktur zeigen, und zum anderen biologische Sensibilitäten auf derartige Schwingungen zumindest im Tierreich nachweisbar sind.

Beim Menschen sind nach den uns vorliegenden Informationen weder die Schwellenwerte für Infraschall-Empfindung noch deren individuelle Streuung ausreichend untersucht worden. So geht man bei den diesbezüglichen Vornormen im Bauwesen davon aus, daß die untere Wahrnehmungsstärke bei 20 Hz durch Schwingungsamplituden von 1 μm gegeben sei. Diese Werte sind zur Vermeidung von wahrnehmbaren Belästigungen gedacht, können ihrer Natur nach aber keine Grenzwerte der biologischen Wahrnehmung darstellen. Auch ist darauf hinzuweisen, daß gerade die Rutengänger-Technik eine Erhöhung bestimmter Sensibilitäten bedeuten dürfte. Die von Rutengängern reproduzierbar angegebenen Ortsbereiche werden ja auch nur mit Hilfe der Rutenreaktion gefunden, während der gleiche Proband an solchen Stellen ohne Rute in der Regel keine direkt beobachtbare Reaktion erfährt.

Ferner stellt sich die Frage, ob Rutengänger vielleicht auch auf Gebäudeschwingungen reagieren, die sich frequenzmäßig näherungsweise zwischen 10 und 30 Hz bei vertikalen Schwingungen und unter 10 Hz in horizontaler Richtung bewegen. Dies wäre eine hypothetische Erklärung dafür, daß Rutengänger in mehrstöckigen Gebäuden senkrecht übereinander liegende Reaktionszonen angeben (was in diesem Projekt nicht überprüft wurde). Da Gebäude in den verschiedenen Stockwerken meist gleichartige Bauweise und Dimensionen zeigen, sollten auch übereinanderliegende Zwischendecken stockwerksunabhängig ähnliche Schwingungsmuster aufweisen.

Schließlich wäre zu bedenken, ob die bekannte Auswahl und Bevorzugung bestimmter Plätze bei verschiedenen Tierarten nicht auch teilweise mit Bodenschwingungen korreliert sein könnte. Entsprechend empfindliche Sensorik ist jedenfalls bei vielen Tierarten nachgewiesen, wobei deren maximale Sensibilitäten noch um einige Größenordnungen besser sind, als es die Wahrnehmung der in ruhigen Lagen meßbaren Schwingungen erfordert ist.

7.3.5 Modell-Prinzipien

In Zusammenfassung der oben umrissenen Hinweise und Spekulationen läßt sich konstatieren, daß zwei für eine naturwissenschaftliche Klärung des Problems als unabdingbar anzusehende Voraussetzungen mit hoher Wahrscheinlichkeit erfüllt sind. Zum einen weisen verschiedenste bekannte Felder örtliche Schwankungen auf, welche zumindest in bestimmten Fällen mit Strukturen des Untergrundes korreliert sind. Zum anderen liegt eine Vielzahl von Hinweisen und Beweisen zur Sensibilität biologischer Organismen unter Einschluß des Menschen vor, auf verschiedenste räumlich und zeitlich variierende Felder in einer Art und Weise zu reagieren, welche nicht im Rahmen der klassischen Sinne zu verstehen ist.

Eine Erklärung rutengängerischer Fähigkeiten setzt weiter voraus, daß örtliche Variationen von Feldern nicht nur integral erkannt, sondern auch differenziert *analysiert* werden können. Es sei zum besseren Verständnis dieser Forderung nochmals auf Abbildung 4 verwiesen. Da die betreffenden Felder nicht räumlich singulär auftreten, sondern als ausgedehnt angenommen werden müssen, kommt es nicht nur auf die Wahrnehmung der Felder selbst an, sondern auch auf die Erkennung bestimmter ortsabhängiger Informationsgehalte in diesen Feldern. Es dürfte vor allem die reproduzierbare Beherrschung dieser im letztgenannten Punkt erwähnten Fähigkeit sein, welcher die "guten" Rutengänger von der Masse der anderen Menschen unterscheidet.

Demnach sollte die *Entschlüsselung* einer im Signalfeld enthaltenen Information eine zentrale Rolle spielen. Damit würde auch zu verstehen sein, daß ein "guter" Rutengänger unter Umständen mehr als nur *Orts*informationen erhalten kann — wie es auch bei allen anderen Sinnen entsprechend der Fall ist, welche nicht nur Ja–Nein-Antworten, sondern auch Intensitäten und teilweise komplexe Qualitäten vermitteln. Auf die hiermit verbundenen Fragen der Informations-Kapazität von verrauschten Nachrichtenkanälen sei nicht näher eingegangen, da hierzu ausgiebig Literatur vorliegt (Jaglom und Jaglom 1984).

In diesem Zusammenhang ist es aufschlußreich, auf nur eine der zahlreichen eindrucksvollen Sinnesleistungen des Menschen speziell hinzuweisen. Es ist bekannt, daß manche Personen aus einem Sprachengewirr eine bestimmte bekannte Stimme, oder aus der Klangfülle eines großen Orchesters ein bestimmtes Instrument "heraushören" und zeitlich unmittelbar mitverfolgen können, auch wenn die physikalisch angebbare Einzellautstärke der gewünschten Information weitaus geringer als die Gesamtintensität der Schallquelle ist. Zur heutigen Zeit ist diese Spontan-Leistung in ihrem Ausmaß technisch nicht zu simulieren, selbst wenn die schnellsten Computer mit einer technisch noch so einwandfreien Mikrofonaufnahme elektronisch gefüttert werden und die raffiniertesten Frequenzanalysen zur Anwendung kommen. Der Musik-Kritiker kann noch nicht durch einen Computer ersetzt werden, und erst recht nicht durch eine zeitsynchrone Anlage. Es ist zwar vorstellbar, daß sich dies in Zukunft ändern mag, doch bleibt es dabei, daß die hier angesprochene Leistungsfähigkeit menschlicher *Signalanalyse* enorm hoch anzusiedeln ist. Sollten Rutengänger über integrale Körperfunktionen — ein spezielles Empfangsorgan dürfte kaum

vorhanden sein — bestimmte Felder wahrnehmen, so sind an die Differen-
zierfähigkeit betreffs der aufgenommenen Signale Anforderungen zu stellen, welche im Vergleich zu dem oben zitierten Beispiel spezifischen Hö-
rens als relativ gering anzusehen sind.

7.4 Künftige Untersuchungen

Aus den Ergebnissen des vorliegenden Projekts läßt sich folgern, daß zukünftige Forschungen zu diesem Themenkreis vertretbar sind, wobei sie in zwei verschiedenen Hauptrichtungen geplant werden sollten. Dies betrifft zum einen die vornehmlich physiologischen Aspekte am "Empfänger", zum anderen die mehr geophysikalisch orientierten Fragen des "Senders".

7.4.1 Biologisch-Medizinische Projekte

Mit den in diesem Projekt vorgelegten Befunden zu ortsabhängigen Reaktionen von Versuchspersonen ist eine praktikable Basis gegeben, nunmehr die Erforschung des biologischen Wirkungsmechanismus gezielt verfolgen zu können. Dabei kämen zunächst die im Abschnitt 2.3 erläuterten grundsätzlichen Erwägungen als Ausgangspunkt in Frage, welche im Rahmen des Expertentreffens von 1984 erarbeitet wurden. In Kürze wären die wichtigsten Gesichtspunkte für einen zukünftigen Forschungsansatz aktualisiert wie folgt zu umreißen.

Zur besseren Objektivierung der Ortsreaktion ist es unbedingt erstrebenswert, vom sogenannten "Rutenausschlag" der Versuchspersonen und damit von der subjektiven Selbsteinschätzung dieses Vorgangs als ursächlicher Informationsquelle loszukommen. Da dieser Vorgang als Ende einer biophysiologischen Kettenreaktion im Körper der Versuchspersonen gesehen werden muß, sollte es möglich sein, den auslösenden Reiz oder einen begleitenden physiologischen Vorgang direkt meßtechnisch, und damit objektiv, zu erfassen und eventuell zu interpretieren. Mittels eines solchen meßbaren Signals würde man nicht nur von Eigenarten, subjektiven Fehleinschätzungen und Unzuverlässigkeiten der Probanden weitgehend unabhängig werden, sondern hätte auch die Möglichkeit, mittels der Eigenschaften des erfaßten Signals (Stärke, Form, Zeitverhalten) nach Veränderungen und Beeinflussungsmöglichkeiten zu suchen, also Ursachenforschung zu betreiben. Darüber hinaus könnten großflächige Ortsbereiche untersucht werden, um über die räumliche Häufigkeit von "Reizzonen" genauere Kenntnisse zu erlangen. Dies wäre wiederum für eine spätere Werteinschätzung bei der Durchführung von epidemiologischen Studien im Hinblick auf geopathogene Effekte eine nahezu unerläßliche Hilfe.

Ein objektivierbares Reaktionssignal würde es auch erlauben, verschiedene Versuchspersonen auf ihre spezifische Sensibilität hin zu untersuchen und, bei in vieler Hinsicht notwendigen, "Eignungstests" von Probanden Hilfestellung zu leisten.

Ein unbekanntes Phänomen sollte nur mit bekannten und anerkannten Meßverfahren angegangen werden, da sonst zu viele Unwägbarkeiten auftreten können. Eine genauere Beurteilung der Einsatzmöglichkeiten erprobter Verfahren ist derzeit kaum möglich, da zu wenig über den vermuteten räumlichen und zeitlichen Verlauf der Reizursache bei Rutengänger-Reaktionen bekannt ist. Da die Expositionszeiten eine große Rolle spielen, muß zunächst zwischen Kurz- und Langzeitreaktionen unterschieden werden. Zudem bedingt die Suche nach physiologischen Reaktionen einerseits beim Rutenausschlag und andererseits nach längerer Verweildauer auf einer sogenannten "Reizzone" unterschiedliche Meßtechnik.

Im einzelnen könnten folgende physiologische Parameter, beziehungsweise Verfahren benutzt werden, welche hier nur stichwortartig und ohne Angabe von Literaturzitaten genannt seien: Hautwiderstand, Potentialdifferenzen mittels EEG, EKG und EMG, Muskelaktivität, Frequenzanalyse im Myogramm, Pulsfrequenz (zeitabhängige Kurvenformen und Frequenzanalyse), Pupillometrie, Finger-Verschluß-Pletysmographie, Streßreaktionen, Thermographie, Kreislaufregulation bei Belastung, Erwärmungszeit nach standardisierter Abkühlung, Flimmerverschmelzungsfrequenz, Blutsenkungsgeschwindigkeit, Blutuntersuchungen mittels induzierter Biolumineszenz und andere Blutparameter, Entzündungsbereitschaft standardisierter Versuchstiere und andere Tierversuche, tierphysiologische Modelle und Bioindikatoren, wie auch verhaltensphysiologische Merkmale. Hinzu kommen Überprüfungen der Sensibilitätsschwellen gegenüber Infra- und Ultraschall, sowie verfeinerte Tests bezüglich der Empfindlichkeit auf elektromagnetische Felder in den verschiedensten Frequenzbereichen. Als Beispiel hierzu zeigt Abbildung 27 das Ergebnis eines EEG-Versuchs.

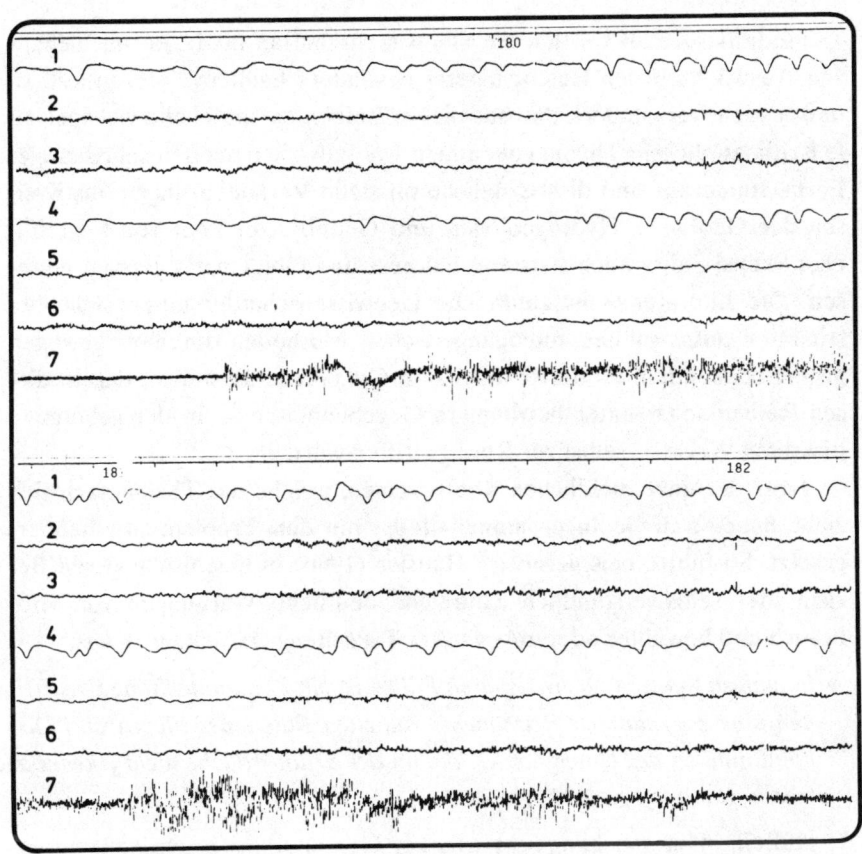

Abbildung 27: *Gehirnstromkurven (EEG; Linien 1 bis 6) und Muskelspan-*
nung (EMG; Linie 7) eines Probanden, der mit verbundenen Augen auf ei-
nem Rollstuhl sitzend über eine "Reizzone" gefahren wurde, welche er bei ei-
ner vorangegangenen Begehung festgelegt hatte. Kurven 1 und 4 spiegeln die
Bewegungen des Augenlids wider. Die beiden Aufzeichnung von jeweils etwa
15 Sekunden zeigen deutlich das Einsetzen einer Reaktion.

7.4.2 Geophysikalische Projekte

Traditionsgemäß werden die Geowissenschaften bis heute mit negativen Auswüchsen der Rutengängerei besonders hautnah konfrontiert, so daß es nicht verwundert, daß aus diesen Reihen entsprechend viel spezielle Kritik zu diesem Thema gekommen war, zuweilen auch in sehr heftiger Form. Immerhin sind diesbezügliche offizielle Verlautbarungen aus Kreisen der Geologen, Hydrogeologen und Geophysiker zwar von begreiflicher Skepsis, aber auch stets von Fairness und Objektivität geprägt gewesen. Die Literatur weist zahlreiche Geowissenschaftler aus, welche bestimmten ausgewählten rutengängerischen Methoden durchaus gewogen gegenüberstanden. Es dürfte auch kein Geheimnis darstellen, daß in diesen Reihen sogar unter bestimmten Gegebenheiten — in der gebotenen diskreten Weise — selbst zur Rute gegriffen wurde.

Trotz der unvermeidlichen Kontroversen, welche das Thema nach sich zieht, haben sich Geologen immer wieder mit dem Problem auseinandergesetzt. So führte beispielsweise Häusler (1986) in einem objektiven Bericht, der selbstverständlich zahlreiche deutliche Warnungen vor Mißbrauch und bewußter oder unbewußter Täuschung enthielt, auch aus:

● *In einigen wenigen nachweisbaren Fällen ist ein Zusammenhang zwischen den über sogenannten Reizzonen ermittelten Rutenausschlägen und Diskontinuitäten des Untergrundes, die an der Erdoberfläche nicht erkennbar waren, glaubhaft gemacht worden.*

Auf eine Untersuchung schwedischer Geophysiker (Engh 1983) mit interessanten Ergebnissen zur Leistungsfähigkeit von Rutengängern wurde bereits im vorangegangenen Kapitel hingewiesen. Im Hinblick auf die neuere Entwicklung, vor allem aber durch die bereits über mehrere Jahre andauernde Untersuchung der GTZ (Abschnitt 5.4), scheint nunmehr eine breitere Basis für eine zukünftige konstruktive Zusammenarbeit mit den Geowissenschaften ermöglicht zu sein. Nachfolgend werden daher einige Ansatzpunkte für solche denkbaren Projekte angedeutet.

Zusammen mit unseren im Abschnitt 5.4 beschriebenen vorläufigen Befunden sei zumindest in diesem Zusammenhang mit den nötigen Einschränkungen und vorbehaltlich einer zukünftigen Bestätigung durch neutrale Hydrogeologen davon ausgegangen, daß sich bestimmte wasserführende Kluftsysteme in kristallinem Gestein durch einige wenige, aber dafür besonders geeignete Rutengänger unter speziellen Voraussetzungen mit praktisch hinreichend hoher Zuverlässigkeit auffinden lassen. Damit eröffnet sich prinzipiell die Möglichkeit für weitere Testserien. So wäre ganz besonders hilfreich herauszufinden, welche geophysikalischen Signale von den Rutengängern hierfür ausgenutzt werden. Dabei sollte auch der erstaunliche und noch völlig unverständliche vorläufige Befund Beachtung finden, daß solche Rutengänger eine enge Kluft der oben genannten Art möglicherweise sogar genauer und schneller finden können, als dies die derzeit genutzten technischen Meßverfahren in der Regel erlauben. Als Ziel derartiger Forschungsbemühungen könnte erhofft werden, mittels der hierbei gewonnenen Erfahrungen gängige technische Verfahren zu optimieren, oder aber auch eventuell neue Methoden zu entwickeln.

Eine mögliche Vorgehensweise bestünde beispielsweise darin, anhand ausgewählter geophysikalischer Problemstellungen herauszufinden, bei welchen geologischen Situationen ein Rutengänger erfolgreich ist oder versagt. Wo er erfolgreich ist, sollte das gesamte verfügbare Instrumentarium moderner Meßtechnik zum Einsatz kommen, um nach ortsabhängigen, strukturell bedingten und kleinräumigen Feldanomalien zu suchen.

Nach Expertenmeinung und aufgrund weitreichender geologischer Erfahrung handelt es sich bei der Auffindung von grundwasserführenden Spalten und Klüften um ein problemreiches Unterfangen, bei dem die üblichen geophysikalischen Verfahren meist versagen. Beispielsweise erlaubt die Geoelektrik nur oberflächennahe Verwerfungen über die Messung der Bodenleitfähigkeit zu erkennen. Tiefer liegende Anomalien bis etwa 100 Meter und teilweise tiefer können noch am ehesten mit elektromagnetischen (EM) Verfahren erfaßt werden. Das Prinzip einiger solcher Methoden sei im folgenden vereinfacht erläutert, damit der Umfang der bisher technisch genutzten physikalischen Felder erkenntlich wird.

Im einfachsten Fall werden in passiver Weise natürliche und technisch bedingte elektromagnetische Längstwellen (VLF) mit Frequenzen von etwa 10-20 kHz ortsabhängig gemessen. Feldstärkeanomalien weisen auf Änderungen der Leitfähigkeit im Untergrund hin. Solche Geräte bezeichnet man in Laienkreisen häufig als "moderne Wünschelrute". Die Ortsauflösung ist hier allerdings nicht sehr gut und es besteht auch eine Reihe von Möglichkeiten zu Fehlinterpretationen.

Effektiver sind aktive Geräte, welche mittels Spulen ein magnetisches Primärfeld mit Frequenzen zwischen etwa 100 Hz und 10 kHz aufbauen, welches im Untergrund ein Sekundärfeld erzeugt. Letzteres wird mittels einer Empfangsspule gemessen, welche in einem speziell gewählten Abstand von der Sendespule positioniert ist. Der Vergleich von Intensitäten und Phasenlagen ermöglicht Rückschlüsse auf den elektrischen Widerstand des Untergrundes. Der Frequenzbereich ist dadurch eingeengt, daß Signale mit zu hohen Frequenzen im Erdboden absorbiert werden und solche mit zu tiefen Frequenzen keine gute Ortsauflösung ergeben.

Aufschlußreich ist die Feststellung, daß Spalten bei Messungen mit dem Slingram-Verfahren Minima der Feldstärke erzeugen, wenn sie mit leitfähigem (tonigen) Material oder Wasser gefüllt sind (Vogelsang 1974; Telford et al. 1978; Fischer et al. 1983). Beim VLF-Meßverfahren ist darauf zu achten, daß nur dann eine erkennbare Anomalie über einem Leiter (Verwerfung mit Tonsilikaten) gemessen werden kann, wenn die Richtung von Sender und Verwerfung aufeinander ausgerichtet sind und die Meßprofile senkrecht dazu verlaufen. Diese Richtung muß also bekannt sein oder erst einmal gefunden werden.

Normalerweise leiten Kluftwände elektrisch sehr viel besser als Wasser. Im allgemeinen wird nämlich in einem wasserführenden Kluftsystem der durch elektromagnetische Meßverfahren erkennbare Leiter nicht vorwiegend vom Wasser gebildet, sondern hauptsächlich durch die Ablagerungen (Tonsilikate) oder Alterationsprodukte des anliegenden Gesteins. Letztere beinhalten meistens ein größeres Volumen und sind darum geophysikalisch leichter erfaßbar. Das bedeutet, daß sich mit der EM-Methode zwar Spalten lokalisieren lassen, aber nicht ohne weiteres zu entscheiden ist, ob sie auch Wasser führen.

Unter diesen Umständen bieten sich Tests von Rutengängern in Kombination mit dem EM-Verfahren über gut bekannten Spaltensystemen an, insbesondere im Hinblick auf die im Abschnitt 5.4 erwähnte Beobachtung, daß Rutengänger, welche offenbar bei der Lokalisierung von Spalten mit relativ geringem Wasserdurchsatz erfolgreich sind, vergleichsweise riesige Wassermengen in eng begrenzten künstlichen Rohrleitungen nicht oder kaum zu erspüren vermögen. Man könnte demnach prüfen, wie groß Wasserflächen oder ausgedehnte leitende Flächen sein müssen, um rutengängerisch erkannt zu werden. Sollten sich hierbei Zusammenhänge ergeben, wäre dies für eine Theorienbildung nützlich. Allerdings ist es nicht einfach, für solche Testobjekte geeignete Spalten oder Klüfte aufzufinden, da diese hinlänglich genau lokalisiert sein müssen und normalsensorisch nicht erkennbar sein dürfen.

Insbesondere sollte unsere aus den Ergebnissen in Abschnitt 5.4 resultierende Vermutung überprüft werden, daß Rutengänger in solchen Fällen entgegen landläufiger Meinung gar nicht auf Wasser im Sinne einer chemischen Substanz reagieren, sei es in fließendem oder ruhendem Zustand, sondern vielmehr auf Sekundäreffekte, wie sie unter anderem auch durch Wasser, insbesondere fließendes Wasser, erst erzeugt werden.

Schließlich sei noch auf die tomographische Methode hingewiesen, mit Hilfe der Kernspin-Resonanz nach Wasservorkommen zu suchen. Dabei erzeugt eine Spule ein konstantes Magnetfeld, welches in den Boden eindringt. Dort vorhandene Wasserstoffkerne werden dadurch zu Oszillationen angeregt, die über ein gleichzeitig eingestrahltes magnetisches Wechselfeld durch Resonanzeffekte nachweisbar sind. Aus der Frequenz der Resonanz läßt sich auf die Tiefe, aus Stärke und zeitlichem Verhalten des Signalechos auf Quantität und Qualität des Wasservorkommens schließen (Paetzold et al. 1985). Dieses Verfahren ist demnach geeignet, gleichzeitig mehrere Detailinformationen, also nicht nur eine Ortsangabe, zu liefern — in Analogie zu den von guten Rutengängern berichteten Fähigkeiten. Die Prüffelder sind auch durch eine Impulsfolge mit geeigneter Frequenzanalyse des Echos ersetzbar. Würde man das erdmagnetische Feld als eines der Prüffelder betrachten, dann ist mit Resonanzfrequenzen um 10 Hz zu rechnen.

Auf die Notwendigkeit zur Überprüfung des niederfrequenten Erdschallspektrums (vorwiegend nahe den biologisch wirksamen Frequenzen um 10 Hz) im Hinblick auf rutengängerische Reaktionsorte wurde schon im Abschnitt 4.5 deutlich hingewiesen. Hinweise auf das Vorhandensein räumlich eng begrenzter mikroseismischer Effekte über bestimmten Spaltensystemen sind auch aus einer Reihe konventioneller Untersuchungen aus neuerer Zeit zu entnehmen (Boeckh 1989).

Zusammenfassend läßt sich zu den in diesem Abschnitt abgehandelten Problemen sagen, daß es eine große Anzahl von teilweise noch nicht bis zur denkbar höchsten Perfektion entwickelten geophysikalischen Verfahren gibt, welche sich prinzipiell zur Lokalisierung von Grundwasser oder damit korrelierten Strukturen eignen. Diese Vielfalt technischer Möglichkeiten sollte der Reihe nach daraufhin durchdacht werden, ob sich Ansätze zur Erklärung der genannten diesbezüglichen rutengängerischen Fähigkeiten ableiten lassen. Es ist derzeit sicher nicht möglich, solche direkten Zusammenhänge herzustellen, man erkennt aber aus dem Gesamtbild, daß sich zahlreiche Wege und Mechanismen zur zukünftigen Überprüfung anbieten, welche im Rahmen mehrerer kleinerer gezielter Forschungsprojekte im Bereich der Geowissenschaften angesiedelt werden könnten. In diesem Zusammenhang ist der Hinweis bemerkenswert, daß sich die Senatskommission für Geowissenschaften der Deutschen Forschungsgemeinschaft (DFG) bereits 1983 gegenüber solchen Projekten — welche auch zur Aufhellung des Rutengänger-Phänomens beitragen würden — aufgeschlossen zeigte und willens ist, diese wie andere konventionelle Projekte zu behandeln (siehe auch Abschnitt 2.3). Dieser damalige Beschluß hat nach wie vor Gültigkeit (Berckhemer 1989).

8. Problematik kontroverser Themen

8.1 Schwierigkeiten der Forschung auf Grenzgebieten

Wissenschaftliche Grenzgebietforschung zeichnet sich unter anderem dadurch aus, daß verbindliche und allgemein anerkannte Normen fehlen. Es gibt weder verläßliche Autoritäten noch garantiert objektive Lehrmeinungen oder fundierte Lehrbücher zu den betreffenden Themen. So ist es nicht verwunderlich, daß die von der Wissenschaft nicht besetzten Nischen von allerlei selbsternannten "Experten" und Wissenschaftlern in vielfältigster Weise ausgefüllt werden und ein totales Meinungschaos entsteht. In einem solchen Umfeld gedeiht natürlich jegliche Art von Mißbrauch und Scharlatanerie, wie das nicht selten auch auf dem Gebiet der Rutengängerei seit langem der Fall ist. Der Vollständigkeit halber ist hier aber zu ergänzen, daß die aus einem Großteil der objektiv fehlerhaften Beobachtungen gezogenen Schlußweisen nicht durch Unredlichkeit zustande kommen. Unkritische und für eine wissenschaftliche Tätigkeit nicht ausgebildete Personen — dazu dürfte die Mehrzahl der Rutengänger zählen — verfallen bei der Beschäftigung mit komplizierten Themen sehr leicht ausgeprägter Selbsttäuschung. Sie sind nicht in der Lage, die Grenzen ihrer Fähigkeiten oder die Unsinnigkeit ihres Tuns in diesem speziellen Bereich zu erkennen.

Im Umfeld der Rutengängerei stellen die schon seit historischen Zeiten mit Recht in Verruf geratenen Abschirmgeräte und Entstörverfahren gegen angeblich schädliche "Erdstrahlen" das größte Ärgernis dar. Dies ist von genügend vielen Kritikern immer wieder — leider erfolglos — angeprangert worden, so daß wir uns hier nicht zusätzlich anzuschließen brauchen. Es ist jedoch zu bemerken, daß dieser offensichtliche Unfug vielen Skeptikern und Kritikern der Szene reichlich Anlaß bietet, in undifferenzierter Art und Weise gegen das gesamte Gebiet vorzugehen. Beispielsweise werden von solchen Kritikern sehr gerne Abschirmgeräte vorgeführt und aufgesägt, um die nicht bestreitbare Unsinnigkeit der Apparate als probates Mittel gegen "Erdstrahlen" aufzuzeigen. Dies dient zur Schaffung einer Argumentationsbasis, auf welcher sich leichter auch sämtlichen anderen rutengängerischen Effekten kurzerhand jegliche Realität absprechen läßt, ohne weitere Befunde ausgewogen diskutieren zu müssen. Mit solch pauschalem Vorgehen wird bei vielen Personen erst die Neugier an solchen Geräten geweckt — "es könnte ja doch etwas Wahres daran sein" — und außerdem ein Beitrag zum verstärkten Aufbau von Hürden gegen ernsthafte Forschung und Aufklärung geleistet, weil vor einer wissenschaftlichen Betätigung erst einmal mühsam klargelegt werden muß, daß es überhaupt noch offene und wesentlich ernsthaftere Fragen gibt.

Ein weiteres Problem entsteht dadurch, daß vor allem in neuerer Zeit in bestimmten Rutengänger-Kreisen die Meinung zunimmt, mit Hilfe der richtigen Rutentechnik sei nahezu jede Person in der Lage, eine nahezu beliebige Aufgabe nach kürzestem Probieren sicher lösen zu können. Auf die unqualifizierten Theorien, welche hierzu herangezogen werden, soll dabei gar nicht erst eingegangen werden. Dieser esoterische Trend verstärkt die Grabenbildung gegenüber den Wissenschaften.

Nicht zuletzt sei auf den Mißbrauch im Hinblick auf geobiologische Fragestellungen hingewiesen, wie er bereits im Abschnitt 7.4 erwähnt wurde. Diese und noch viele andere nicht explizit angesprochenen Probleme erzeugen notwendigerweise eine negative Belastung, welche auf seiten der Wissenschaften zu oft unüberwindlichen Berührungsängsten gegenüber dem Thema Wünschelrute führen und es außerordentlich schwer machen, seriöse Forschung effektvoll zu gestalten. So wird bereits eine nicht ausschließlich ablehnende Beschäftigung mit dem Thema von etablierten Kreisen der Wissenschaft nicht selten als inakzeptabel angesehen. Man ist nicht bereit, eine eigentlich notwendige und ansonsten in der Wissenschaft selbstverständliche Differenzierung vorzunehmen.

Schließlich ist zu berücksichtigen, daß auf Grenzgebieten meist keine oder nur sehr wenige Gesprächspartner zu finden sind, welche in dem einschlägigen Forschungsbereich über ausreichend gute Kenntnisse verfügen und als solide informierte Spezialisten angesehen werden könnten. Dies führt einerseits bei Kontakten nicht selten zu emotionalen Äußerungen anstatt zu konstruktivem Gedankenaustausch. Des weiteren sind einmal erzielte Ergebnisse nur schwer in Fachzeitschriften zu publizieren, da es für die betreffenden Gebiete in der Regel, wie eben festgestellt, keine zuständigen und verständigen Gutachter gibt, welche die eingereichten Arbeiten objektiv zu beurteilen in der Lage wären.

Kurzum, gesellschaftliche Rahmenbedingungen und der daraus resultierende Wissenschaftsbetrieb waren zu keiner Zeit der Entwicklung von Forschung auf Grenzgebieten förderlich. Dennoch sollten die Chancen für neue Gedanken in einer freien Gesellschaft nicht grundsätzlich pessimistisch eingeschätzt werden. Wir erwarten, daß langfristig eben doch eine rationale und sachlich ausgewogene Einstellung die Oberhand gewinnen wird. Der Weg dahin ist allerdings voller Hindernisse.

8.2 Kritiker, Skeptiker und Fanatiker

Normalerweise müssen sich Forscher bei der Vertretung ihrer Ergebnisse mit Fachkritik auseinandersetzen, welche in aller Regel von in der Sache ähnlich qualifizierten Kollegen stammt. Der Austausch von Argumenten ist zumindest innerhalb der Naturwissenschaften sachbezogen und der wissenschaftlichen Erkenntnis förderlich. Emotionen sind auf jeden Fall die Ausnahme. Dies gilt sicher nicht für Grenzgebiete und ganz bestimmt nicht für den Bereich Wünschelrute, Rutengänger und "Erdstrahlen", wo damit zu rechnen ist, daß (man) pauschal und mit begrenzter Qualifikation kritisiert wird.

*

Ein typisches Beispiel ist das von Kritikern und Skeptikern am häufigsten zitierte Buch von Prokop und Wimmer (1985), welches uns immer wieder als angeblicher *Beweis* dafür vorgehalten wird, daß neue Untersuchungen nicht mehr erforderlich seien. Dies bedarf einer etwas ausführlicheren Klarstellung.

Im Jahre 1955 gab Prokop in einer Arbeitsgemeinschaft ein Buch mit dem Titel "*Wünschelrute, Erdstrahlen und Wisssenschaft*" heraus, welches sich in durchaus objektiv zu nennender Weise vor allem mit den dunklen Seiten der Radiästhesie befaßt. Insofern ist das Werk für die Beurteilung des Themas interessant und bedeutungsvoll. Allerdings ist auffällig, daß vornehmlich negativ verlaufene Experimente zitiert werden, während keinerlei Evidenzen der anderen Seite gewürdigt werden. Aufgrund dieses eklatanten Mangels an Ausgewogenheit kann der Arbeit bei aller Würdigung der aufgezeigten Mißbräuche im Sinne einer Beweisführung zur Existenzfrage des Phänomens "ortsgebundener Rutenausschlag" kein hohes wissenschaftliches Niveau zugebilligt werden.

Die im Jahre 1977 unter dem neuen Titel "*Wünschelrute, Erdstrahlen, Radiästhesie*" von Prokop und Wimmer verlegte zweite Auflage hat (wie auch die dritte Auflage von 1985) mit der ursprünglichen Version nicht mehr viel gemeinsam und führt tief in pseudowissenschaftliches Argumentieren hinein. Schon mit dem Untertitel "*Die okkulten Strahlenfühligkeits-*

lehren im Lichte der Wissenschaft" legen sich die Autoren einseitig und sich selbst widersprechend völlig unwissenschaftlich darauf fest, daß alles, was mit "Erdstrahlen" und Rutengängern zu tun hat, okkult sei. Dementsprechend ziehen sich Voreingenommenheit, Fehlinterpretationen und Polemik wie ein roter Faden durch das ganze Buch. Es werden nunmehr Befunde auf denkbar subjektivste Art und Weise selektiert, gewertet und teilweise verdreht dargestellt. Den Grad der Wissenschaftlichkeit dieses Werkes kann der Leser beispielsweise an einer der Schlußfolgerungen der Autoren ablesen. Forscher, die das Phänomen "Erdstrahlen" untersuchten und sich nicht total dagegen aussprächen, werden als Schreibtischtäter und der Beihilfe zu Straftaten bezichtigt, und sollten einer psychiatrischen Untersuchung zugeführt werden. Einige Entstellungen aus dem sachlichen Bereich, welche als besonders gravierend auffallen und auf mangelnder Sachkenntnis beruhen, hat König (1979) im Zusammenhang mit einer früheren Auflage dieser Veröffentlichung kommentiert.

Jegliche statistischen Überlegungen, welche ja gerade bei solchen Themen eine nachweislich entscheidende Rolle spielen, sowie das Problem der Unterscheidung zwischen Treffer- und Irrtumswahrscheinlichkeit (Abschnitt 5.2 und 5.3) sind den Autoren völlig fremd. Bei dem angewandten Alles-oder-Nichts-Prinzip stellen einzig die unselektierten Aussagen von Rutengängern die Meßlatte der Kritik dar. Die im "Lichte der Wissenschaft" eigentlich zu stellende Grundsatzfrage nach der Existenz eines Kernphänomens wird ignoriert. Zitate aus den Schlußworten belegen das erreichte Erkenntnis-Niveau: *Zu guter Letzt bleibt auf die okkultistische "Herausforderung"... die psychiatrische Untersuchung des einzelnen Falles... Doch kann in unserer Welt ... kein Platz sein für mittelalterliche Wahnvorstellungen. Die Schonzeit für Magie ist vorbei — die Tage der Schamanen sind gezählt. Von unserem Thema bleiben nur zwei Worte: Rutengänger — Bauernfänger.* Zur Abrundung des Gesamteindrucks sei bemerkt, daß unsere Arbeiten (König 1979, Betz und König 1983, König 1983) im Literaturverzeichnis als Abhandlungen gekennzeichnet werden, welche *okkultistische (abergläubische) Denkungsart erkennen lassen.* Insgesamt gesehen, können wir bei dieser Art der Themenbehandlung keinen besonderen wissenschaftlichen Wert und mit Sicherheit keinen Beitrag zur Klärung der Existenzfrage der zu untersuchenden Phänomene erkennen.

Die Voreingenommenheit vieler Kritiker läßt sich auch daran ablesen, daß beim Zitieren von Arbeiten aus der Literatur nur diejenigen Passagen Verwendung finden, welche eine negative Einstellung begünstigen, und relativierende Äußerungen ignoriert werden. Die Feststellung liegt nahe, daß manche Kritiker ohne Scheu nur ein negatives Ergebnis sehen, ohne die genaueren Umstände zu würdigen. Ein typischer Fall ist das kritische Zitieren der Arbeit von Gerlach (1932), welche im Abschnitt 6.3 in den entscheidenden Punkten beleuchtet wurde. Es sei noch ein weiteres Beispiel gegeben. Zuweilen wird ein Experiment von Gassmann (1946) zum Beweis dafür zitiert, daß Rutengänger keinerlei Prüfungen bestehen. Gassmann hat in der Tat über ergebnislos verlaufene Experimente berichtet:

● *Es ist nicht gelungen, mit Hilfe der beschriebenen Versuche Reizstellen zu ermitteln, die als Grundlage für physikalische Messungen hätten dienen können.*

Prokop und Wimmer (1985) zitieren diesen Befund in ihrer zweiseitigen Kommentierung der Versuche von Gassmann, lassen aber die dann unmittelbar folgenden Sätze gänzlich außer acht:

● *Aus dieser Tatsache jedoch zu schließen, daß den Rutenausschlägen überhaupt keine physikalisch erfaßbare Ursache zu Grunde liegen könne, würde ich für verfehlt halten. Dazu waren die Versuche offenbar zu primitiv und zu summarisch angelegt. Durch die Versuche haben sich nämlich eine ganze Reihe von Fragen ergeben, deren Beantwortung nur von einer mehr ins Einzelne gehenden Versuchsanlage erhofft werden kann.*

Nur derart ausgewählte Passagen zu zitieren, erfüllt sicher den Zweck, den Leser in einer ganz bestimmten Weise einzustimmen, hat jedoch nichts mit einer sachlich-objektiven, wissenschaftlichen Darstellung zu tun. Es handelt sich vielmehr um eine bei diesem Themenkreis häufig anzutreffende typische Verengung der tatsächlichen Situation. Insgesamt gesehen enthält diese Abhandlung weder einen befriedigenden Kenntnisstand, noch weist sie wesentliche Elemente einer wissenschaftlichen Auseinandersetzung mit dem Thema auf.

*

Noch mehr Schwierigkeiten mit der wissenschaftlichen Behandlung von Grenzgebieten hat eine kleine Gruppe von "Skeptikern", welche sich eine Art Oberrichter-Funktion in der Beurteilung von Wissenschaft anmaßt. Diese, in einem Verein zusammengefaßte Gruppe, hat unser Projekt bereits vor seiner Durchführung lautstark und polemisch kritisiert, wie es in seriöser Wissenschaft absolut unüblich ist. Die mangelnde Qualität der vorgebrachten Argumente erfordert an sich keinen Kommentar hierzu von unserer Seite. Da der Verein jedoch keine Chance ausläßt, in der Öffentlichkeit und in den Medien gegen dieses Forschungsprojekt in einer unwissenschaftlichen und oft infamen Weise zu agitieren, halten wir wegen der ungewöhnlichen Situation einige Bemerkungen für angebracht.

Die Gruppe verbreitet über das Projekt abenteuerliche Vermutungen und Unterstellungen, ohne bislang jemals, bis zur Veröffentlichung dieses Abschlußberichts, aus erster Hand irgendwelche Details über Ablauf oder Ergebnisse erhalten zu haben. Da es an guten Argumenten mangelt, wird bezeichnenderweise versucht, die Projektinvolvierten und insbesondere die Projektleiter auf vielfältige Art persönlich zu diffamieren. Es wäre unersprießlich, die Fülle sachlich unhaltbarer Vorwürfe zu diskutieren, da sie faktenmäßig keinerlei Information enthalten und allenfalls einen Beitrag zur Psychologie des inquisitorischen Fanatismus liefern würden. So beschränken wir uns auf zwei für die Denk- und Vorgehensweise der Gruppe charakteristische Beispiele, ohne auf die praktizierte Polemik einzugehen.

Das erste Beispiel betrifft die grundsätzliche Ablehnung eines wissenschaftlichen Forschungsprojekts zum Thema Rutengänger. Zur Begründung dafür, daß mit den laut Literatur negativ verlaufenen Experimenten genug der "Erdstrahlen"-Forschung sein müsse, wird behauptet: *Jedes Experiment, das die Erdstrahlen nicht nachweist, ist im Sinne der Aussage, daß Erdstrahlen nicht existieren, erfolgreich.* Und in Steigerung dieser Wissenschaftslogik: *Es sei kein wissenschaftliches Vorgehen, wenn gefordert werde, es solle solang geforscht werden, bis etwas Positives gefunden sei.* Ein Kommentar dürfte sich hier erübrigen.

Das zweite Beispiel zeigt, mit welchen weit hergeholten, tatsachenwidrigen und wissenschaftsfernen Praktiken Opposition betrieben wird. Seit Jahren verleumdet die Vorsitzende des Vereins in Wort und Schrift immer wieder einen der Autoren (H.L.K.) mit der ersichtlich absurden Unterstellung, er habe ein Gutachten verfaßt, welches einer Art Wolldecke eine Abschirmwirkung gegen "Erdstrahlen" bescheinige. Tatsächlich handelte es sich um ein rein elektrophysikalisches Gutachten, in welchem die physikalisch bekannten Abschirmeigenschaften einer mit Kupferfäden durchwebten *Stoffprobe* auftragsgemäß gegenüber niederfrequenten elektrischen Wechselfeldern (50 Hz) zu untersuchen waren. Erst nachträglich hat eine vorher nicht in Erscheinung getretene Firma solches Gewebe in eine "Strahlenschutz-Decke" integriert und mittels raffinierter Gestaltung eines Werbeprospekts eine Wirkung gegenüber "Erdstrahlen" suggeriert. Dieser genaue Sachverhalt ist der Vorsitzenden des Vereins schon 1985 schriftlich mitgeteilt worden, wird aber bislang permanent und, da bewußt, auch böswillig ignoriert. Hier geht es offensichtlich weder um Wissenschaft noch um Wahrheitsfindung.

Insgesamt läßt sich konstatieren, daß die extremen Kritiker zwar eine für die Allgemeinheit wichtige aufklärende Funktion erfüllen mögen, da auch vor diversem Mißbrauch gewarnt wird. Sie haben jedoch an eigener aktiver wissenschaftlicher Leistung wenig oder nichts zur *Aufhellung* des Phänomens "Erdstrahlen" beigetragen und in vielen Fällen die Wahrheitsfindung sogar erschwert und behindert. Die Öffentlichkeit wurde zusätzlich mit Falschinformationen verwirrt und die innerhalb der Wissenschaften notwendige Diskussion des Themas nicht gefördert.

8.3 Die Medien

8.3.1 Projekt-Publicity

Neben den rein wissenschaftlichen Aspekten erforderte die Behandlung des Themas von Anfang an Überlegungen, wie das Projekt und seine Ergebnisse in der interessierten Öffentlichkeit dargelegt werden sollten. Es war geplant gewesen, die erste öffentliche Diskussion erst nach dem Vorliegen von Zwischen- oder Endergebnissen zu führen. Die Pressestelle des BMFT hat jedoch leider bereits bei Beginn des Projekts den von uns als vertraulich, zumindest aber als nicht-öffentlich angesehenen Forschungsantrag in journalistischen Kreisen bekannt gemacht. Der Antrag, dessen sachlichen Inhalt wir zwar auch im Nachhinein jederzeit vertreten können, war aber an Fachleute gerichtet, welche es verstehen und gewohnt sind, Forschungsanträge zu lesen und zu beurteilen, und die auch zusätzlich mündliche Information erhielten. So aber hat sich diese Bekanntmachung als ungünstig erwiesen, weil viele Fragen zu Einzelheiten in Text und Diagrammen von den Journalisten nicht auf Anhieb verstanden werden konnten, und Wesentliches von Unwesentlichem nicht sorgfältig unterschieden wurde.

Diese frühzeitige Publizität führte zu einer mehr oder weniger ständigen journalistischen Begleitung des Projekts. Generell läßt sich dazu sagen, daß die Berichterstattung weitgehend fair und den jeweiligen Umständen entsprechend gut angepaßt war. Dennoch erwies es sich als schwierig, die wesentlichen Fakten hinreichend korrekt in der Öffentlichkeit darbieten zu lassen. Dies liegt darin begründet, daß in den Medien leider meist nicht diejenigen zu Wort kommen, welche über die Tatsachen am besten Bescheid wissen und korrekt informieren könnten, nämlich die über ein Dutzend Projektinvolvierten, sondern eher zufällig beauftragte Berichterstatter, welche sich dann in das Thema kurzfristig einarbeiten müssen und wegen ihrer Tätigkeit auf vielfältigen Gebieten nur selten über die gerade hier erforderlichen Grundkenntnisse verfügen können. Das ist in einem kontroversen und sensiblen Bereich wie bei dem hier bearbeiteten Thema deswegen besonders bedauerlich, weil eines der Projektziele gerade in der sachgerechten Aufklärung der Öffentlichkeit zu sehen ist.

Um zu demonstrieren, wie schwierig eine öffentliche Berichterstattung sein kann, erwähnen wir neben einer kurios unausgewogenen Reportage zwei Berichte, welche sich durch gezielte Fehlinformationen hervorheben. Beide Berichte hatten eine große Zahl von Lesern, beziehungsweise Zuschauern zu verzeichnen. Doch ist nicht zu übersehen und muß auf jeden Fall festgestellt werden, daß unsere Kontakte mit den Medien überwiegend positiv verlaufen sind und deshalb für die Allgemeinheit in zunehmendem und bisher nicht dagewesenem Maße Gelegenheit besteht und weiterhin bestehen wird, ausgewogene und aktuelle Informationen zum Thema Wünschelrute, Rutengänger und "Erdstrahlen" zu erlangen.

8.3.2 SPIEGEL-Bericht

Im Februar 1987 recherchierte ein Redakteur des Wochenblattes DER SPIEGEL über das Projekt. Er erhielt ausführliche Planungsunterlagen und wurde von mehreren Projektinvolvierten in längeren Gesprächen im Detail über damals vorhandene Befunde, Gründe für das Vorhaben, geplante Versuche, Vorsichtsmaßnahmen und Organisation der Projektbetreuung informiert. Das Ergebnis bestand jedoch in einer Aneinanderreihung von Tatsachenverdrehungen, einseitig ausgewählten naiven Behauptungen, und Zitaten von Kritikern, gewürzt mit billigen Angriffen auf die persönliche Integrität der Projektleiter (DER SPIEGEL, Nr. 10, 1987). Es wurden ausschließlich auch dümmlichste Argumente von Gegnern kolportiert, obwohl dem Redakteur in nicht wenigen Fällen die tatsächlichen Fakten vorher bekannt gemacht worden waren. Eine der Informantionsquellen war nach eigenem Bekunden des recherchierenden Redakteurs die schon zuvor zitierte "Skeptikergruppe". In einer projektinternen Richtigstellung haben wir die Reportage in 19 Punkten richtiggestellt. Eine der banalsten Behauptungen sei zitiert, welche für den Tenor des Berichts typisch ist: *Die ... Tests ... gelten wieder nur der — längst negativ entschiedenen — Frage, ob übersinnliche Fähigkeiten von Rutengängern statistisch zu belegen seien.* Offensichtlich kennt dieser Autor weder die relevante Literatur (siehe Kapitel 6), noch vermag er das Phänomen vernünftig einzuordnen. Deutlicher kann die Unfähigkeit zur Auseinandersetzung mit dem Thema kaum demonstriert werden.

8.3.3 TV-Reportage des NDR

Am 15.5.1988 wurde um 17:30 im ersten Programm des Deutschen Fernsehens ein vom Norddeutschen Rundfunk erstellter Bericht über das Münchener Forschungsprojekt ausgestrahlt. Die Initiatoren waren vorher vom Forschungsministerium gebeten worden, von Filmaufnahmen in München abzusehen. Dennoch begab sich ein Filmteam mit eigenen Requisiten heimlich auf das private Experimentiergelände bei München, baute einen Teil unserer Versuchsanordnungen nach eigenem Gutdünken auf und filmte nach Vorstellungen des Regisseurs gestellte Versuche. In der Sendung wurde nicht darauf hingewiesen, daß gezeigtes Material und Versuchsablauf nicht authentisch sind. Entsprechend wenig sachlich waren die Kommentare zum Stand des Projekts.

8.3.4 TV-Reportage des ZDF

Bei diesem Bericht des Zweiten Deutschen Fernsehens vom 16.2.1989 über unser Forschungsprojekt in der Reihe "Abenteuer Forschung" handelt es sich um ein besonderes Beispiel dafür, wie Fehl- und Falschinformationen zum größten Teil gegen besseres Wissen einem Millionen-Publikum dargeboten werden. Anstatt der im Pressegesetz verankerten Pflicht zu wahrheitsgetreuer Berichterstattung nachzukommen, hat der Moderator nicht nur nach unserem Eindruck seiner offensichtlichen persönlichen Voreingenommenheit freien Lauf gelassen und sachliche Informationen, welche ihm von mehreren Projektmitarbeitern mündlich und schriftlich gegeben worden waren und unten teilweise angedeutet werden, entweder ignoriert oder klar verfälscht. Taschenspielertricks, falsche Zeitungsmeldungen und Datenmanipulationen wurden als Taktik zur Verschleierung unserer tatsächlichen Ergebnisse und zur Desavouierung der Projektbeteiligten eingesetzt.

Eine Richtigstellung in 22 Punkten wurde dem Intendanten des ZDF anwaltlich zugeleitet. Es seien davon drei Punkte herausgegriffen, welche die tendenziöse, unqualifizierte und absolut unwissenschaftliche Art der TV-Darstellung beleuchten:

Obwohl die hohe Signifikanz der Ergebnisse aus den Laufbrett-Versuchen genauestens bekannt war (siehe Abschnitt 5.3), wird in der Sendung nur leichtes Herausragen aus dem Untergrund der Zufallstreffer unterstellt, und dieser Effekt sodann mit Hilfe gezinkter Würfel als unbedeutsam wegerklärt.

Trotz vorheriger Aufklärung über den wahren zugrunde liegenden Sachverhalt wird eine Falschmeldung aus der BILD-Zeitung und der AZ vom 3.2.1989 (*"Münchener Medizin-Studenten befassen sich mit Erdstrahlen"*) noch weitergehend verfälscht und in der Sendung behauptet, daß *ein Projektleiter eine Vorlesung für das Wintersemester 1989/90 an der Universität München angekündigt hat, in der es über die Auswirkungen von Erdstrahlen auf die Gesundheit gehen soll"*. Mit dieser Unterstellung fern von jeder Wissenschaftlichkeit sollte offensichtlich die Integrität der Projektleiter untergraben werden.

Ebenfalls wider besseres Wissen des Moderators wurde in der Sendung der Eindruck erweckt, daß im Projekt ausgerechnet die Versuchsperson Nummer 99, welche beim Scheunen- und Spulen-Experimenten am erfolgreichsten abgeschlossen hatte (Abschnitt 5.3.3), überhaupt nicht getestet worden sei. Desgleichen wurden die noch wesentlich markanteren und für die Praxis interessanteren Leistungen eben dieses Probanden bei der Wassererschließung (GTZ-Projekt im Abschnitt 5.4) entweder ignoriert oder ins Lächerliche gezogen.

Es bedarf sicherlich einiger Anstrengungen, den falschen Eindruck zu korrigieren, den solche Kritiker in der Öffentlichkeit durch Fehlinformationen erweckt haben, und den damit verbundenen Beitrag zur Verhärtung der Fronten zu neutralisieren. Wir sind aber zuversichtlich, daß die Fülle der bisher erschienenen und hier nicht genannten objektiven Berichte, sowie die Mehrzahl der zukünftig zu erwartenden Darstellungen zu einer nachhaltigen Verbesserung des allgemeinen Informationsstandes führen werden.

Schlußwort

Die in diesem Forschungsprojekt erzielten Ergebnisse haben — wie auch frühere Untersuchungen von anderer Seite — klare Hinweise auf die Existenz eines noch unverstandenen Phänomens ergeben. Wie die Überprüfung der infrage stehenden Fähigkeiten von Rutengängern gezeigt hat, ist bestimmten Menschen offenbar eine nicht normal-sensorische Erkennung örtlich eng begrenzter Zonen zuzuschreiben. Darüberhinaus mehren sich die Indizien, daß einige wenige Personen eine Zuordnung ihrer Körperreaktion zu (geo-) physikalischen Gegebenheiten der betreffenden Zone herstellen können.

Die Reproduzierbarkeit der Leistungen der Versuchspersonen war zwar nur in wenigen Fällen sehr gut, reichte aber insgesamt für die Durchführung der wissenschaftlichen Testreihen aus. Somit beruhen die getroffenen Feststellungen primär auf der Basis einer statistischen Bewertung der Testresultate. Damit konnte gezeigt werden, daß das Phänomen im Rahmen der etablierten Wissenschaft zu bearbeiten ist.

Im Verlauf des Projekts haben sich zahlreiche Einzelerkenntnisse ergeben. Beispielsweise drängt sich die Vermutung auf, wonach — entgegen der historisch begründeten Annahme — einige Rutengänger zwar unter bestimmten Voraussetzungen und mit gewissen Einschränkungen Wasser finden können, dabei jedoch nicht die Eigenschaften des Wassers selbst, sondern andere, damit verbundene Sekundäreffekte eine entscheidende Rolle spielen.

In einer Gesamtbetrachtung dieses Projekts ist festzustellen, daß eine Grundlage erarbeitet werden konnte, auf der zukünftige, in verschiedenen Fachrichtungen anzusiedelnde Forschung zum besseren Verständnis des Phänomens sinnvoll und praktikabel aufzubauen ist. Die kritische Durchleuchtung des Fragenkomplexes "Erdstrahlen" und Rutengänger mittels der verschiedenen Experimente erlaubte das Erreichen eines weiteren wichtigen Ziels, nämlich dem offensichtlich bestehenden Mangel an zuverlässigen Informationen entgegenzuwirken und einen Beitrag zur Aufklärung der Allgemeinheit über das tatsächliche Leisstungspektrum von Rutengängern zu liefern.

Anhang

I. Statistische Modelle und Berechnungsgrundlagen

1. Allgemeines

Bei der Darstellung der Ergebnisse im Kapitel 5 ist ersichtlich geworden, daß eine zahlenmäßige Auswertung der erhaltenen Daten mit einem hohen Aufwand an statistischen Betrachtungen und Berechnungen verbunden ist. Um dennoch eine hohe Transparenz unserer Vorgehensweisen zu gewährleisten, wird in diesem Anhang eine genaue Beschreibung der verwendeten Methoden gegeben. Naturgemäß kann sich dieser Teil des Berichts nur an Fachleute wenden, welche über genügend Kenntnisse in Mathematik und Statistik verfügen.

Wenn Rutengänger in jedem Einzelexperiment stets exakt richtige Angaben machen würden, die Trefferwahrscheinlichkeit also 100% wäre, würde sich eine besondere Datenanalyse erübrigen. Bei dem Laufbrett-Experiment kamen zwar einige der Probanden einer derartigen Situation so nahe, daß eine Beurteilung dieser Einzelergebnisse auch ohne statistische Betrachtung möglich wäre. Da jedoch die meisten Rutengänger im allgemeinen sowohl fehlerhafte als auch bis in das rein Zufällige gehende Angaben machen, ist insgesamt gesehen eine statistische Behandlung der Resultate unerläßlich. Bei allen durchgeführten Experimenten muß daher geprüft werden, in wieweit sich die erhaltenen experimentellen Daten durch den Zufall erklären lassen.

Die *Nullhypothese* besagt, daß eine Versuchsperson keinerlei rutengängerische Fähigkeiten besitzt. Daraus kann für jeden Experiment-Typ eine entsprechende *Zufallsverteilung* abgeleitet werden. Diese ist dann sehr leicht berechenbar, wenn die jeweils richtige Lösung der gestellten Aufgabe, wie das bei den Scheunen- und Spulenversuchen (im EIN/AUS-Betrieb) der Fall war, eindeutig bestimmt ist. Für das Brett-Experiment ergeben sich aber Komplikationen, weil nicht ein bestimmter, sondern *irgendein* möglichst enger Ortsbereich auf der Teststrecke reproduzierbar gefunden werden soll. Es müssen demnach das individuelle Reaktionsverhalten und denkbare Strategien der Rutengänger berücksichtigt werden. In jedem Fall ist streng zu fordern, daß Zufallsverteilungen und daran orientierte Analysen so beschaffen sein müssen, daß künstliche Datensätze, die durch Zufallsgeneratoren unter Einbeziehung unterstellbarer Strategien erzeugt werden, zu *keiner* Signifikanz des Ergebnisses führen dürfen.

Die drei Experiment-Typen wurden mit jeweils verschiedenen statistischen Verfahren analysiert, welche dem entsprechenden Problem anzupassen waren. So fanden beim Laufbrett-Experiment eine Analyse der Breitenstreuung und der Kolmogoroff-Smirnov Test Anwendung (Sachs 1984), das Scheunen-Experiment wurde mittels einer Multinomialverteilung und das Spulen-Experiment mittels einer Binomialverteilung, beziehungsweise mit dem two-sample Kolmogoroff-Smirnov Test ausgewertet. Um für verschiedene Serien und Versuchspersonen erhaltene Ergebnisse zu verknüpfen, wurden Poisson-Statistik, χ^2- und Fisher-Yates Test angewandt (Owen 1962, Fisher 1970).

In allen Fällen kamen Verfahren und Vorgehensweisen zur Anwendung, welche konservativ sind, eventuell vorhandene Effekte unterbewerten und zu hohe Irrtumswahrscheinlichkeiten ergeben. Die tatsächlichen nicht-zufälligen Ergebnisse sind daher in den meisten Fällen eigentlich erheblich besser als hier mitgeteilt. Einerseits war diese Vorsichtsmaßnahme aus prinzipiellen Gründen zu wählen. Andererseits wäre es zu aufwendig und möglicherweise auch weniger überzeugend gewesen, die Analyseverfahren zu sehr den Problemdetails anzupassen und dadurch zwangsläufig deren Komplexität zu erhöhen.

2. Analyse des Brett-Experiments mit Breitenstreuung und Kolmogoroff-Smirnov Test

Bei dem Brett-Experiment ist zunächst nicht genau bekannt, ob eine einzelne Reaktion oder Ortsangabe einer Versuchsperson "richtig" oder "falsch" ist. Der Erfolg eines Probanden ist lediglich daran zu messen, ob nach Beendigung der Serie ein beliebiger, aber möglichst enger Ortsbereich auf der Teststrecke überzufällig gut gefunden wurde. Es sind demnach solche Analyseverfahren anzuwenden, welche mehr die Form als die relative Lage der Reaktionsverteilungen im Ortsraum testen. Das wird mittels zweier nacheinander angewandter Testverfahren erreicht, deren Aussagekraft bei verschiedenartigen Ergebnisverteilungen unterschiedlich stark ist. Eine Schwierigkeit ergibt sich dann, wenn der Proband mehr als *eine* deutliche Häufung, also beispielsweise zwei getrennte Reaktionsbereiche entlang einer Teststrecke produziert (siehe Abbildung 32). Derartige Muster werden durch die benutzen Analyseverfahren entweder nicht erkannt oder, im Sinne konservativer Betrachtungsweise, zu Lasten des Probanden stark unterbewertet.

2.1 Analyse der Breitenstreuung

Diese Methode weist bei Ortsangaben, welche vorwiegend innerhalb eines engen Bereichs konzentriert liegen, eine hohe Teststärke zur Erkennung signifikanter Ergebnisse auf und wird zur Analyse der Experimente mit konstanter Begehungslänge benutzt. Wie bekannt, begehen die Versuchspersonen das Brett bei jedem Einzeltest mit Index i von zufälligen, gleichverteilten Startpositionen $S(i)$ aus auf einer Strecke von jeweils konstanter Länge L und geben nach Zurücklegen der Strecke $r(i)$ an den Orten $R(i)$ Reaktionen an:

(1) $R(i) = S(i) + r(i)$.

Weiter gelte der Einfachheit halber die Annahme, daß es zu jeder Startposition nur eine Reaktion gibt. Der allgemeine Fall kann entsprechend behandelt werden. Wenn ein Proband keine Ortserkennung zu leisten vermag, dann wird die Varianz δR^2 der resultierenden Verteilung $R(i)$ in der

Regel größer sein als die Varianz δS^2 der Ausgangsverteilung S(i). Es werden daher aus den für jede Testserie erhaltenen Daten S(i) und R(i) die folgenden drei normierten Varianzen berechnet:

(2) $\quad \delta S^2 = \Sigma \{ S(i) - S_m \}^2 / (N-1)$,

(3) $\quad \delta R^2 = \Sigma \{ R(i) - R_m \}^2 / (N-1)$,

(4) $\quad \delta r^2 = \Sigma \{ R(i) - S(i) - r_m \}^2 / (N-1)$,

wobei die Größen S_m, R_m und r_m die Mittelwerte der jeweiligen Verteilung darstellen und i über alle in einer Serie vorkommenden N Reaktionen zu summieren ist. Unter der Annahme, daß die relativ zu S(i) gemessenen probanden-spezifischen Reaktionsstrecken r(i) ebenso wie S(i) gleichverteilt sind, ist ähnlich wie bei der Fehlerfortpflanzung (Taylor 1988) folgende Varianz der Reaktionsverteilung theoretisch zu erwarten,

(5) $\quad \delta R^2{}_{th} = \delta S^2 + \delta r^2$.

Damit läßt sich ein Maß für den "Erfolg" eines Probanden ableiten, indem aus den durch das Experiment bekannten Größen S und R nach Gleichungen (2) bis (4) das Verhältnis zwischen der im Experiment erhaltenen und der theoretisch zu erwartenden Varianz gebildet wird,

(6) $\quad Q = \delta R^2 / (\delta S^2 + \delta r^2)$.

Es geht nun darum, diese beobachteten Verhältnisse Q im Hinblick auf ihre Signifikanz zu beurteilen. Zu diesem Zweck sei noch das folgende Verhältnis eingeführt,

(7) $\quad v = \delta r^2 / \delta S^2$.

Ein Proband, welcher über keinerlei rutengängerische Fähigkeiten verfügt, kann nicht erreichen, die Streuung der ihm unbekannten vorgegebenen Startverteilung mit irgendeiner Strategie gezielt zu reduzieren und damit seine Reaktionsverteilung zu "fokussieren". Wie immer sein Reaktionsverhalten entlang der jeweiligen Laufstrecke der Länge L auch sein mag, er wird in der Regel nur $Q \approx 1$ erreichen können. Dies gilt auch für den Extremfall, in welchem der Proband von jedem Startpunkt aus stets eine feste Weglänge geht, bevor er eine Reaktion angibt. Das bedeutet $\delta r^2 = 0$, beziehungsweise $v = 0$, und die Reaktionsverteilung wird damit zu einer räumlich verschobenen Startverteilung, so daß $\delta R^2 = \delta S^2$ gilt. Mit dieser "Strategie" kann er genau $Q = 1$ erreichen, jedoch keinen Fokussierungseffekt, der $Q < 1$ entsprechen würde. Für jedes andere Reaktionsverhalten, das durch Werte $v > 0$ gekennzeichnet ist, wird unter der Annahme der Nullhypothses im Mittel ebenfalls $Q \approx 1$ resultieren.

Wird im tatsächlichen Experiment eine Ergebnis $Q < 1$ festgestellt, so bedeutet das noch keinen Beweis für rutengängerische Fähigkeiten des Probanden, da es auch durch bloßen Zufall bedingt sein kann. Folglich muß also die Frage beantwortet werden, mit welcher Wahrscheinlichkeit $P(Q)$ ein Ergebnis $Q < 1$ zufällig zustande kommen kann. Offensichtlich ist es sehr unwahrscheinlich, auf zufällige Weise sehr kleine Q-Werte zu erhalten. Die Breitenanalyse eignet sich daher hauptsächlich dazu, auf einfache Art einen Teil derjenigen Serien direkt zu erkennen, welche auf jeden Fall signifikant oder hochsignifikant sind. Die Abbildungen 28 und 29 zeigen zwei typische Serien. Bei vergleichbarer Breite der Startverteilung resultiert bei dem einen Probanden in offensichtlich zufälliger Weise eine nahezu doppelt so breite Reaktionsverteilung (Abbildung 28), während der zweite Proband einen signifikanten Fokussierungseffekt erzielt (Abbildung 29).

In einer quantitativen Analyse ist jeder der möglichen Werte $Q < 1$ zunächst als zufällig entstanden zu betrachten und es ist anzugeben, mit welcher Wahrscheinlichkeit α dieses oder ein kleineres Ergebnis zu erwarten ist. Die benötigte Funktion $P(Q)$ kann dadurch erhalten werden, daß mittels einer Computer-Simulation $S(i)$ und $r(i)$ als Zufallszahlen innerhalb

Abbildung 28 (rechts): *Ergebnis eines Laufbrett-Experiments. Die Startverteilung $S(i)$ und die Reaktionsverteilung $R(i)$ sind um ihren jeweiligen Mittelwert zentriert dargestellt. Es ist evident, daß die Reaktionsverteilung erheblich breiter als die Startverteilung ist und in hohem Maße der erwarteten, ebenfalls dargestellten Zufallsverteilung entspricht.*

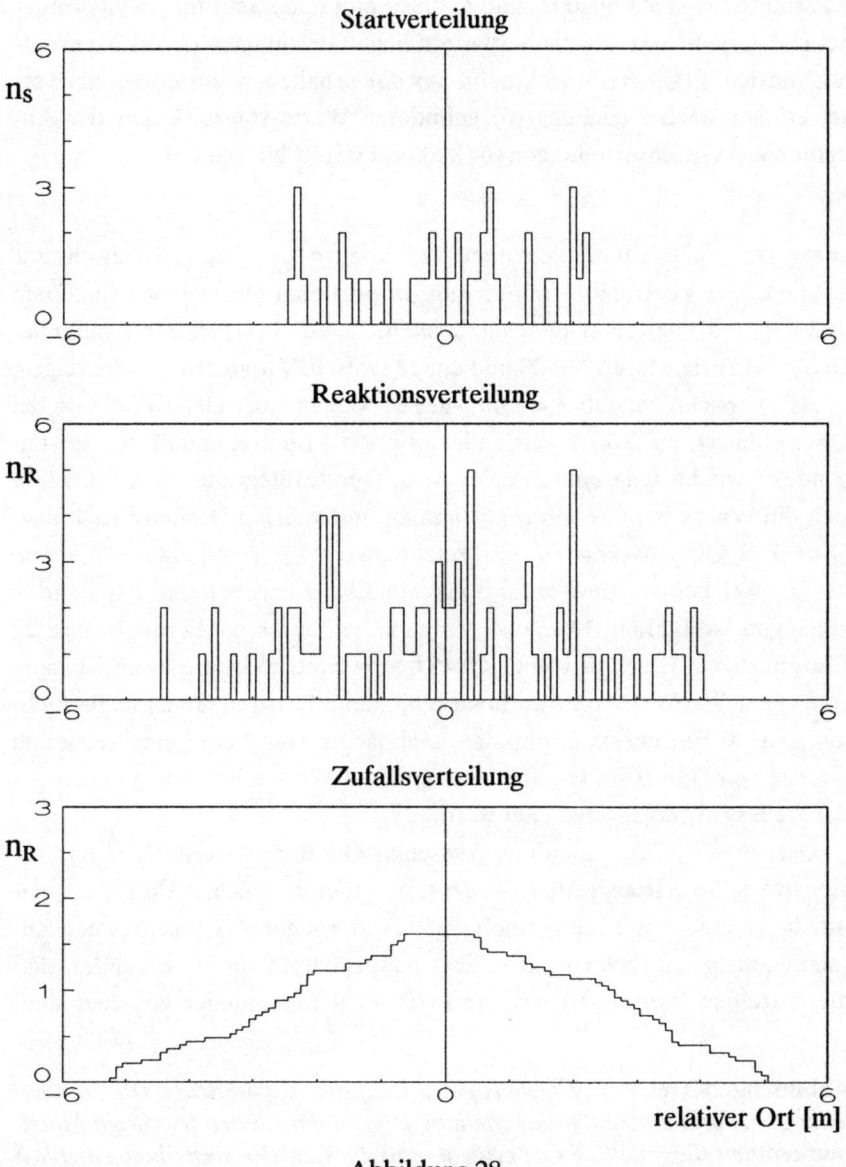

Abbildung 28

von Bereichen der Länge L_s und L_r bestimmt und damit für jeweils vorgegebene Serienstärken N die Varianzen nach Gleichungen (2) bis (4) ermittelt werden. P(Q) ergibt sich dann aus der erhaltenen Verteilung der verschiedenen nach Gleichung (6) gebildeten Werte von Q. Unter der Annahme von Gleichverteilungen für S(i) und r(i) ist hierbei

(8) $L_r/L_s = v$

anzusetzen, da die entsprechenden Varianzen $\sigma^2_{r,s} = L_{r,s} / 12$ jeweils zur Länge $L_{r,s}$ des betrachteten Intervalls proportional sind. Die so erhaltenen und auf 1 normierten Wahrscheinlichkeitsdichten P(Q) sind in Abbildung 30 für die Serienstärke N = 20 und einige typische Parameter v aufgezeigt.

Es ist ersichtlich, daß P(Q) für v gegen Null zu einer Delta-Funktion bei Q = 1 entartet, für größer werdendes v bis v $\approx$ 1 breiter, und für weiter steigendes v wieder langsam schmäler wird. Durch Integration von P(Q) läßt sich die Wahrscheinlichkeit α bestimmen, mit welcher Breitenverhältnisse $Q < Q_1 = Q(\alpha)$ zu erhalten sind. Setzt man $\alpha = 1\%$, so ergeben sich Werte für Q_1, welche die Schwelle für hohe Signifikanz angeben und von v und N abhängen (Abbildung 30). Wird demnach bei Serien mit beispielsweise 20 Einzeltests ein Ergebnis von Q < 0.45 beobachtet, so ist dieses unabhängig vom speziellen Wert von v als hochsignifikante Ortserkennung zu betrachten. Für 30 Einzeltests ergibt sich unabhängig von v eine entsprechende Grenze von $Q_1 \approx 0.54$. Je nach vorliegendem Wert von v können noch genauere Bewertungen abgeleitet werden.

Der genaue Zusammenhang zwischen Q_1 und v wurde hier nur für gleichverteilte r(i) abgeleitet. Wenn r(i) von einer solchen Verteilung abweicht, ist jedoch nur mit geringfügigen Änderungen des angegebenen Zusammenhangs zu rechnen. Dies liegt hauptsächlich darin begründet, daß die einzelnen Wertepaare S(i) und r(i) nicht miteinander *korreliert* sind.

Abbildung 29 (rechts): *Ergebnis eines Laufbrett-Experiments. Die Startverteilung S(i) und die Reaktionsverteilung R(i) sind um ihren jeweiligen Mittelwert zentriert dargestellt. Es ist evident, daß die Reaktionsverteilung erheblich schmaler breiter als die Startverteilung ist und keiner Weise der erwarteten, ebenfalls dargestellten Zufallsverteilung entspricht.*

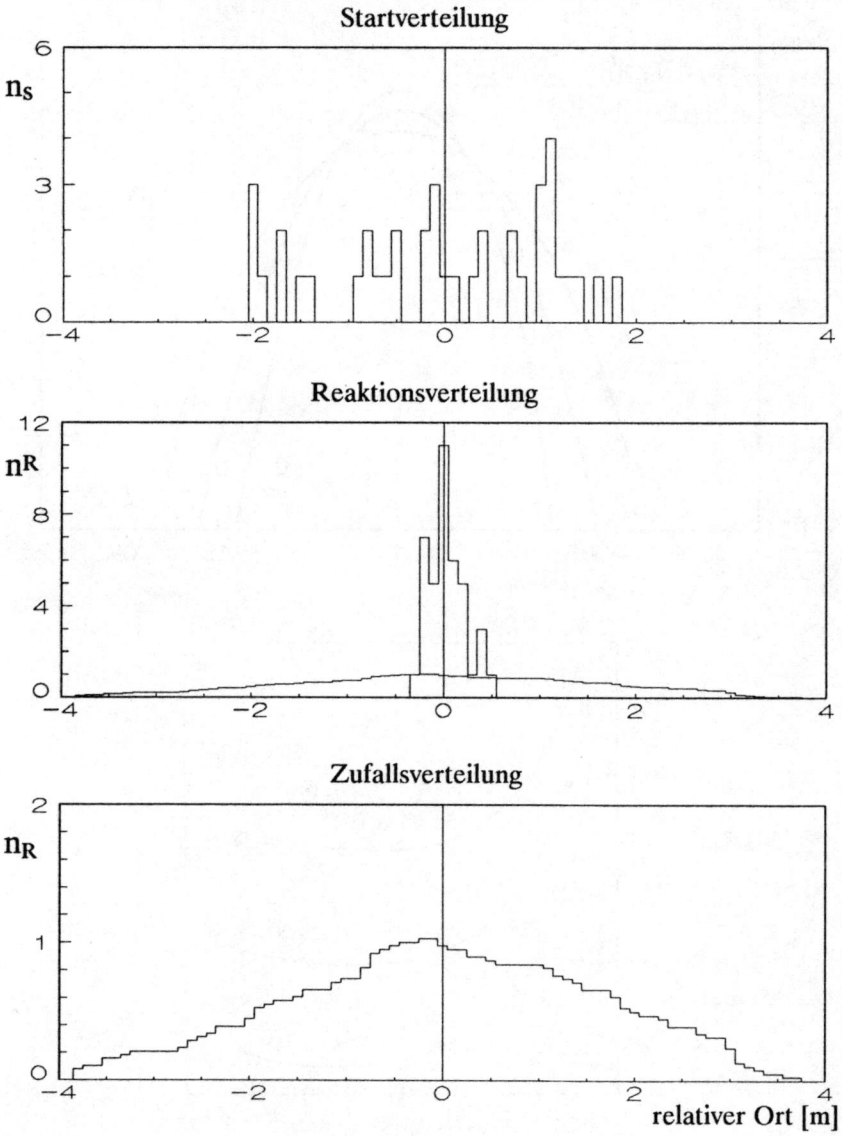

Abbildung 29

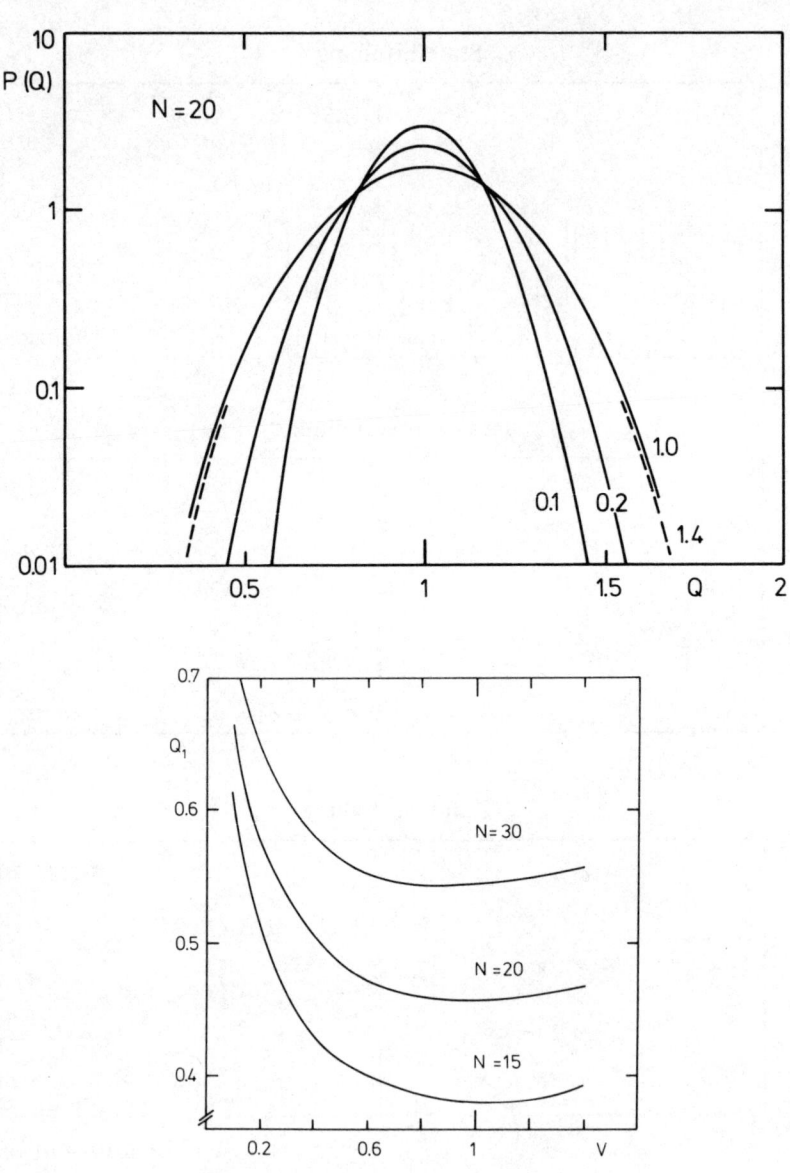

Abbildung 30.

Abbildung 30 (links): *Wahrscheinlichkeitsdichte P für zufälliges Erreichen eines Verhältnisses Q zwischen den Varianzen nach Gleichungen (2) bis (4) beim Laufbrett-Experiment; der Parameter bezeichnet das im Text definierte Varianzverhältnis v (oben). Breitenverhältnisse Q_1 als Funktion von v, welche nur mit einer Wahrscheinlichkeit von 1% zufällig erreichbar sind. Die Größe N bezeichnet die Serienstärke (unten).*

Entscheidend ist ferner, daß die von den Probanden tatsächlich erzeugten Verteilungen r(i) schon aufgrund der verwendeten relativ geringen Serienstärken (typisch N = 20; N = 30) keine markanten Abweichungen von einer Gleichverteilung erkennen lassen. Dies kann durch Inspektion der experimentell erhaltenen Differenzen-Verteilung r(i) = R(i)–S(i) überprüft werden. Die Anwendung des Kolmogoroff-Smirnov Tests zeigte, daß die Annahme einer Gleichverteilung von r(i) nicht auf signifikantem Niveau abgelehnt werden kann.

Mit dieser Breitenanalyse kann aus den erhaltenen experimentellen Ergebnissen ein Teil der signifikanten, beziehungsweise hochsignifikanten Resultate erkannt werden. Entsprechende Markierungen sind in der Ergebnis-Tabelle 5 im Abschnitt 5.3 angebracht. Es sei jedoch erwähnt, daß nicht deutlich unter 1 liegende Q-Werte nicht zwingend bedeuten, daß der Proband unfähig ist. Er könnte zum Beispiel eine gewisse *Struktur* in seiner Reaktionsverteilung zeigen, welche nicht durch Zufall entsteht. Im Extremfall könnte er zwei auseinanderliegende Stellen auf der Teststrecke jeweils überzufällig gut erkennen und dennoch keine kleinen Q-Werte erlangen (Abbildung 32). Die Analyse des Breitenverhältnisses bleibt dann ohne Aussagekraft.

Die experimentellen Daten wurden in allen Fällen, bei welchen mit der Q-Analyse keine Signifikanz zu erkennen war, dem allgemeinen, nachfolgend beschriebenen Kolmogoroff-Smirnov Test unterzogen.

2.2 Kolmogoroff-Smirnov Test

Bei dieser Analyse des Brett-Experiments kommt es darauf an, eine erhaltene räumliche Verteilung R(x) von Ortsangaben mit der Zufallsverteilung T(x) zu vergleichen, welche aus der Annahme der Nullhypothese resultiert, und einen sich ergebenden Unterschied statistisch zu bewerten. Während bei der oben diskutierten Analyse der Breitenstreuung die Ortsverteilungen nur durch eine einzige Größe Q pauschal charakterisiert wurde, stellt der Kolmogoroff-Smirnov Test ein recht universelles Verfahren dar, den Grad an Übereinstimmung zweier Verteilungen zu prüfen. Aufgrund seiner breiten Anwendbarkeit hat er jedoch eine relativ schwache Teststärke, das heißt, es handelt sich um ein sehr konservatives Verfahren. Im sogenannten one-sample Test kann eine beobachtete mit einer theoretisch erwarteten Verteilung verglichen werden, und im — hier nicht relevanten — two-sample Test kann festgestellt werden, inwieweit zwei unabhängige Stichproben der gleichen Grundgesamtheit entstammen.

Die praktische Anwendung des Tests geschieht nun wie folgt. Beobachtete Verteilung R(x) und theoretische erwartete Verteilung T(x) werden über die Ortskoordinate von $x=0$ bis zur oberen Grenze z integriert und anschließend auf 1 normiert, woraus sich die Funktionen $F_r(z)$ und $F_t(z)$ ergeben. Nun wird der maximale Unterschied D_m dieser beiden Funktionen bestimmt,

$$(9) \qquad D_m = \text{Max}\, |F_r - F_t|,$$

welcher bei einem nicht näher interessierenden Wert von z liegt, der nicht mit der mittleren Ortsposition etwaiger Häufungen von Angaben übereinstimmen muß. Unter Benutzung der Serienstärke N ergibt sich die dazugehörige Irrtumswahrscheinlichkeit zu

$$(10) \qquad \alpha \approx 2\, D_m\, \Sigma\, N! \,/\, \{i!(N\!-\!i)!\}\, (1\!-\!D_m\!-\!i\,/\,N)^{N-i}\, (D_m + i\,/\,N)^{i-1},$$

wobei der untere Summationsindex bei $i=0$ beginnt und der obere die größte ganze Zahl bedeutet, welche kleiner als $N(1-D_m)$ ist. Für $N>35$ und resultierende Werte von $\alpha<0.2$ läßt sich (6) durch eine einfachere Beziehung annähern:

$$(11) \qquad \alpha = 2\exp\{-2\,N\,(D_m)^2\}.$$

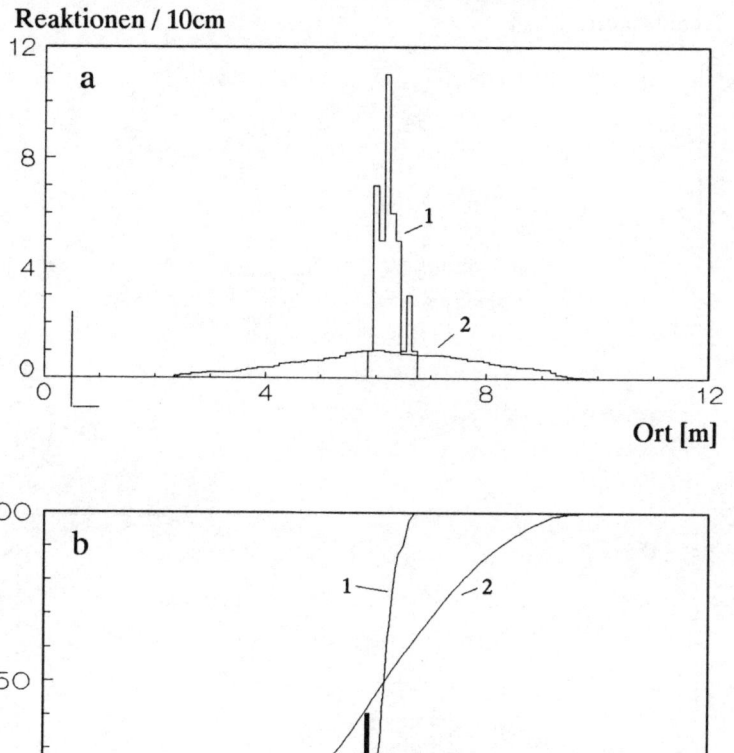

Abbildung 31: *Ergebnis eines Laufbrett-Experiments des Probanden Nummer 37. In Bild a sind Reaktionsverteilung (1) und erwartete Zufallsverteilung (2) dargestellt. Bild b zeigt die für den Kolmogoroff- Smirnov Test gebildeten integrierten Wahrscheinlichkeitsdichten für das experimentelle Ergebnis (1) und die Zufallsverteilung (2). Der maximale Unterschied D_{max} der beiden Kurven führt zu einer Zurückweisung der Nullhypothese mit einer Irrtumswahrscheinlichkeit von $\alpha = 3*10^{-6}$.*

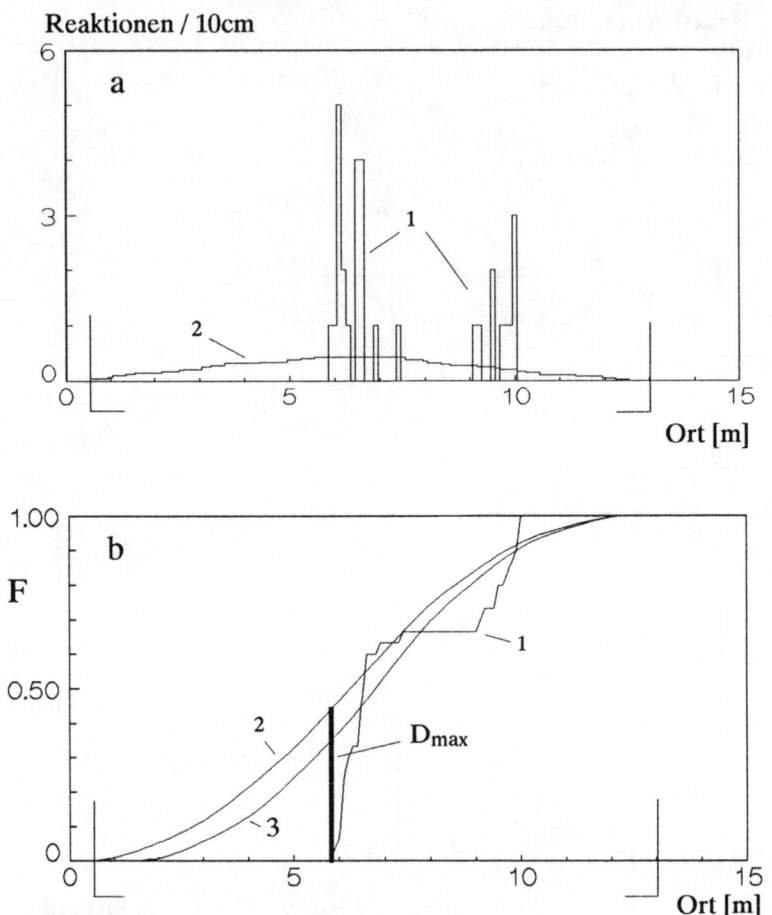

Abbildung 32: *Ergebnis eines Laufbrett-Experiments des Probanden Nummer 37 (Nomenklatur wie in Abbildung 31). Der Rutengänger hat zwei bevorzugte Ortsbereiche gefunden und zusätzlich einen verkürzten Reaktionsbereich r(i) gezeigt (siehe Text). Berücksichtigt man diese Verkürzung in der Zufallsverteilung (3), so verschlechtert sich die erhaltene Irrtumswahrscheinlichkeit α von $6 \cdot 10^{-6}$ auf $1 \cdot 10^{-3}$.*

Die derart ermittelten Irrtumswahrscheinlichkeiten sind in den Ergebnis-Tabellen im Kapitel 5 enthalten. Beispiele sind in den Abbildungen 31 und 32 gezeigt. Bevor die Gesamtergebnisse dieses Testverfahrens erläutert werden, muß auf die Gewinnung der Zufallsverteilung T(x) näher eingegangen werden.

Zufallsverteilung T(x)

Zunächst könnte man von der Annahme ausgehen, daß die Nullhypothese eine konstante Reaktionswahrscheinlichkeit entlang der jeweiligen Begehungsstrecke der Länge L bedeutet. Dies würde wegen der zufälligen Variation der Startpunkte in jedem Einzeltest für $v = 1$ insgesamt zu einer Dreiecksverteilung führen, wie sie in den Abbildungen 28, 29, 31 und 32 dargestellt sind. Für alle anderen v ergäbe sich eine trapezförmige Verteilung. Manche Versuchspersonen zeigen jedoch eine davon deutlich abweichende Verhaltensweise, indem sie jeweils vom Startpunkt aus über eine bestimmte Distanz grundsätzlich nicht reagieren. Ein ähnlicher Effekt kann auch am Ende der Strecke vorliegen. Eine Betrachtung der Differenzen von Reaktions- und Startpunkt, R(x) – S(x), gibt über das Vorliegen einer solchen Verhaltensweise Auskunft (Abbildungen 17 und 18).

Es ist einleuchtend, daß derartige Verkürzungen des Reaktionsbereichs dann auch in der Zufallsverteilung T(x) entsprechend zu berücksichtigen sind, wenn es sich tatsächlich um eine ortsunabhängige Verhaltensweise des Probanden handelt. Dies wird dadurch realisiert, daß die konstante Reaktionsdichte, welche für jede Begehung i zur Zufallsverteilung beiträgt, nicht über die gesamte Begehungslänge von S(i) bis S(i) + L verteilt wird, sondern nur über den Bereich

$$(12) \quad S(i) + r_m - k\sigma_r < x < S(i) + r_m + k\sigma_r \, ,$$

wobei r_m und $\sigma_r = \sqrt{\delta r^2}$ den Mittelwert und die Standardabweichung nach Gleichung (4) bedeuten und $k = \sqrt{3}$ aus der Annahme einer Gleichverteilung von r(i) resultiert. Dadurch können sich bedeutsame Änderungen der Bewertung ergeben, wie aus dem Vergleich der Ergebnisse ohne und mit Berücksichtigung dieser Verschiebung hervorgeht (α_1 und α_2 in den Tabellen 1 bis 3, sowie in Abbildung 32). Ohne diese Korrektur bestünde die Gefahr, daß der Proband zu gut bewertet wird, und das sollte unter allen Umständen vermieden werden.

Das Problem besteht nun darin, daß diese reaktionsfreien Bereiche auch durch echte rutengängerische Fähigkeiten bedingt sein können. Wenn nämlich ein bevorzugt oder sehr gut gefundener Ortsbereich auf der Teststrecke relativ weit am Ende liegt, dann wird ein erfolgreicher Rutengänger vorher keine oder nur wenige Reaktionen zu verzeichnen haben.

Da bestimmte Serien bereits mittels der Analyse der Breitenstreuung als signifikant festgestellt wurden, wird der Kolmogoroff-Smirnov Test in allen verbleibenden Fällen mit der oben erwähnten Anpassung von T(x) an das aus R(x) − S(x) zu entnehmende Reaktionsverhalten nach Gleichung (12) angewandt und die modifizierte Irrtumswahrscheinlichkeit mit α_2 gekennzeichnet. Die damit eventuell verbundene Reduzierung des Erfolgs eines Probanden wird in Kauf genommen.

Die Abbildungen 31 und 32 stellen konkrete Möglichkeiten für Reaktionsverteilungen dar. Abbildung 32 zeigt den Fall einer mehrfach gepeakten Verteilung. Hier mittelt der Kolmogoroff-Smirnov Test den optisch sichtbaren Effekt weitgehend, aber nicht vollständig weg. Da solche Fälle aufgrund der Kürze der verwendeten Laufstrecken nicht häufig auftraten, wurden die Analysemethoden − zu Lasten der betreffenden Probanden − dennoch nicht für diese speziellen Fälle modifiziert.

Für eine möglichst objektive Bewertung der Daten sind sowohl die Breitenanalyse als auch der Kolmogoroff-Smirnov Tests heranzuziehen, da die beiden Methoden je nach den vorliegenden Verteilungen r(i) und R(i) unterschiedliche Aussagekraft aufweisen. Da jedoch die Breitenanalyse weniger gebräuchlich ist, wurde sie nur bei einer der beiden Experiment-Kategorien (B) angewandt. Ferner sind auch alle Datensätze ausschließlich mit Hilfe des Kolmogoroff-Smirnov Tests analysiert worden. Es zeigte sich, daß dadurch die Anzahl der als signifikant bewerteten Serien nur geringfügig beeinflußt wurde und die erhaltene hohe Signifikanz der Laufbrett-Ergebnisse nicht von der Wahl der Auswertemethodik abhing.

3. Analyse des Scheunen-Experiments mit Multinomial-Verteilungen

Das Scheunen-Experiment zeichnet sich dadurch aus, daß die Nullhypothese, also die Annahme generell zufälliger Reaktionen der Versuchspersonen, unmittelbar zu einer örtlich konstanten Reaktionsdichte führt. Strategien von Seiten der Probanden sind ohne Einfluß auf das Testergebnis und Auswerteverfahren. Da der zu findende Ort durch die jeweilige Lage des Leitungssystems festliegt, kann Erfolg oder Nichterfolg in jedem Einzeltest angegeben werden. Die Gesamtheit der "richtigen" Antworten in einer Serie läßt sich sodann mit der Zufallserwartung vergleichen.

Trefferfunktion

Es ergibt sich die Frage, in welcher Weise ein Treffer definiert werden soll, und welche Toleranzen bei den Ortsangaben zugrunde zu legen sind. Man könnte zunächst daran denken, die 10 Meter lange Teststrecke in beispielsweise 10 Intervalle einzuteilen und einen Treffer als Angabe des richtigen Intervalles zu definieren. Die Ergebnisse ließen sich dann mittels einer Binomialverteilung auf einfache Art auswerten. Dieses Verfahren wurde aus zwei Gründen nicht gewählt. Erstens müßten die zufälligen Leitungspositionen auf die 10 Intervallmitten beschränkt bleiben, und zweitens würde das Aussondern bestimmter Zonen aus der Teststrecke zur Teilung von Feldern führen können. Um mehr Flexibilität zu gewinnen, wurde ein etwas allgemeineres Verfahren angewandt.

Wenn die Mitte des Leitungssystems durch den Zufallsgenerator an die beliebige Stelle x zu liegen kommt, wird eine diskretisierte Gaußkurve mit 9 Bereichen an dieser Stelle zentriert (Abbildung 33):

$$(13) \quad h(i) = \{ \sigma \sqrt{(2 \pi)} \}^{-1} \exp \{- (i\,b)^2 / (\sigma^2) \}.$$

Die mittleren 7 Bereiche haben die gleiche Breite b und werden mit 4 verschiedenen Treffer-Gewichten $g_i = h(i) / \Sigma\, h(i)$ beaufschlagt, während die beiden Außenbereiche jeweils bis zum Ende der Strecke gehen und das Gewicht Null erhalten. Die so gewichtete Fläche ist auf 1 normiert,

$$(14) \quad b\sum_{1}^{7} g_i = 1 ; \quad (\text{mit } b = 6 \, \sigma / 7).$$

Für die Auswertung aller Serien wurde einheitlich $\sigma = 0.5$ Meter und damit $b \simeq 0.4286$ Meter gewählt. Bei einem Einzeltest kann ein Proband somit eine der fünf Punktzahlen 0, 0.0295, 0.1854, 0.558, oder 0.7875 erreichen, je nachdem in welchen der 9 Bereiche er mit seiner Reaktionsangabe trifft (Abbildung 33).

Die für b getroffene Wahl ist im Prinzip willkürlich, jedoch plausibel. Es wäre offensichtlich vollkommen unrealistisch, den Versuchspersonen eine hohe Präzision der Leitungsortung zu unterstellen und somit b sehr klein zu wählen. Andererseits hat es wenig Sinn, Trefferintervalle inbezug auf die Länge der Teststrecke relativ groß zu wählen. Insofern stellt der gewählte Wert von b einen praktikablen Kompromiß dar. Es sei jedoch vermerkt, daß das Gesamtergebnis nur schwach von der speziellen Wahl von b abhängt und, wie sich herausstellte, sich sogar zu Ungunsten desjenigen Probanden auswirkte, welcher bei diesem Experiment-Typ am besten abgeschnitten hat (Abbildung 18). Dieser Proband hatte nämlich zahlreiche "Volltreffer" vorzuweisen, welche bei Wahl eines kleineren b-Wertes zu numerisch kleineren Irrtumswahrscheinlichkeiten geführt hätten.

Einige der Versuchspersonen gaben auf der Teststrecke ortsfeste "Störungen" an, welche sie gemäß ihrer Angaben nicht von dem zusätzlichen Reiz eines dort plazierten Leitungssystems unterscheiden konnten. Die obige Verfahrensweise bietet hier die Möglichkeit, bestimmte Streckenabschnitte vom Versuch auszunehmen, ohne das Test- und Auswertekonzept ändern zu müssen.

Liegt ein von Null verschieden gewichtetes Intervall außerhalb der Begrenzung der Strecke oder fällt es in einen der eventuell vereinbarten Sperrbereiche, so wird die entsprechende Trefferfläche auf die verbleibenden Bereiche proportional zugeschlagen, so daß die Normierung auf 1 erhalten bleibt.

Nach Beendigung einer Serie werden alle in den einzelnen Begehungen erreichten Punktzahlen zu einer Summe SU_{exp} addiert und mit den ent-

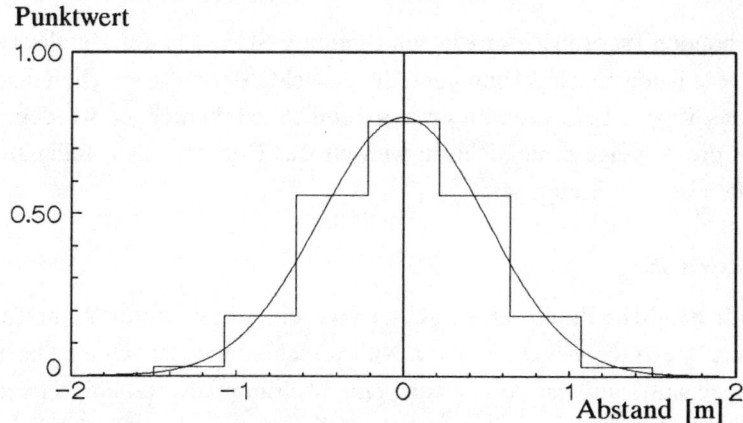

Abbildung 33: *Diskretisierte Gaußverteilung zur Festlegung der Bewertung von Ortsangaben in einem Einzeltest beim Scheunenexperiment. Der Abszissenwert Null bezeichnet die Lage der zu suchenden Leitung.*

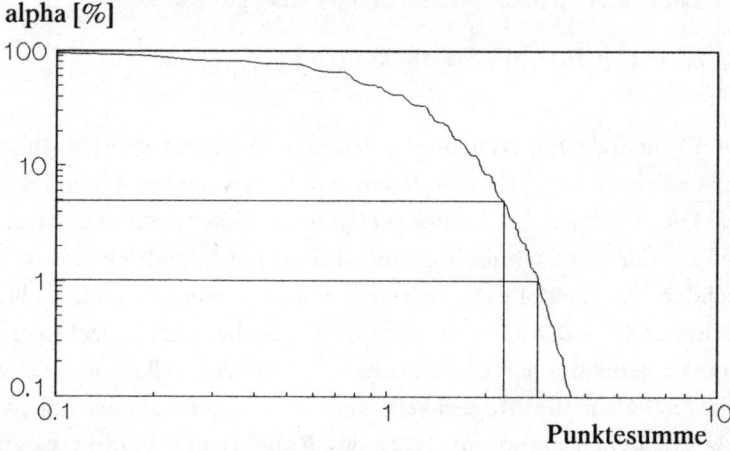

Abbildung 34: *Zusammenhang zwischen den Punktzahlen, welche in einer Serie beim Scheunen-Experiment erreichbar sind und zugehöriger Irrtumswahrscheinlichkeit, am Beispiel für eine Serie aus 10 Einzeltests ohne Berücksichtigung von Randeffekten.*

sprechenden theoretisch möglichen Summen SU_{th} aus der Zufallserwartung verglichen. Daraus kann dann die gesuchte Irrtumswahrscheinlichkeit als einseitige Überschreitungswahrscheinlichkeit berechnet werden und damit die Aussage ermöglicht, in wieweit das Ergebnis als zufällig zu betrachten ist (Abbildung 34).

Zufallsverteilung

Jede mögliche Punktsumme SU_{th} ist mit einer bestimmten Wahrscheinlichkeit P_i erreichbar. Da fünf von Null verschiedene Gewichte zu berücksichtigen sind, muß zur Auswertung eine Multinomialverteilung verwendet werden, welche eine Verallgemeinerung der im nächsten Abschnitt diskutierten Binomialverteilung darstellt. Die gesuchte Wahrscheinlichkeit, eine im Experiment tatsächlich beobachtete Punktsumme SU_{exp} durch Zufall zu erreichen oder zu überschreiten, ergibt sich dann zu

$$(15) \quad \alpha = \sum_i P_i (SU_{th}) ; \quad (\text{mit } SU_{th} \geq SU_{exp}) ,$$

und muß für jede Experimentserie speziell berechnet werden. In Abbildung 34 ist ein Beispiel für $N = 10$ dargestellt, in welchem Randeffekte entfielen. Die Zahl der zu berücksichtigenden Kombinationen steigt sehr schnell mit der Versuchzahl N an und skaliert mit 5^N, beziehungsweise N^4, je nachdem ob Randeffekte einbezogen werden müssen oder nicht. Aus numerischen Gründen können daher nicht beliebig viele Einzelexperimente in einem gemeinsamen Block ausgewertet werden. Allerdings bietet sich in solchen Fällen die Möglichkeit, einzelne Irrtumswahrscheinlichkeiten aus verschiedenen Serien mit Hilfe des Fisher-Yates Verfahrens zu verknüpfen.

4. Analyse des Spulen-Experiments mit einer Binomial-Verteilung

Bei der Aufgabenstellung, zwischen den beiden wohldefinierten Zuständen *Feld ein* und *Feld aus* zu unterscheiden, ist eine einfache Auswertung über eine Binomialverteilung möglich. Die Wahrscheinlichkeit P, in N voneinander unabhängigen Versuchen genau n Treffer zu erzielen, ist durch

$$(16) \quad P(n, N; p) = p^n (1-p)^{(N-n)} N! / \{n! (N-n)!\}$$

gegeben, worin p die Einzelwahrscheinlichkeit für einen Treffer in einem einzigen Versuch bedeutet und hier $p = 1/2$ beträgt. Zur Berechnung der gewünschten Irrtumswahrscheinlichkeit sind bei einseitiger Fragestellung die Wahrscheinlichkeiten P(n') für $n' \geq n$ aufzuaddieren. Bei zweiseitiger Fragestellung kommen die Werte P(n") mit $n'' \leq (2pN - n)$ für unterzufällig wenige Treffer hinzu. Bei großen Versuchszahlen und nicht zu kleinen Wahrscheinlichkeiten p kann zur praktischen Berechnung das Gauß'sche Näherungsverfahren für Normalverteilungen benutzt werden (Young 1962; Sachs 1984).

Beobachtungen des Reaktionsortes

Schließlich ist noch eine Variante der Spulenversuche zu erwähnen, bei welcher die Versuchspersonen auf die Spule zugehen und in einem gewissen Abstand von der Spule eine Ruten-Reaktion erhalten (siehe Kapitel 5). Die Analyse dieser Versuchsergebnisse bestand darin, einen Unterschied im Reaktionsmuster bei ein- beziehungsweise ausgeschaltetem Feld zu erkennen und auf Signifikanz zu testen. Konkret war zu prüfen, ob Probanden zum Beispiel bei eingeschaltetem Feld in größerem Abstand reagieren als bei ausgeschaltetem Feld. Diese Auswertung wurde mit dem two-sample Kolmogoroff-Smirnov Test vorgenommen (Bayer 1968). Da sich die Resultate nicht vom Zufall unterschieden, sei auf eine detaillierte Darstellung des recht aufwendigen mathematischen Verfahrens verzichtet.

5. Verknüpfung von Irrtumswahrscheinlichkeiten

5.1 χ^2 – Test

Der Chiquadrat-Test ist ein gängiges statistisches Verfahren, um in Klassen eingeteilt vorliegende Ergebnisse mit der erwarteten Verteilung zu vergleichen und eine Gesamtbewertung zu ermöglichen. Für jeden Experiment-Typ wird eine Klasseneinteilung der Irrtumswahrscheinlichkeiten vorgenommen und die Belegung in ihrer Gesamtheit hinsichtlich ihrer Zufälligkeit überprüft. Die allgemeine Definition lautet für das reduzierte Chiquadrat

$$(17) \quad \chi^2 = 1/k' \sum_{1}^{k} (B_i - E_i)^2 / E_i \,,$$

wobei E_i den erwarteten und B_i den beobachteten Wert in der Klasse i bedeuten, k die Anzahl der Klassen und k' die Zahl der Freiheitsgrade (k' = k–1) darstellen. Es ist zu fordern, daß alle Klassen mindestens einen Erwartungswert von 1 (besser 5) aufweisen, ansonsten muß auf die Poisson-Verteilung mit einer Zwei-Klassen-Einteilung zurückgegriffen werden. Wird χ^2 groß gegen Eins, dann besteht Grund, die Hypothese der normalverteilten Ergebniswerte B_i zu bezweifeln. Es läßt sich daraus eine zugehörige Irrtumswahrscheinlichkeit für die Zurückweisung der Nullhypothese aus der entsprechend integrierten Wahrscheinlichkeitsverteilung ermitteln (Pugh und Winslow 1966),

$$(18) \quad \alpha = 2 / \{2^{k'/2}\, \Gamma(k'/2)\} \int_{\chi}^{\infty} x^{(k'-1)} \exp(-x^2/2)\, dx \,,$$

welche auch in tabellierter Form vorliegt. Für weitere Details sei auf die Fachliteratur verwiesen.

5.2 Fisher-Yates Verfahren

In vielen Fällen ist es wünschenswert, eine vorliegende Anzahl von Einzelergebnissen in ihrer Gesamtheit im Hinblick auf Zufälligkeit zu testen.

In einem recht konservativen Verfahren lassen sich nach Fisher (1970) einzelne Irrtumswahrscheinlichkeiten a_i , welche unter Zugrundelegen der gleichen Nullhypothese berechnet wurden, mittels

$$(19) \quad \chi^2 = -2 \sum_{1}^{k} \log_e a_i$$

zusammenfassen, wobei χ^2 auf die verdoppelte Anzahl 2k von Freiheitsgraden zu beziehen ist. Für kleine Irrtumswahrscheinlichkeiten ergeben sich nach (19) konservative brauchbare Abschätzungen, ist jedoch eines der a_i relativ groß, dann wird die Verknüpfung unrealistisch konservativ.

5.3 Poisson-Verteilung

Mit Hilfe der Poisson-Verteilung ist es möglich, eine Zwei-Klassen-Einteilung vorzunehmen und auch gegenüber sehr kleinen Ereigniswahrscheinlichkeiten zu testen (Sachs 1984), also die Wahrscheinlichkeit dafür anzugeben, unter n Serien genau m oder mehr in der Signifikanzklasse p (etwa mit $p \leq 0.01$), zu finden. Die Zahl der in dieser Gruppe im Mittel erwarteten Serien beträgt np. Nach der Poisson-Statistik läßt sich die Wahrscheinlichkeit für eine tatsächlich beobachtete Anzahl von x Serien, welche — wie das bei der hier interessierenden Anwendung der Fall ist — voneinander unabhängig sind, durch

$$(20) \quad P(x) = (np)^x \exp (-np) / x! \, ,$$

beschreiben, und somit die gesuchte Irrtumswahrscheinlichkeit zu

$$(21) \quad \alpha = \exp (- np) \sum_{x=m}^{\infty} (np)^x / x!$$

bestimmen. Als Beispiel sei Tabelle 5 betrachtet: In n = 39 Serien wurde in der Klasse mit $p \leq 0.01$ gegenüber np = 0.39 tatsächlich 7 hochsignifikante Serien beobachtet. Das bedeutet die Zurückweisung der Nullhypothese mit einer nach Gleichung (21) berechneten Irrtumswahrscheinlichkeit von $3 \cdot 10^{-7}$.

II. Streuung elektromagnetischer Wellen an dielektrischen Objekten

In diesem Abschnitt werden die mathematisch-physikalischen Grundlagen erläutert, welche für die Berechnung der im Kapitel 7.3 gezeigten Ergebnisse zur Streuung elektromagnetischer Wellen an dielektrischen Objekten benutzt wurden. Dies ist im Rahmen des hier beschriebenen Projekts insofern von hypothetischem Interesse, als das Ergebnis solcher Berechnungen die Möglichkeit aufzeigt, daß gewisse Strukturen in der Erde mittels elektromagnetischer Streufelder auf die Erdoberfläche projeziert werden könnten. Damit ergäbe sich eine mögliche physikalische Ursache für ortsabhängige Reaktionen von Rutengängern.

Da nicht bekannt ist, welche Wellenlängenbereiche und Dimensionen des streuenden Objekts sinnvollerweise berücksichtigt werden sollen, muß aus physikalischer Sicht sowohl das Nah- *und* Fernfeld der Streuverteilung ermittelt werden. Das bedeutet aber, daß die Berechnungen nicht ganz trivialer Natur sind und es nicht ausreicht, lediglich auf ein Lehrbuch zu verweisen. Die Verfahrensweise für exakte Berechnungen wird daher näher erläutert. Da es sich zunächst nur um das Aufzeigen eines möglichen Mechanismus und nicht um die Beschreibung einer tatsächlich bekannten Situation handelt, vereinfachen wir die Fragestellung dadurch, daß als Streuobjekte lediglich Kugeln betrachtet werden. Eine Verallgemeinerung auf andere Strukturen, wie zum Beispiel auf lange Zylinder, ist mit größerem Aufwand durchaus möglich, wobei vom Trend her mit ähnlichen Ergebnissen zu rechnen sein dürfte.

Das Interesse an Berechnungen der elektromagnetischen Streufelder dielektrischer Objekte ist in jüngster Zeit auch aus anderem Grund stark angewachsen, zum Beispiel wegen verbesserter Bandbreiten und Intensitäten abstimmbarer Farbstoff-Laser bei der Mie-Spektroskopie kleiner Teilchen (Hang-Fung und Tang 1988) oder im Zusammenhang mit Fragen der elektrischen Durchbruchspannung in Gasen bei der Anwendung von Hochleistungslasern (Chylek et al. 1987, Benincasa et al. 1987). Hier können sich nämlich bei der Streuung des Laserlichts erhebliche lokale Intensitätserhöhungen ergeben, welche zu Problemen führen. Jedoch ist in diesen Fällen nur das elektromagnetische Nahfeld in unmittelbarer Nachbarschaft kleiner dielektrischer Tröpfchen von Bedeutung.

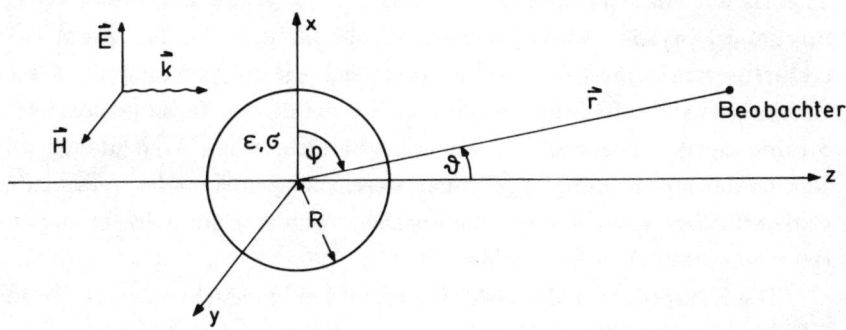

Abbildung 35: *Definition des Koordinatensystems zur Berechnung der Streuung elektromagnetischer Strahlung an einer Kugel mit Radius R, Dielektrizitätskonstante $\epsilon^{(II)}$ und elektrischer Leitfähigkeit σ. Die Welle mit Ausbreitungsvektor $\vec{k}$ fällt in z-Richtung ein. Der Kreis um den Koordinatenmittelpunkt stellt einen Schnitt durch die Oberfläche der Kugel dar.*

Abbildung 35 veranschaulicht die gewählte vereinfachte Ausgangssituation. Eine unpolarisierte elektromagnetische Welle beliebiger (Vakuum-)Wellenlänge λ falle auf eine Kugel mit beliebigem Radius R, Leitfähigkeit σ und Dielektrizitätskonstante $\epsilon^{(II)}$. Das umgebende Medium habe die Dielektrizitätskonstante $\epsilon^{(I)}$, wobei für Luft $\epsilon^{(I)} = 1$ gilt. Wir fragen danach, wie das Hindernis die einfallende Welle beeinflußt und sind insbesondere daran interessiert, ob die Streuung zu charakteristischen Strukturen in der Intensitätsverteilung führen kann.

Es gilt also die Maxwell-Gleichungen für diesen Fall geeignet zu lösen. Ein formales Verfahren hierzu wurde von Mie bereits im Jahre 1908 angegeben. Die Lösung hängt in komplexer Weise vom Brechungsindex $n = (\epsilon^{(II)}/\epsilon^{(I)})^{1/2}$ und vom Verhältnis λ/R ab. Nur für extrem kurze oder extrem lange Wellenlängen reduziert sich die Mie'sche Theorie auf einfache Spezialfälle. Für $\lambda \gg R$ erhält man die Rayleigh Streuung (Rayleigh 1871), welche auch die blaue Farbe des Himmels zu erklären erlaubt, und für $\lambda \ll R$ ergibt sich die Huygens-Kirchhoff'sche Beugungstheorie, beziehungsweise im Grenzfall $\lambda \to 0$ die geometrische Strahlenoptik. Die Fälle im Zwischenbereich, wenn Wellenlänge und Radius der streuenden Kugel nicht wesentlich voneinander verschieden sind, erfordert einen hohen numerischen Aufwand zur Berechnung des elektromagnetischen Streufeldes.

Die Komponenten des elektrischen und magnetischen Feldes der einfallenden Welle ($\vec{E}^{(i)}$, $\vec{H}^{(i)}$) seien wie folgt beschrieben (Abbildung 35):

$$\left.\begin{aligned}
E_x^{(i)} &= e^{ik^{(I)}z} , \\
H_y^{(i)} &= \sqrt{\epsilon^{(I)}} \cdot e^{ik^{(I)}z} , \\
E_y^{(i)} &= E_z^{(i)} = H_x^{(i)} = H_z^{(i)} = 0 ,
\end{aligned}\right\} \tag{1}$$

wobei für die Wellenzahlen k gilt:

$$k_1^{(I)} = i\frac{2\pi}{\lambda}\epsilon^{(I)} \qquad\qquad k_2^{(I)} = \frac{i\omega}{c} \qquad\qquad k^{(I)} = \sqrt{-k_1^{(I)}k_2^{(I)}}$$

$$k_1^{(II)} = \frac{i\omega}{c}\left(\epsilon^{(I)} + i\frac{4\pi\sigma}{\omega}\right) \qquad k_2^{(II)} = \frac{i\omega}{c} \qquad\qquad k^{(II)} = \sqrt{-k_1^{(II)}k_2^{(II)}}$$

$$\tag{2}$$

Nach Mie (1928) kann das resultierende Streufeld $H^{(s)}$ in Polarkoordinaten (r, ϑ, φ) durch eine Reihenentwicklung dargestellt werden. In der Notation von Born und Wolf (1958) gilt:

$$H_r^{(s)} = \frac{i}{k^{(I)}k_2^{(I)}} \frac{\sin\varphi}{r^2} \sum_{l=1}^{\infty} l(l+1) B_l^m \varsigma_l^{(1)}(k^{(I)}r) P_l^{(1)}(\cos\vartheta) \,,$$

$$H_\vartheta^{(s)} = -\frac{1}{k_2^{(I)}} \frac{\sin\varphi}{r} \sum_{l=1}^{\infty} \left\{ B_l^e \varsigma_l^{(1)}(k^{(I)}r) P_l^{(1)}(\cos\vartheta) \frac{1}{\sin\vartheta} \right.$$

$$\left. + i B_l^m \varsigma_l^{(1)\prime}(k^{(I)}r) P_l^{(1)\prime}(\cos\vartheta) \sin\vartheta \right\} \,, \quad \left. \right\} \quad (3)$$

$$H_\varphi^{(s)} = \frac{1}{k_2^{(I)}} \frac{\cos\varphi}{r} \sum_{l=1}^{\infty} \left\{ B_l^e \varsigma_l^{(1)}(k^{(I)}r) P_l^{(1)\prime}(\cos\vartheta) \sin\vartheta \right.$$

$$\left. + i B_l^m \varsigma_l^{(1)\prime}(k^{(I)}r) P_l^{(1)}(\cos\vartheta) \frac{1}{\sin\vartheta} \right\} \,.$$

Hierin sind $P_l^{(1)}$ und $P_l^{(1)\prime}$ Legendre-Funktionen der ersten Ordnung und ihre Ableitungen (Abramowitz und Stegun 1972, Kapitel 8). Die Funktionen $\varsigma_l^{(1)}$ und ihre Ableitungen $\varsigma_l^{(1)\prime}$ sind definiert durch spherische Besselfunktionen (j_l, y_l) gemäß $\varsigma_l^{(1)}(\rho) = \rho\{j_l(\rho) + i y_l(\rho)\}$ (Abramowitz und Stegun 1972, Kapitel 10). In dem für die Rechnungen benötigen extrem weiten Parameterbereich ($0 \leq \rho \leq 30000$, $1 \leq l \leq 1000$) wurden die Funktionen $P_l^{(1)}$ und y_l durch aufsteigende, j_l durch absteigende Rekursionsverfahren berechnet. Um eine gute Kovergenz zu erreichen ist bei der absteigenden Rekursion mit einer hinreichend hohen Ordnung $l > \rho$ zu beginnen. Die Rechnungen müssen mit einiger Sorgfalt durchgeführt werden, und Tabellen aus Tafelwerken eignen sich wegen des großen Parameterbereichs nicht zur Verwendung.

Die elektrischen und magnetischen Koeffizienten in Gl.(3) werden bestimmt durch

$$B_l^e = i^{l+1} \frac{2l+1}{l(l+1)} \frac{n\psi_l'(q)\psi_l(nq) - \psi_l(q)\psi_l'(nq)}{n\varsigma_l^{(1)\prime}(q)\psi_l(nq) - \varsigma_l^{(1)}(q)\psi_l'(nq)} \quad (4a)$$

$$B_m^e = i^{l+1} \frac{2l+1}{l(l+1)} \frac{n\psi_l(q)\psi_l'(nq) - \psi_l'(q)\psi_l(nq)}{n\varsigma_l^{(1)}(q)\psi_l'(nq) - \varsigma_l^{(1)'}(q)\psi_l(nq)} \qquad (4b)$$

mit den Funktionen $\psi_l(\rho) = \rho j_l(\rho)$ und den Parametern

$$q = 2\pi\sqrt{\epsilon^{(I)}}\frac{R}{\lambda}, \quad n = \sqrt{\frac{\epsilon^{(II)}}{\epsilon^{(I)}}}. \qquad (5)$$

Dies vervollständigt die formale Lösung des elektromagnetischen Problems. Die Ausdrücke für die Komponenten des gestreuten elektrischen Feldes sind denen des magnetischen Feldes sehr ähnlich und werden hier nicht eigens wiedergegeben (Born und Wolf 1958).

Die in den Abbildungen 24 und 25 gezeigten Intensitäten des magnetischen Feldes berechnen sich als $|\vec{H}^{(s)} + \vec{H}^{(i)}|^2$. Diese Intensitäten sind auf die Intensität des einfallenden Feldes $|\vec{H}^{(i)}|^2$ normiert. Aufgrund dieser Normierung geht die Intensität bei großen Entfernungen von der Kugel auf den Wert 1 zurück. Da die einfallende Welle nicht polarisiert sein soll, mittelt sich die Abhängigkeit vom Azimut φ gemäß $\langle\cos^2\varphi\rangle = \langle\sin^2\varphi\rangle = \frac{1}{2}$.

In den numerischen Berechnungen wurde das Streufeld bis zu Distanzen $50R$ vom Kugelzentrum entfernt bestimmt und das Verhältnis λ/R von 0.1 bis 10 variiert. Die Abbildungen 24 und 25 zeigen, daß die erhaltenen Strukturen in der Feldverteilung sehr stark von diesem Verhältnis geprägt sind. Dabei wurde nur der spezielle Fall $\epsilon = n^2 = 81$ und $\sigma = 0$ berücksichtigt, welcher für Wasser und niederfrequente Strahlung gilt. Allerdings hängen die Ergebnisse im Fernfeld nur schwach von den genauen Werten von ϵ und σ ab. Die große Reichweite der Feldstörung in Vorwärtsrichtung ist nach unserem Wissen bisher noch nicht berechnet oder experimentell beobachtet worden.

Literatur-Verzeichnis

Abramowitz, M. and I. A. Stegun (1972). *Handbook of Mathematical Functions*, 10th printing (National Bureau of Standards, Washington D. C.).

Agricola, G. (1557). *Zwölf Bücher vom Bergwesen und Hüttenwesen (De re metallica Libri XII, Basel)* (Neudruck: VDI, 5. Aufl. 1978; Minerva, Frankfurt 1981).

Aitken, M. J. (1961). *Physics and archæology* (Interscience, New York).

Alcock, J. E. (1987). *Parapsychology: Science of the anomalous or search for the soul?* Behavioral and Brain Sciences, Vol. 10, p. 553-565.

Apostol, A., D. Eisenburger, D. Romanescu, S. Spânoche und V. Vâjdea (1975). *Beiträge der Geophysik zur Klärung des hydrogeologischen Baues des Untergrundes im Kurort Bad Moneasa.* Institul de Geologie si Geofizicâ (Bucuresti), Seria E, Hidrogeologie, Nr. 12., S. 33-49.

Apostol, A., D. Eisenburger und S. Spânoche (1977). *Beiträge der Geophysik zur Erforschung der Kohlendioxydemanation in den Ostkarpaten.* Rev. Roum. Géol. Géophys. et Géogr. - Géophysique, Vol. 21, No. 1, S. 167-176.

Aretin, J. C. v. (1807). *Beiträge zur Literaturgeschichte der Wünschelruthe* (München).

Athenstaedt, H., H. Claussen, and D. Schaper (1982). *Epidermis of Human Skin: Pyroelectric and Piezoelectric Sensor Layer.* Science, Vol. 216, p. 1018-1020.

Athenstaedt, H. (1984). *Functional polarity of the spinal cord caused by its longitudinal electric dipole moment.* Amer. J. Physiol., Vol. 247, p. 482-487.

Baker, R. R. (1980a). *Goal orientation by blindfolded humans after long-distance displacement: possible involvement of a magnetic sense.* Science, N.Y., Vol. 210, p. 555-557.

Baker, R. R. (1980b). *A sense of magnetism.* New Scientist, Vol. 87, p. 844-846.

Baker, R. R. (1987). *Human navigation and magnetoreception: the Manchester experiments do replicate.* Anim. Behav., Vol. 35, p. 691-704; siehe auch: Bild der Wissenschaft, Vol. 1, S. 15 (1984).

260

Balanovski, E. and J. G. Taylor (1978). *Can electromagnetism account for extra-sensory phenomena?* Nature, Vol. 276, p. 64- 67.

Barnothy, M. F., Ed. (1964). *Biological Effects of Magnetic Fields* (Plenum, New York).

Barnothy, M. F., Ed. (1969). *Biological Effects of Magnetic Fields* (Plenum, New York), Vol. 2.

Barrett, W. F. (1897). *On the so-called divining rod, or virgula divina.* Proc. Roy. Soc. Psych. Res., Vol. 13, part 32 and Vol. 15, part 38; Nachdruck p. 1-282.

Barrett, W. F. and Th. Besterman (1926). *The divining-rod* (Methuen, London).

Bauer, E. und W. v. Lucadou(1988). *Parapsychologie.* In: Handwörterbuch der Psychologie, R. Ansanger und H. Wenniger, Ed. (Verlags Union, München), S. 517-524.

Baumer, H. (1987). *Sferics-Die Entdeckung der Wetterstrahlung* (Rowohlt, Hamburg).

Bayer, W. H. (1968). *Handbook of tables for probability and statistics*, 2nd edition (Chemical Rubber, Cleveland, Ohio).

Bayreuther, K., und H. P. Rodemann (1988). *Untersuchungen über den Einfluß von nicht-thermischen, elektromagnetischen Feldern auf die Zellfunktion und Zelldifferenzierung von normalen menschlichen Hautfibroplasten und normalen und neoplastischen menschlichen Lungenfibroplasten in der Zellkultur.* Untersuchungsbericht am Institut für Genetik, Universität Hohenheim (unveröffentlicht).

Becker, H., (1978). *Geophysikalische Prospektionsmethoden in der Archäologie.* In: Methoden der Archäologie, ed. by B. Hrouda (Beck, München), S. 48-62.

Benincasa, D. S., P. W. Barber, J.-Z. Zhang, W.-F. Hsieh and R. K. Chang (1987). *Spatial distribution of the internal and near-field intensities of large cylindrical and sperical scatterers.* Appl. Optics, Vol. 26, p. 1348-1356.

Berckhemer, H. (1989), persönliche Mitteilung an die Autoren.

Bergsmann, O. (1988). *Nachweis geopathogener Standorteinflüsse auf den Menschen.* Forschungsgemeinschaft Pathogene Standorteinflüsse,

Österr. Institut für Baubiologie, Wien (voraussichtlicher Projekt-Abschluß 1990).

Betz, H.-D., und H. L. König (1982). *Über die Empfindlichkeit des Menschen auf Erdstrahlen − Betrachtungen zum Phänomen Wünschelrute.* Zeitschrift für Parapsychologie und Genzgebiete der Psychologie, Jg. 24, S. 25-39.

Boeckh, E. (1989). *Hydrogeologische Untersuchungen zur ländlichen Wasserversorgung − Verbesserung der Methoden der Grundwasserprospektion in klüftigen Festgesteinen.* BMZ-Bericht (persönliche Mitteilung).

Born, M. and E. Wolf (1959). *Principles of Optics* (Macmillan, New York).

Brownell, P. H. (1984). *Prey Detection by the Sand Skorpion.* Scientific American, Vol. $, December, p. 94-105.

Brüche, E. (1962). *Zur Problematik der Wünschelrute.* In: Documenta Geigy: Mensch und Umwelt (Geigy, Basel), Nr. 5, S. 1-154.

Bühler, H. A. (1983). *Gesundheitszustand je nach Schlafstelle − eine epidemiologische Studie zur Geopathiefrage.* Institut für Gerichtsmedizin, Universität Bern (Dissertation, unveröffentlicht).

Byus, C. V., S. E. Pieper and W. R. Adey (1987). *The effect of low-energy 60-Hz environmental electromagnetic fields upon the growth-related enzyme ornithine decarboxylase.* Carcinogenesis, Vol. 8, No. 10, p. 1385-1389.

Chadwick, D. G. and L. Jensen (1971). *The detection of magnetic fields caused by groundwater and the correlation of such fields with water dowsing.* Utah Water Research Laboratory/College of Engineering, Utah State University PRWG 78-1 (unveröffentlicht).

Choy, R., J. A. Monro, and C. W. Smith (1986). *Electrical sensitivities in allergy patients.* Clinical Ecology, Vol. 4, No. 3, p.93-102.

Chylek, P., M. A. Jarzembski, V. Srivastava, R. G. Pinnick, J. D. Pendleton and J. P. Cruncleton (1987). *Effect of spherical particles on laser-induced breakdown of gases.* Appl. Optics, Vol. 26, p. 760-762.

Comunetti, A. M. (1978). *Systematic experiments to establish the spatial distribution of the physiologically effective stimuli of unidentified nature.* Experientia, Vol. 34, S. 889-893.

Comunetti, A. M. (1979). *Experimental investigation of the perceptibility of the artificial source for the dowsing agent.* Experientia, Vol. 35, S. 420-424.

Cremer-Bartels, G., K. Krause and H. J. Küchle (1983). *Influence of low magnetic-field-strength variations on the retina and pineal gland of quail and humans.* Graefe's Arch. Clin. Exp. Ophthalmol., Vol. 22, p. 248-252.

Cremer-Bartels, G., K. Krause, G. Mitoskas und D. Brodersen (1984). *Magnetic Field of the Earth as Additional Zeitgeber for Endogeneous Rhythms?* Naturwissenschaften, Vol. 71, S. 567-574.

Dunbar, R. (1984). *How animals know which way to go.* New Scientist, Vol. 101, No. 1392, p. 26-30.

Edge, H. L., R. L. Morris, J. Palmer and J. H. Rush (1986). *Foundations of parapsychology. Exploring the boundaries of human capability* (Routledge and Kegan, London).

Engh, L. (1983). *Detektering av Underjordiska Vattendrag — test av tre geofysiska metoder (Slingram, VLF, Georadar) samt biofysisk metod (slagruta).* Lunds Universitets Naturgeografiska Institution, Bericht Nr. 55, ISSN 0438-3339 (unveröffentlicht).

Feyerabend, P. (1981). *Wider den Methodenzwang* (Suhrkamp, Frankfurt).

Fischer, G., B. V. Le Quang, and I. Müller (1983). *VLF ground surveys, a powerful tool for the study of shallow two-dimensional structures.* Geophys. Prospecting, Vol. 31, p.977-991.

Fischer, K. M. (1985). *Radiästhesie und Geopathie — ein psychologischer Beitrag.* Institut für Klinische Psychologie, Universität Salzburg (Dissertation, unveröffentlicht).

Fischer, K. M. und U. Baumann (1985). *Eine empirische Untersuchung zur Geopathie.* Institut für Klinische Psychologie, Universität Salzburg, (unveröffentlicht).

Fisher, R. A. (1970). *Statistical methods for research workers* (Oliver and Boyd, Edinburgh).

Foulkes, R. A. (1971). *Dowsing Experiments.* Nature, Vol. 229, p. 163-168.

Fritsch, V., und F. Jelinek (1936). *Beiträge zur Physik der Wünschelrutenfrage* (J. C. Huber, Diessen vor München).

Fritschi, E. (1971). *Bericht zum Postulat Schib betreffend Erdstrahlen.* Schweizer Archiv für Tierheilkunde, Band 113, Heft 8, S. 405-474.

Fröhlich, H. (1970). *Long Range Coherence and the Action of Enzymes.* Nature, Vol. 228, p. 1093.

Fröhlich, H. (1977). *Biological Control through Long Range Coherence*. In: Proc. Int. Workshop on Synergetics, Schloss Ellmau, Bavaria, May 2-7, 1977, ed. by H. Haken (Springer, Berlin), p. 241-246.

Fröhlich, H. (1980). *The Biological Effects of Microwaves and Related Questions*. In: Adv. in Electronics and Electron Physics, ed. by L. Marton (Academic, New York), Vol. 53, p. 85-152.

Fröhlich, H., and F. Kremer, Eds. (1983). *Coherent Excitations in Biological Systems* (Springer, Berlin).

Fröhlich, H. (1986). *Coherent excitation in active biological systems*. In: Modern Bioelectrochemistry, ed. by F. Gutmann and H. Keyzer (Plenum, New York), p. 241-261.

Gerlach, W. (1932). *Zum Problem der Wünschelrute*. Naturwiss., Vol. 20, Nr. 49, S. 883-885.

Gould, J. L. (1982). *The map sense of pigeons*. Nature, Vol. 296, p. 205-211; siehe auch Kommentare dazu in Nature, Vol. 300, p. 293-294 (1982).

Grundler, W., F. Keilmann and H. Fröhlich (1977). *Resonant Growth Rate Response of Yeast Cells Irradiated by Weak Microwaves*. Phys. Lett., Vol. 62A, p. 463-466.

Grundler, W. and F. Keilmann (1977). *Nonthermal Effects of Millimeter Microwaves on Yeast Growth*. Z. Naturforsch., Vol. 33c, p. 15-22.

Grundler, W., U. Jentzsch, F. Keilmann and V. Putterlik (1988). In: Response to External Stimuli, ed. by H. Fröhlich (Springer, Heidelberg), p. 65-85.

Gwinner, U. (1986). *Internal Rhythms in Bird Migration*. Scientific American, p. 76-84.

Haberl, R. (1984). *Untersuchungen zum Wünschelrutenphänomen*. Institut für Elektro- und Biomedizinische Technik, Universität Graz (Diplomarbeit, unveröffentlicht).

Hang-Fung, K. and I. N. Tang (1988). *Raman scattering from single solution droplets*. Appl. Optics, Vol. 27, p. 206-208.

Hansen, G. P. (1982). *Dowsing: a review of experimental research*. J. Soc. Psych. Res., Vol. 51, p. 343-367.

Häusler, H. (1986). *Die "historische" Rolle der Wünschelrute für Aufgaben der Angewandten Geologie*. Mitt. Ges. Geol. Bergbaustud. Österr., Vol. 33, S. 265-286.

Jaglom, A. M. und I. M. Jaglom (1984). *Wahrscheinlichkeit und Information* (H. Deutsch, Frankfurt)

Keilmann, F. (1985). *Biologische Resonanzwirkungen von Mikrowellen*. Physik in unserer Zeit, Vol. 16, S. 33-39.

King, Ch.-Y. (1983). *Electromagnetic emissions before earthquakes*. Nature, Vol. 301, p. 377.

Klinckowstroem, C. v. und R. v. Maltzahn (1931). *Handbuch der Wünschelrute: Geschichte, Wissenschaft, Anwendung* (R. Oldenbourg, München).

Klinckowstroem, C. v. (1918). *Neues von der Wünschelrute — Theoretisches und Kritisches* (Fr. Zillessen, Berlin).

Klinowska, M. (1987). *No through road for the misguided whale*. New Scientist, Vol. 113, No. 1547, p. 46-48.

König, H. L. (1979). *Wünschelrute, Erdstrahlen, Radiästhesie und wissenschaftliche Kritik*. Zeitschrift für Parapsychologie und Genzgebiete der Psychologie, Jg. 21, S. 121-126.

Königlich Niederländische Akademie der Wissenschaften (1954). *Beknopt Overzicht van de Resultaten van een Onderzoek naar de betekenis van de Wichelroede voor de Landbouw* (Noord-Hollandsche Uitgevers Maatschappij, Amsterdam).

Kraus, W. (1982). *Studien über die therapeutische Wirksamkeit extrem niederfrequenter athermischer elektromagnetischer und elektrischer Energie*. BMFT Forschungsbericht MT-267.

Kraus, W. (1984). *Magnetfeldtherapie und magnetisch induzierte Elektrostimulation in der Orthopädie*. Orthopäde, Vol. 13, S. 78-92.

Krause, K., G. Cremer-Bartels, H. J. Küchle und U. Weitkämper (1984). *Der Einfluß schwacher Magnetfeldvariationen auf die menschliche Dämmerungssehschärfe*. Fortschr. Ophthalmol., Vol. 81, S. 183-185.

Krause, K., und R. Hennekes (1986). *Magnetfeldempfindlichkeit des menschlichen Auges: Objektive Befunde*. Fortschr. Ophthalmol., Vol. 83, S. 245-247.

Krippner, S., Ed. (1977). *Advances in parapsycological research. Vol. 1: Psychokinesis* (Plenum, New York).

Krippner, S., Ed. (1978). *Advances in parapsycological research. Vol. 2: Extrasensory perception* (Plenum, New York).

Krippner, S., Ed. (1982). *Advances in parapsycological research.* Vol. 3 (Plenum, New York).

Krippner, S., Ed. (1984). *Advances in parapsycological research.* Vol. 1 (MacFarland, London).

Kröling, P. (1987). *Untersuchungen zum "Building Illness"-Syndrom in klimatisierten Räumen.* Gesundheits-Ingenieur-Haustechnik-Bauphysik-Umwelttechnik, Vol. 108, Nr. 3, S. 121-130.

Lucadou, W. v. (1986). *Experimentelle Untersuchungen zur Beeinflußbarkeit von stochastischen quantenphysikalischen Systemen durch den Beobachter* (Herchen, Frankfurt).

Lucadou, W. v. (1989). *Psyche und Chaos. Neue Ergebnisse der Psychokinese-Forschung* (Aurum, Freiburg).

Ludwig, W., R. Mecke und H. Seelewind (1968). *Elektroklimatologie.* Arch. Met. Geoph. Biokl., Vol. 16, Ser. B, p. 237-250.

Maret, G., J. Kiepenheuer, and N. Boccara, Eds. (1986). *Biophysical Effects of Steady Magnetic Fields.* Proc. of the Workshop, Les Houches, France, Feb. 26 - March 5, 1986 (Springer, Berlin).

Martin, H. und M. Lindauer (1973). *Orientierung im Erdmagnetfeld.* Fortschritte der Zoologie, Vol. 21, S. 211-228.

Martin, H. und M. Lindauer (1977). *Der Einfluß des Erdmagnetfeldes auf die Schwereorientierung der Honigbiene.* J. Comp. Physiol., Vol. 122, p. 145-187.

McAnulla, R. J. (1970). *Weak Magnetic Fields and the Dowser's Reflex.* City University London (M. Phil. Thesis, unveröffentlicht).

McAnulla, R. J. (1971). *The Location of Underground Objects using Dowsing Rods.* The Electricity Council Research Centre, Report No. ERCR/M337 - 037 (unveröffentlicht).

Mees, K., G. Ruhenstroth-Bauer, R. Sandhagen, H. Baumer, and B. Filipiak (1987). *Der ideopathische Hörsturz — wetterabhängig?* Laryng. Rhinol. Otol., Vol. 66, S. 246-248.

Merrylees, K. W. (1971). *Dowsing Experiments Criticized.* Nature, Vol. 233, p. 502 (Kommentar zu: Foulkes 1971).

Mie, G. (1908). *Beiträge zur Optik trüber Medien, speziell kolloidaler Metalllösungen.* Ann. Phys., IV. Folge, Band 25, S. 377-445.

Mommsen, H. (1986). *Archäometrie* (Teubner, Stuttgart).

Moshammer, W. (1986). *Experimentelle Untersuchungen zur Treffsicherheit von Wünschelrutengeherangaben.* Institut für Elektro- und Biomedizinische Technik, Universität Graz (Diplomarbeit, unveröffentlicht).

Oberneder, L., Ed. (1960) *Tatsachen und Dokumente zum Streit um die Wünschelrute* (Herold, München).

Osborne, Ch. F. (1981). J. Soc. Psych. Res., Vol. 51, No. 787, p. 37-39.

Owen, D. B. (1962). *Handbook of Statistical Tables* (Addison-Wesley, New York).

Paetzold, R. F., G. A. Matzkanin and A. De Los Santos (1985). *Surface Soil Water Content Measurement Using Pulsed Nuclear Magnetic Resonance Techniques.* Soil Science Soc. of Am. J., Vol. 49, No. 3, p. 537-540.

Pietschmann, H. (1980). *Das Ende des naturwissenschaftlichen Zeitalters* (P. Zsolnay, Hamburg).

Prokop, O. (1955). *Wünschelrute, Erdstrahlen und Wissenschaft* (Enke, Stuttgart).

Prokop, O., und W. Wimmer (1985). *Wünschelrute, Erdstrahlen, Radiästhesie,* 3. Auflage (Enke, Stuttgart).

Pugh, E. M. and G. H. Winslow (1966). *The Analysis of Physical Measurements* (Addison-Wesley, New York).

Purner, J. (1981). *Radiästhetische Untersuchungen an Kirchen und Kultstätten.* Fakultät für Bauingenieurwesen und Architektur, Universität Innsbruck (Dissertation, unveröffentlicht).

Randi, J. (1981). J. Soc. Psych. Res., Vol. 51, No. 789, p. 194-195.

Randi, J. (1982). *Flim-Flam! Psychics, ESP, Unicorns and other Delusions* (Prometheus, Buffalo, New York).

Ranscht-Froemsdorff, W. R. und H. Weise (1969). *Sferics-Koinzidenzmessungen im Gelände mit Schmalbandempfängern.* Vorträge des URSI Landesausschusses der BRD, Kleinheubacher-Berichte, Vol. 13, S. 73.

Rayleigh, L. (1871). Phil. Mag., Vol. XLI, p. 274.

Rao, K. R. and J. Palmer (1987). *The anomaly called psi: Recent research and criticism.* Behavioral and Brain Sciences, Vol. 10, p. 539-552.

Reiter, H. (1936). *Aufklärung* (zur Wünschelruten- und Erdstrahlenfrage). Reichs-Gesundheitsblatt, Heft 38, S. 727-728.

Reiter, H. (1937). *Gesundheitsschädliche "Erdstrahlen"?* Reichs-Gesundheitsblatt, Heft 23, S. 403-404.

Rocard, Y. (1963). *Le Sourcier se rebiffe*. La Nature, Science Progrès, No. 3343, p. 468-472.

Rocard, Y. (1964a). *Le Signal du Sourcier* (Dunod, Paris).

Rocard, Y. (1964b). *Actions of a very weak magnetic gradient: the reflex of the dowser*. In: Biological Effects of Magnetic Fields, ed. by M. F. Barnothy (Plenum, New York), p. 279-286.

Rocard, Y. (1981a). *Le Signal du Sourcier*. La Recherche, Vol. 12, No. 124, p. 792-799.

Rocard, Y. (1981b). *Les Sourciers*. Presses Universitaires de France (Collection "Que sais-je"), No. 27809.

Rocard, Y. (1988). *Mémoires sans concessions* (Grasset, Paris).

Rossel, S. (1987). *Das Polarisationssehen der Biene*. Naturwissenschaften, Vol. 74, S. 53-62.

Rudolph, K., K. Kräuchi, A. Wirz-Justice and H. Feer (1985). *Weak 50-Hz Electromagnetic Fields Activate Rat Open Field Behaviour*. Physiol. Behav., Vol. 35, p. 505-508.

Rüdenauer, I. (1981). *Die Bedeutung der Radiästhesie für die Pflanzen vorwiegend aus dem mitteleuropäischen Raum*. Fachbereich Internationale Agrarwirtschaft, Gesamthochschule Kassel (Diplomarbeit, unveröffentlicht).

Ruhenstroth-Bauer, G., H. Baumer, J. Kugler, R. Spatz, W. Sönning, and B. Filipiak (1984). *Epilepsy and weather: a significant correlation between the onset of epileptic seizures and specific atmospherics — a pilot study*. Int. J. Biometeor., Vol. 28, No. 4, p. 333-340.

Ruhenstroth-Bauer, G., H. Baumer, E. M. Burkel, W. Sönning, and B. Filipiak (1985). *Myocardial infarction and the weather: a significant positive correlation between the onset of heart infarct and 28 kHz atmospherics — a pilot study*. Clin. Cardiol., Vol. 8, p. 149-151.

Ruhenstroth-Bauer, G., O. Rösing, and H. Baumer (1986). *Correlation between the 8- and 10-kHz atmospherics and the inflammation reaction of rats*. Naturwissenschaften, Vol. 73, S. 625-626.

Ruhenstroth-Bauer, G., Mees, K., R. Sandhagen, H. Baumer, and B. Filipiak (1987). *Demonstration of statistical significance correlations between 8 and 12 kHz atmospherics and sudden deafness*. Z. Naturforsch., Vol. 42c, p. 999-1000.

Ruhenstroth-Bauer, G., E. Rüther, and Th. Reinertshofer (1987). *Dependence of a sleeping parameter from the N-S or E-W sleeping direction*. Z. Naturforsch., Vol. 42c, p. 1140-1142.

Ruhenstroth-Bauer, G., O. Rösing, H. Baumer, W. Sönning and W. Lehmacher (1988). *Demonstration of correlations between the 8- and 10-kHz atmospherics and the inflammation reaction of rats after carrageenan injection*. Int. J. Biometeorol., Vol. 32, p. 201-204.

Sachs, L. (1984). *Angewandte Statistik, Anwendung statistischer Methoden*, 6. Aufl. (Springer, Berlin).

Schleberger, E. (1986). *Wasser für Alle*. Schriftenreihe der Deutschen Gesellschaft für Technische Zusammenarbeit (GTZ), Eschborn, No. 183, S. 1-108.

Schmidt-Koenig, K. und W. T. Keeton, Eds. (1978). *Animal Migration, Navigation, and Homing* (Springer, Berlin).

Schmidt-Koenig, K. und J. Kiepenheuer (1978). *Was bringt die Brieftaube nach Hause?* Bild der Wissenschaft, Vol. 15, S. 76-93.

Schriften des Verbandes zur Klärung der Wünschelrutenfrage (1912-1929), Band 1-12 (K. Wittwer, Stuttgart).

Schulten, K. (1982). *Magnetic Field Effects in Chemistry and Biology*. In: Festkörperprobleme (Advances in Solid State Physics), ed. by J. Treusch (Vieweg, Braunschweig), Vol. 22, p. 61-83.

Schulten, K., und A. Weller (1984). *Magnetfeldeffekte in Chemie und Biologie*. Umschau, Nr. 25/26, S. 779-783.

Schulten, K., and A. Windemuth (1986). *Model for a physiological magnetic compass*. In: Biological Effects of Static Magnetic Fields, ed. by G. Maret, J. Kiepenheuer, and N. Boccara (Springer, Berlin), p. 99-106.

Semm, P., D. Nohr, C. Demaine, and W. Wiltschko (1984). *Neural basis of the magnetic compass: interactions of visual, magnetic and vestibular inputs in the pigeon's brain*. J. Comp. Physiol. A, Vol. 155, p. 283-288.

Smith, C. W. (1984). *Electromagnetic phenomena in living biomedical systems*. Proc. 6th Ann. Conf. IEEE Engineering in Medicine and Biology Society, (IEEE Frontiers of Engineering and Computing in Health Care), IEEE Publ. CH 2059, p. 176-180.

Smith, D. G. (1971). *More about Dowsing*. Nature, Vol. 233, p. 501-502 (Kommentar zu Foulkes 1971).

Stegmüller, W. (1985). *Neue Wege der Wissenschaftsphilosophie* (2. Band, Teil E): *Theoriendynamik. Normale Wissenschaft und wissenschaftliche Revolutionen. Methodologie der Forschungsprogramme oder epistemologische Anarchie?* (Springer, Berlin).

Stent, G. S. (1972). *Prematurity and Uniqueness in Scientific Discovery.* Scientific American, Vol. 22, p. 84-93.

Stürmer, K. M., und K. P. Schmit-Neuerburg (1985). *Indikation und klinische Ergebnisse der elektromagnetisch induzierten Wechselstromstimulation reaktionsarmer Pseudarthrosen.* Unfallchirurgie, Vol. 11, S. 197-203.

Taylor, J. R. (1988). *Fehleranalyse. Eine Einführung in die Untersuchung von Unsicherheiten in physikalischen Messungen* (VCH, Weinheim).

Telford, W. H., L. P. Geldart, R. F. Sheriff, and D. A. Keys (1978). *Applied Geophysics* (Cambridge University Press, Cambrigde).

Thomas, J. R., J. Schrot, and A. R. Liboff (1986). *Low-Intensity Magnetic Fields Alter Operant Behavior in Rats.* Bioelectromagnetics, Vol. 7, p. 349-357.

Tributsch, H. (1978a). *Wenn die Schlangen erwachen* (Deutsche Verlagsanstalt, Stuttgart).

Tributsch, H. (1978b). *Do aerosol anomalies precede earthquakes?* Nature, Vol. 276, p.606-608.

Tromp, S. W. (1949) *Psychical Physics: a scientific analysis of dowsing* (Elsevier, New York).

Tucker, R. D., and O. H. Schmitt (1978). *Tests for Human Perception of 60 Hz Moderate Strength Magnetic Fields.* IEEE Transactions on Biomedical Engineering, Vol. 25, No. 6, p. 509-518.

Vogelsang, D. (1974). *Compatibility of EM and IP surveys.* Geophys. Prosp. (Den Haag), Vol. 22, p.781-791.

Wallraff, H. G. (1983). *Relevance of Atmospheric Odours and Geomagnetic Field to Pigeon Navigation: what is the Map Basis?* Comp. Biochem. Physiol., Vol. 76A, p. 643-663.

Warnke, U. (1986). *Relevanz elektrischer Biofelder.* Umschau, Heft 6, S. 336-343.

Werbik, C. (1978). *Elektromagnetische und andere physikalische Zustände an sogenannten Reaktionszonen.* Institut für Grundlagen und Theorie der Elektrotechnik der Technischen Universität Wien (Diplomarbeit, unveröffentlicht).

Wetzel, F., Ed. (1933) *Tatsachen und Dokumente zum Streit um die Wünschelrute* (Herold, München).

Williamson, T. (1979). *Dowsing achieves new credence*. New Scientist, Vol. 81, No. 1141, 8. Feb. 1979, p.371-373.

Williamson, T. (1987). *A sense of direction for dowsers?*. New Scientist, Vol. 113, No. 1552, 19. März 1987, p. 40-43.

Wiltschko, W. (1983). *Compasses used by birds*. J. Comp. Biochem. Vol. 76, p. 709-717.

Young, H. D. (1962). *Statistical Treatment of Experimental Data* (McGraw-Hill, New York).

* * *